예수의 정신으로
드리는 예배

예수의 정신으로 드리는 예배
지은이/ 잭 넬슨 폴마이어 & 브렛 헤슬라
옮긴이/ 남호
펴낸이/ 홍인식
초판 1쇄 펴낸날/ 2023년 4월 5일
펴낸곳/ 한국기독교연구소
등록번호/ 제8-195호(1996년 9월 3일)
경기도 고양시 일산동구 고봉로 32-9, 331호 (우 10364)
전화 031-929-5731, 5732(Fax)
E-mail: honestjesus@hanmail.net
Homepage: http://www.historicaljesus.co.kr.
표지 디자인/ 디자인명작
인쇄처/ 조명문화사

Worship in the Spirit of Jesus:
Theology, Liturgy, and Songs Without Violence
Copyright ⓒ 2005 by Jack Nelson-Pallmeyer and Bret Hesla
All rights reserved. Korean Translation copyright ⓒ 2010 by Korean Institute of the Christian Studies. The Korean translation right arranged with Wipf & Stock Publishers. Printed in Seoul, Korea.

이 책의 한국어판 저작권은 Wipf & Stock Publishers사와의 독점계약으로 한국어 판권을 한국기독교연구소가 소유합니다. 저작권법에 따라 국내에서 보호받는 저작물이므로 무단전재와 무단복제를 금합니다.

ISBN 979-11-981962-2-4 93230
값 15,000원

카이로스 시리즈 05

WORSHIP IN THE SPIRIT OF JESUS
폭력 없는 신학·예배·찬송

잭 넬슨 폴마이어 외 지음
남 호 옮김

한국기독교연구소

Worship in the Spirit of Jesus

Theology, Liturgy, and Songs Without Violence

by

Jack Nelson-Pallmeyer & Bret Hesla

Korean Translation by Nam Ho

이 책은 화정교회(담임 박인환 목사)의
출판비 후원으로 간행되었습니다.

Korean Institute of the Christian Studies

목차

제1부: 폭력에 대한 예수의 도전

제1부 서론 / 8

1장. 폭력적 성서, 폭력적 세계 / 21

2장. 예수의 사회적 배경 / 51

3장. 예수의 비폭력, 열 가지 말씀 / 67

4장. 예수의 정신으로 / 105

제2부 예수의 비폭력 정신으로 드리는 예배와 찬송

제2부 서론 / 132

예배 1. 여기 평범한 이곳에서 / 139

예배 2. 초대 / 155

예배 3. 창조의 동녘 / 162

예배 4. 하느님의 평범한 나라 / 169

예배 5. 풍성한 생명의 공동식사 / 176

예배 6. 공동체를 찬양하며 개방하기 / 181

예배 7. 예수의 비폭력 가르침 / 188

예배 8. 누구에게나 개방된 식탁 / 192

제3부 대화, 기도, 예배를 위한 자료들

자료 A. 이 책에 대해 함께 이야기하기 / 201

자료 B. 사람들의 기도 / 204

자료 C. 프린트하여 함께 읽을 기도들 / 206

자료 D. 묵상과 기도를 인도하기 위한 자료들 / 209

자료 E. 서약 성명 / 222

자료 F. 낭독 / 227

자료 G. 이 예배들 사용하기 / 234

자료 H. 함께 부를 노래들 / 238

부록 1: 『소설 예수』의 작가 윤석철 인터뷰 / 283
부록 2: 『소설 예수』, 2000년을 넘나드는 평행이론 / 289

제1부

폭력에 대한 예수의 도전

제1부 서론

나의 믿음이 거쳐온 길

나는 어린 시절에 배운 성서의 어떤 이야기들과 찬송가들 때문에 혼란스러웠던 것을 기억한다. 예쁜 동물들과 색다르고 재미있는 방주를 그린 그림들과 그에 대한 노래가 폭력적 하느님 이미지들로부터 나의 관심을 온전히 돌릴 수는 없었다. 그것은 피조물을 보시고 '매우 좋다'고 선언하시고는 그 세상과 대부분의 인류를 일부러 파괴해 버리는 폭력적 하느님의 난처한 이미지였다. 나는 또 세례 받지 못하고 죽은 아기들은 지옥에 가서 불타버릴 거라는 얘기도 들었다. 이것은 슬프고도 공정치 못한 이야기일 것이다. "예수 사랑하심을"이란 찬송을 부르는 것이 위안이 되기는 했지만, 나는 성서구절들과 주일학교 교사들, 목회자들, 찬송가들로부터 하느님의 특성에 대해 두려움을 불러일으키는 많은 메시지들을 받았고, 그래서 나는 당황하게 되었고 더욱 두렵게 되었다. 나의 반 친구들과 나는 견신례 준비 수업에서 엄격한 목회자의 감시 눈초리 아래 조용히 앉아 성구들을 의무적으로 충실히 암기하였다. 나는 언젠가 용기를 내어 왜 사랑의 하느님이 우리를 구원하시기 위해 예수를 죽여야만 할 필요가 있으셨냐고 물었다. 이 질문과 그와 비슷한 질문들은 좋게 받아들여지지 못했다.

나는 고등학교 시절 교회 학생부에서 겪은 공동체 경험을 좋아했다. 그러나 대학 시절에는 우리들이 절박한 문제들과 씨름했던 적이 한 번도 없었다는 것을 깨달았다. 심지어 국가적이거나 국제적으로 매우 중요한 문제들, 예를 들어, 흑인 민권운동이나 베트남전쟁 같은 문제들을 그냥 지나쳐 버렸다. 이런 문제들과 복음서에 나타난 급진적 예수를 진정으로 처음 만난 것은 나의 대학 시절이었다. 나는 어느 주일에 내가 자란 교회에서 설교를 했으며, 그 설교에서 원수를 사랑하고 평화를 만드는 사람들이 되어야 한다는 예수의 요청은 융단폭격, 네이팜탄, 집속탄, 그리고 많은 수의 적군 사망자 등과 양립될 수 없다고 말하였다. 당시에는 대다수 사람들이 전쟁을 지지하던 때라서, 화가 난 회중 가운데 한 사람이 많은 사람의 생각을 대변하면서, 내가 만약 전쟁을 반대한다면 나는 기독교인이 아님에 틀림없다고 말했다. 그는 하느님의 목적을 이루기 위해 전쟁을 사용하신 폭력적 하느님 이야기가 성서에 가득 들어 있는데, 그 성서를 읽으라고 나에게 강력히 요구하였다. 나는 하느님의 목적이 있는 폭력에 관한 상습적인 묘사에 대해 그가 정확했다는 것을 나중에 발견했다. 그러나 나는 나의 영적 본향이었고 영적 근거지로 계속 남아 있는 기독교를 포기할 수가 없었다. 그 당시 희미하게 감지한 예수의 급진적 비폭력이 영감을 주었다. 나는 예수의 삶과 가르침이 많은 기독교인의 가치와 태도와 왜 그렇게 날카롭게 부딪히는지, 그리고 성서에 나타난 하느님의 다른 폭력적 이미지와 하느님의 폭력을 기대하는 것과 왜 그렇게 부딪히는지 이해하기 위하여 긴 여정을 시작하였다.[1]

---

1) 30년 후 나는 이 문제에 대해 책을 썼다. Jack Nelson-Pallmeyer, *Jesus against Christianity: Reclaiming the Missing Jesus* (Harrisburg, Pa.: Trinity Press International, 2001), 한성수 역, ≪예수를 배반한 기독교≫(한국기독교연구소, 2012) 참조.

몇 년 후, 신학교에서 예수에 대해 깊이 알아가게 되었고, 예수의 하느님 경험이, 하느님의 구원하는 폭력(redemptive violence)이나 징벌하는 폭력(punishing violence)에 대한 성서의 묘사와 충돌되지 않을까 하는 의혹이 더욱 짙어졌다. 나는 성 올라프 대학(St. Olaf College)의 학부생 시절에 인도와 에티오피아, 그리고 시카고 도심지에서 보낸 경험을 토대로 신학교에서 굶주림의 문제에 대한 정치적이고 종교적 차원에 초점을 맞추어 연구하였다.2) 이것은 또한 성서의 예언자들이 요구한 사회정의와 연관이 되었다. 예언자들은 굶주림과 가난, 그리고 억압의 원인이 부유한 자들과 권력자들이 지배하는 불의한 제도에 있다고 선포하였다. 예언자들은 또한 불의와 연루된 종교에 도전하였고, 하느님이 원하시는 정의를 보다 잘 드러내기 위해 사람들에게 그들의 삶과 사회 제도를 바꾸라고 요청하였다.

나는 예언자들의 사회 비판이 통찰력 있음을 깨달았고, 굶주림의 정치적 차원에 대해 무관심하거나 적대적인 많은 기독교인들을 향한 나 자신의 좌절을 반영해 준 예언자들의 분노를 통해 대신 살았다. 그러나 우리의 분노와 사회 비판의 공통분모를 제쳐놓고 보았을 때, 예언자적 관심과 요구와 희망의 기초가 되는 하느님의 무서운 이미지가 나를 괴롭혔다. 예를 들어, 예언자들은 하느님이 사회적 죄에 대한 징벌로서 이스라엘의 멸망을 포함하여 역사적 파멸을 편성해 가신다고 선포했다. 나는 한 논문에서 예언자들이 묘사한 이스라엘 백성에게 내린 하느님의 형벌과 유사한 방법으로 우리를 벌하시는 것이 하느님에

---

2) 나는 신학교에서 공부하는 동안 신학 작업의 많은 부분을 굶주림의 문제에 초점을 맞췄고, 그것에 관한 연구는 나의 첫 번째 책에 모아져 있다. Jack Nelson, *Hunger for Justice: The Politics of Food and Faith* (Maryknoll, N.Y.: Orbis Books, 1980) 참조.

게 어떤 의미가 있을까에 대해 면밀히 조사했다. 우리는 핵무기 시대와 굶주림의 세계 속에 살았고, 예언자들을 분노케 만들었던 것들과 매우 유사하게 보이는 정책과 불의한 제도를 가진 나라에 살았다. 답은 단순했다. 파멸이었다.3)

사회정의에 대한 관심은 히브리성서(구약성서)에서 명확하게 중심을 차지하고 있고, 예수에게도 마찬가지이며, 그것은 진정한 기독교인의 삶의 결정적인 부분이 되어야만 한다. 그러나 복음서에 깃들인 예수 이야기의 양상은 예수가 정의에 대해 관심을 기울이는 것이 예언자들과 결을 같이 할지라도, 예수는 인간이나 하느님의 폭력이 정의를 실행하기 위한 방법이었다는 예언자들의 주장을 거부했다고 나는 본다. 예수는 비폭력을 받아들였고 원수를 사랑하라고 가르쳤다. 예수는 예언자들, 성서의 다른 저자들, 그리고 우리들 대부분과는 다르게 하느님의 능력(God's power)을 이해한 것처럼 보였다는 깨달음과 나는 씨름하고 있었다.

대부분의 종교 전통들은 우리를 보다 깊은 깨달음과 신과의 관계 속으로 초대한다. 그러나 우리는 우리 자신에게 그 신적 임재(divine presence)가 폭력적인지 아니면 비폭력적인지, 강압적인지 아니면 권유(초청)하는지를 물어야만 하며, 그리고 그 신적 임재 안에서 사는 삶이 폭력적이거나 아니면 비폭력인 방법을 통해 정의와 평화를 찾도록 우리를 이끄는지 물어보아야만 한다. 예수는 하느님의 임재를 정의

---

3) 역사적 재앙이 벌주시는 하느님의 의지와 행위를 반영한 것이라는 설명은 많이 있다. 근래의 예로, 2001 년 9 월 11 일에 있었던 테러 공격은 페미니스트와 낙태주의자, 미국 민권 연맹 때문에 "전능하신 하느님이 우리로부터 그의 보호를 치워버리는" 신호라고 Jerry Falwell 과 Pat Robertson 은 말했고, 중앙 아메리카의 설교자들은 허리케인 Mitch 가 죄에 대한 하느님의 형벌이라고 했다.

를 행한 초대로서, 그리고 그의 급진적인 비폭력의 원천으로서 경험했다.

하느님과 예수의 능력에 대한 이런 통찰력은 내가 대학생으로서 인도 콜카타에서 겪었던 경험과 확실하게 연관되어 있다. 그곳에서 내가 걸었던 골목들은 종종 "당신은 어떻게 그런 고통을 묵인할 수 있는가?"라며 하느님에게 소리 없이 부르짖는 이 세상의 지옥처럼 보였다. 하느님은 그런 질문에 대해 오히려 진정한 문제는 왜, 그리고 어떻게 나와 그렇게 많은 다른 사람들이 그런 고통을 묵인할 수 있고, 그러면서도 여전히 신앙인이라고 주장할 수 있는가 하고 큰 소리로 되물으시는 것 같았다. 신학교에서 나는 예언자들에 대한 논문을 쓰면서, 만약 하느님의 특성과 능력이 예언자들의 말처럼 폭력적이고 벌을 주는 것이라면 우리는 망할 수밖에 없다고 느꼈다. 세상에 대한 희망은 예언자들이 하느님의 형벌적 폭력에 관해 잘못 알고 있었다는 사실에 달려 있는 것 같았다. 콜카타에서 나는 하느님의 능력이 강압적이라기보다는 초청하는 것이라는 점을 인식하기 시작했다. 하느님의 능력은 나 자신의 수고에 의해 제한되거나 늘려지는 것처럼 보였다.

하느님에 대한 폭력적 이미지들과 그로 인한 신앙적 왜곡에 대한 나의 관심은 신학교를 졸업한 이후 더욱 깊어졌다. 나의 아내는 성서를 처음부터 끝까지 (나는 그렇게 한 적이 없었다) 일 년에 걸쳐 매일 읽어나갔다. 거의 날마다 아내는 하느님의 폭력이나 인간의 폭력을 중점적으로 다룬 구절들을 나에게 들려줬는데, 그 구절들은 내가 몇 년 동안 성서를 연구하면서 무시하거나 정당화하려고 했던 것이었다. 심지어 아내가 역기능적인 성서의 폭력의 다양한 사례들을 들려주고, 나 자신이 하느님의 폭력적 이미지들로 인해 괴로워했음에도 불구하고,

나는 여전히 그 함축적 의미를 탐구하는 작업이 마음 내키지 않았다. 마침내 성서를 처음부터 끝까지 읽어나가기 시작했을 때, 나는 그 작업이 냉정하게 만들고, 우울하게도 하며, 필요한 일인 동시에 건질 것이 많다는 것을 알았다. 구약과 신약 모두의 핵심에 있는 폭력의 엄청난 무게는 압도적이었다. 그러나 그런 엄청난 폭력의 무게는 또한 역사적 예수와 연결되어 크게 대비되는 비폭력적 전통에 날카롭게 초점을 맞추도록 이끌어갔다. 그 비폭력적 전통은 복음서 기자들과 대부분의 기독교에서는 크게 무시해왔던 것이었다.

성서를 처음부터 끝까지 통독하는 것은 나의 종교적 여정에서 결정적 발걸음이 되었다. 나는 성서가 하느님과 예수에 관해서 다양하고 서로 모순되는 묘사들을 담고 있다는 사실과, 우리가 신앙인으로서 그처럼 서로 모순되는 묘사들 사이에서 선택할 수밖에 없다는 사실을 깨닫게 되었다. 간단히 말해, 나는 성서의 기자들—따라서 성서 자체—이 하느님에 대해 종종 잘못 생각했으며, 우리는 우리 자신의 종교적 경험에 비추어 하느님과 예수에 관해 서로 상충되는 이미지들을 상세히 조사해야만 한다는 것을 깨달았다. 우리는 하느님과의 관계 속에서 우리의 삶과 역사를 이해하려고 애쓴다는 점에서 성서 기자들과 다르지 않다. 한때 나를 겁내게 했고 아직도 많은 기독교인들이 생각할 수도 없는 이러한 생각과 사고가 현재 나의 신학의 중심 주제이다.[4] 이 생각들은 나중에 이 책에서 볼 수 있듯이, 우리의 신학, 예배, 음악, 그리고 기도문의 내용과 깊은 관계가 있다.

성서와 기독교 전통에 나타난 폭력 문제는 내가 과거에 가졌던 유일한 관심은 아니었고 현재에도 마찬가지다. 앞에서 언급했듯이 나는

---

4) *Jesus against Christianity*를 보라.

기독교인들이 일반적으로 지지하는 미국의 파괴적인 외교 정책들 때문에 오랫동안 시달려왔다. 많은 기독교인들이 의식적이거나 무의식적으로 치명적 결과를 가져오는 생각을 품고 있는데, 그것은 월등하게 뛰어난 폭력이 구원한다(superior violence saves)는 생각이다. 5만 명이 넘는 미군과 수백만 명의 베트남인, 캄보디아인, 라오스인이 인도차이나에서 죽었다. 1980년대에 나는 중앙아메리카에서 살았는데, 거기서는 미국이 후원한 "저강도 전쟁"(low-intensity wars)이라는 상황 속에서 수십만 명이, 그것도 대부분 일반 시민들이 죽고 실종되었거나 고문을 당했다.5) 베트남 전쟁(고강도 전쟁)이 결국에는 평판이 좋지 않고 시민들을 분열시키는 것으로 드러났지만, 대통령과 정치인들은 투표에서 표를 얻기 위해 전쟁을 이용하였다. 정치인들은 좀처럼 기대에 어긋나지 않았다. 조지 W. 부시의 인기는 아프가니스탄과 이라크와 전쟁을 벌이는 동안 치솟았는데—인기는 시간이 감에 따라 변했지만—이것은 그의 아버지 부시의 인기가 첫 번째 걸프 전쟁과 미국의 파나마 침공 때 상승했던 것과 마찬가지였다.6)

---

5) Jack Nelson-Pallmeyer, *War against the Poor: Low Intensity Conflict and Christian Faith* (Maryknoll, N.Y.: Orbis Books, 1989).
6) 편집자주: 하버드대학교 신학대학원을 졸업하고 20년 동안 뉴욕타임스 등 종군기자(특파원)로 일한 크리스 헤지스는 미국이 1989년에 러시아에 했던 약속(통일된 독일 국경 너머로 NATO 군대를 주둔시키지 않는다)을 지켰다면, 우크라이나 전쟁은 결코 일어나지 않았을 것이라고 분석하면서, "미국의 가장 위험한 적은 내부에 있다"고 지적한다. 전쟁을 부추기는 관리들과 씽크탱크, 군산복합체들뿐 아니라, '애국심'을 내세워 정부에 대한 비판을 멈추고 '국가안보'라는 미명하에 파괴에 몰두하는 국민을 가리킨 말이다. 그는 제임스 볼드윈을 인용하여, "현실에 눈을 감은 사람들은 자신들의 파멸을 초래하며, 순진함이 사라진 지 오래되었지만 여전히 순진한 상태에 머물러야 한다고 주장하는 사람은 자신을 괴물로 만든다"고 비판한다. Chris Hedges, *The Greatest Evil Is War* (New York, NY: Seven Stories Press, 2022), pp. 11, 17, 38, 166, 181.

예수는 폭력을 거부하고 원수를 사랑하라고 가르쳤으며, 또한 평화의 일꾼들이 되라고 제자들을 불렀지만, 그리고 미국 성인의 84%가 자신들을 기독교인이라고 밝히고 있음에도 불구하고, 미국이 지금 지구상 나머지 나라들의 국방비를 모두 합한 것보다 더 많은 돈을 군사비로 쓰고 있다는 사실은 마음 불편한 아이러니입니다.7) 예수의 비폭력과 기독교인들이 폭력을 뒷받침하는 것 사이의 모순을 설명하는 많은 요인이 있지만, 나는 신학적 문제가 그 중심에 있다고 확신한다. 전통적 기독교 신학, 예배, 음악, 기도문들은 일반적으로 하느님의 폭력적 이미지를 강화하는 반면에, 비폭력적 예수의 비폭력적 하느님을 경시한다. 이런 패턴은 평화의 일꾼들로서의 우리의 사명을 무시하도록 만들고, 능력은 폭력적 능력과 같다는 관점을 쉽게 받아들이도록 하며, 또한 파괴적 외교 정책에 공모하도록 우리를 부추긴다.

하느님의 폭력적 이미지들

오늘날 많은 기독교인들은 이 세상의 폭력을 걱정하고 있으며, 귀중한 소수의 사람들은 미국의 군국화를 반대한다. 또한 종교와 폭력

---

7) 편집자주: 2023 년도 미국 국방비는 8,580 억 달러로서, 2022 년 국방비보다 800 억 달러가 증액되었다. 800 억 달러는 중국을 제외한 세계 모든 나라들의 국방비보다 많은 액수다. 미국은 세계 80 개 국가의 750 개 군사기지에 주둔하고 있다. 9/11 사건 이후 "테러와의 전쟁"으로 450 만 명이 살해되었으며, 3800 만 명이 난민이 되었다. 테러와의 전쟁에 미국은 8 조 달러를 사용했다. 지난 10 년 동안 미국 국방비의 절반은 사설 무장회사들이 수령했는데, 그들이 정치후원금으로 낸 돈은 2022 년에 1 억 1 천 9 백만 달러였다. 사설 회사이기 때문에 정부의 전사자, 부상자 공식 통계에 포함되지 않는 이들 전쟁 대행업체들은 아프가니스탄 전쟁 기간 중 10 억 달러를 로비로 사용하고, 2 조 달러를 수령했다. Adam Russell Taylor, "Our Excessive Military Budget Builds U.S, Empire, Not God's Kingdom," *Sojourners*, Jan. 19, 2023.

사이의 관계를 점점 더 잘 깨닫고 있다. 하지만 종교와 폭력의 관계 문제를 기독교인들은 다른 종교에만 해당되는 것으로 보려고 한다. 많은 유대인들, 기독교인들, 무슬림들은 종교적으로 합법화된 폭력이 자신들의 "성스러운" 경전에 기록된 폭력과 연관되어 있다는 사실을 인정하기를 꺼린다.[8] 기독교의 경우, 하느님의 폭력적 이미지들과 하느님의 폭력을 기대하는 것이 우리의 신학, 예배, 음악, 그리고 기도문에 스며들어 있다. 도대체 어떻게, 왜 이렇게 되었는가를 평가하고, 그 결과들을 서술한 후, 예수의 비폭력적 영성에 근거를 둔 대안들을 강구해 나가는 것이 이 책의 중심 주제이다.

기독교인들은 성서와 대부분의 기독교 전통을 지배하고 있는 하느님의 폭력적 이미지들에 도전해야만 하는 세 가지 이유를 갖고서 그 대안을 찾는다. 첫째, 오늘날의 저자들을 포함해 많은 기독교인들이 하느님의 폭력적 이미지들을 자주 반영하고 강화하는 기독교 신학, 예배, 음악, 기도문에 대해 불만을 가지고 있다. 이런 폭력적 이미지들은 우리들 자신(잭과 브레트)의 종교적 경험과는 다른 이질적인 것이라고 느끼고 있다. 둘째, 예수의 삶과 가르침은 하느님의 이런 폭력적 이미지에 도전하고 있다. 예수의 급진적인 비폭력(3장을 보라)은 새로운 예배의식을 갖춘 기독교(제2부)를 위한 확고한 기초를 제공한다. 셋째, 하느님의 폭력적 이미지들과 폭력적 기독교 전통은 대부분 하느님 이름으로 정당화되는 폭력의 무게로 인해 부서지고 있는 우리들 세상 속으로 쏟아져 들어온다.

1장은 종교와 폭력의 문제를 살피고, 세 개의 가장 중요한 성서적

---

8) Jack Nelson-Pallmeyer, *Is Religion Killing Us? Violence in the Bible and the Quran* (Harrisburg, Pa.: Trinity Press International, 2003), xiv.

줄거리—출애굽, 바빌론 포로, 그리고 묵시종말적(apocalyptic) 세계관—의 중심에는 하느님의 폭력적 이미지들이 있다는 것을 설명한다. 2장은 성서의 이런 폭력적 전통들에 대해 예수가 취한 급진적 도전이 일어난 상황을 알기 위해서 예수 당시의 사회적 세계를 살핀다. 3장은 신약성서 저자들이 쓴 비폭력 전통을 탐구한다. 이런 비폭력 전통 속에서 예수는 하느님과 역사가 기대하는 폭력과 관계를 끊고 있다. 4장은 신약성서 저자들의 신학이 어떻게 이 비폭력적 전통을 대부분 무시했는지에 대한 전거를 보여준다. 신약성서 저자들과 거의 대부분의 전통적 기독교는 예수 자신이 거부했던 하느님의 폭력적 이미지들을 통해 예수의 삶과 죽음의 의미를 해석했다. 4장은 또한 왜 새로운 예배 의식을 갖춘 기독교가 필요한지에 대해 설명하며, 이는 예수의 비폭력 영성을 반영하는 대안적인 예배 세트, 기도문, 성서낭독, 그리고 음악이 제공될 제2부와 제3부를 위한 단계를 준비하는 것이다. 이 서론과 1장부터 4장까지의 각 장에는 토론을 위한 질문과 제안된 그룹 활동이 있다. 토론 인도자들을 위한 개념과 지침은 제3부의 '자료 A'에 있다.

토론

초점: 우리의 신앙 여정을 성찰하고 핵심 주제를 토론하기 위한 계기를 만드는 것.

다음 네 개의 범주에서 하나 혹은 그 이상의 질문을 가지고 토론하시오.9)

---

9) 역자주. 요즘 회자되는 토론 방법인 퍼실리테이션(facilitation)을 참조하면

객관적 질문

1. 저자는 자신의 신앙 여정을 보여주며 성서와 예배 안에 있는 폭력에 대해 계속 커지는 불편함을 말하고 있다. 저자가 경험한 것이나 애를 쓴 것 중에서 당신에게 가장 인상 깊었던 것은 무엇인가?
2. 저자의 삶에서 중요한 신앙의 획기적인 사건이나 질문들은 무엇인가?

성찰적 질문

3. 서론을 읽을 때 어떤 감정이 강하게 일어났는가? 당신 자신이 불쾌하다고 느낀 곳은 어디인가? 저자와 비슷하게 느낀 곳은 어디인가?
4. 어린 시절부터 가장 잘 암기하고 있는 성서 이야기들은 무엇인가? 이들 이야기 속에 들어 있는 하느님의 이미지들은 어떤 것인가? 당신이 어린아이였을 때 하느님에 대한 폭력적인 묘사를 어떻게 이해했는가?

해석적 질문

5. 저자는 자신의 신앙 여정에 대해 설명했다. 당신은 당신의 신앙 여정 가운데 어디에 있는지 생각해보라. 당신은 지금 하느님의 본성에 대해 어떤 질문을 갖고 있는가? 저자가 제시한 문제나 투쟁 가운데 무엇이 당신에게 가장 중요하다고 여겨지는가? (당신이 속한) 회중에게는 무엇이 가장 중요한가? 청소년들에게는?
6. 성서에 나오는 하느님과 하느님의 행위에 대한 묘사 중 특히 어린

도움이 된다. 퍼실리테이션은 그룹의 구성원들이 효과적인 방법과 절차에 따라 적극적으로 참여하고 상호작용을 촉진하여 목적을 달성하도록 돕는 활동이다.

아이들이 듣기를 원치 않는 것이 있는가? 있다면, 그러한 묘사들과 이야기들은 무엇이며, 당신이 싫어함에 밀접한 영향을 미친 것은 무엇인가?
7. 기독교인들이 전통을 재평가해야 할 이유는 무엇인가?
8. 교회의 신학과, 그리고 당신 교회의 회중의 신학과 예배 속에서 하느님의 폭력적 이미지들이 나타난 부분이 어떤 것인지 떠올릴 수 있는가? 그런 부분들을 말해보라. 하느님의 폭력적 이미지들에 대해 어떻게 생각하는가?

마무리 질문

9. 종교 내의 폭력에 대한 토론이 우리 회중에게 어떤 영향을 끼칠 것인가? 우리는 이 주제에 대해 건전한 방법으로 애기할 수 있는가? 이 주제가 어느 방향으로 가야만 하는가?

활동

당신의 신앙 여정을 그려보라. 백지와 연필을 사용하여 당신 삶에 대한 단순한 "신앙 시간표"를 그려보라. 십년마다 특별히 어렵고 중요한 신앙의 투쟁을 기억하도록 해보라. 작업을 마친 후, 서너 명이 한 그룹이 되어 서로의 시간표를 비교하고 토론하도록 하라.

1장

폭력적 성서, 폭력적 세계

　나(잭)는 이 글을 쓰는 일이 마음 아프고, 또한 많은 독자들에게는 고통스러운 일이 될 것이다. 여기서는 성서와 기독교 전통의 대부분을 지배하고 있는 하느님의 폭력적 이미지들에 대한 토론을 포함하여, 종교와 폭력에 관해 즐겁지 않은 많은 문제가 제기된다. 우리들 가운데 많은 사람이 이런 문제들에 대해 생각해 왔을 것이며, 하느님의 폭력적 이미지들에 대해 불편함을 느꼈을 것이다. 그러나 불행하게도 우리는 우리의 관심을 말로 표현하거나 신앙, 예배, 혹은 성서에 접근하는 데서 그런 폭력적 이미지들의 중요한 의미를 면밀히 탐구하도록 격려를 받은 적이 거의 없다. 아프고 고통스럽지만, 이 글은 필요하다. 우리가 성서에 나타난 하느님의 많은 폭력적 이미지를 정직하게 대면할 때에만, 비로소 예수의 급진적 비폭력의 중요성(3장)과 새로운 예배 의식을 갖춘 기독교를 위한 함축된 의미(4장, 제2부, 제3부)를 완전히 인식할 수 있기 때문이다.

종교와 폭력

　하느님의 선물이라고 우리가 찬양하는 이 아름다운 세계는 종교적 원인에서 비롯된 끔찍한 갈등들에 휩싸여 있다. 폭력의 종교적 차원은 세계 곳곳에서 명백하게 나타나고 있다. 즉 북 아일랜드에서 개신교와 가톨릭을 분리시키는 경계선, 기독교 근본주의자들과 미 정부가 지원하는 라틴아메리카 군사 정부에 의한 기독교 기초 공동체에 대한 억압,1) 전 유고슬라비아의 붕괴와 인종청소, 수단에서의 기독교인과 무슬림 사이의 치명적 갈등, "선민"이라는 성서적 표현으로 정당화하며 팔레스타인 땅을 점령하는 유대인들, 이스라엘의 점령에 저항하며 자살폭탄을 터뜨리는 무슬림들, 그리고 인도에서 서로 다투고 있는 땅(카슈미르)과 신성한 장소들을 놓고 서로 죽이는 힌두교도들과 무슬림 사이의 갈등처럼, 세계 곳곳에서 폭력의 종교적 차원은 명백히 나타나고 있다.

도대체 어떻게, 그리고 왜 종교가 폭력을 조장하는지를 이해하는 작업은 두 가지 요인 때문에 복잡한 것이다. 첫째, 사람들은 종교적으로 서로 다르다는 사실 자체만으로는 서로를 거의 죽이지 않는다. 그러나 땅, 억압, 차별, 혹은 다른 역사적 불만들로 인해 갈등이 고조될 때, 사람들은 폭력과 살인을 정당화하기 위해 신과 종교를 이용한다. 둘째, 사람들은 자신들의 성스러운 경전에 널리 퍼져 있는 폭력에 대해 거의 도전하지 않는다. 사람들은 아마 종교적 폭력을 비난할 것이다. 하지만 많은 사람들은 폭력을 정당화하기 위해 종교를 **이성적으로** 사용할 수 있다는 사실을 인정하려 하지 않는다. 왜냐하면 성서, 코란, 그리고 다른 성스러운 경전들이 폭력을 합법화하는 구절들과 신의 폭

---

1) 라틴아메리카에서 벌어진 진보적 종교에 반대한 전쟁을 소설적으로 설명한 책으로 Jack Nelson-Pallmeyer, *Harvest of Cain* (Washington, D.C.: EPICA, 2001)을 보라. 이 전쟁에 대한 논픽션은 Jack Nelson-Pallmeyer, *School of Assassins: Guns, Greed, and Globalization* (Maryknoll, N.Y.: Orbis Books, 2001)을 보라.

력적 이미지를 많이 포함하고 있기 때문이다.2)

기독교인들의 부인

기독교인들은 일반적으로 성서 안에 널리 퍼져 있는 폭력과 그 폭력이 우리의 기독교 전통 속으로 어떻게 스며들어왔는가에 대해 생각하기를 피한다. 그들이 사용하는 한 전략은 성서 안의 폭력을 무시하거나, 아니면 무의식적으로 그런 종교적 폭력을 강화하는 것이다. 그렇게 생각하는 이유는 만약 성서에 무엇이 나온다면 그것은 **어쨌든** 참된 것이어야만 한다는 생각일 것이다. 그래서 그 내용이 아무리 잔인하거나 혹은 하느님의 이미지가 아무리 폭력적이라 할지라도 우리는 성서봉독 후에 "하느님께 감사합니다!" 또는 "이는 주님의 말씀입니다!"와 같은 말로 마무리를 한다. 또 다른 회피 기술은 증거에 거스르는 것으로, 하느님이 구약성서에서는 폭력적이지만 신약성서에서는 사랑하고 있다고 주장하는 것이다. 이는 폭력을 삭제하거나 축소하는 방법이다. 동물들과 방주의 그림을 그려서 물에 빠져 죽어가는 사람들을 외면하게 만든다. 예수의 죽음을 사랑을 베푸는 하느님이 준비하신 희생물로 해석하여, 왜 사랑의 하느님에게 속죄 희생물이 필요한 것인가 하는 괴로운 질문을 무시한다. 출애굽 사건을 해방의 이야기로 다루어 하느님이 허락한 (이집트인들에 대한) 대량학살에 대해 보지 못하게 한다.

난처한 성서 구절을 뛰어넘는 것은 또 다른 회피 전략이다. 나는

---

2) Jack Nelson-Pallmeyer, *Is Religion Killing Us? Violence in the Bible and the Quran* (Harrisburg, Pa.: Trinity Press International, 2003).

이렇게 흔히 일어나는 행위를 성서일과 곡예(lectionary gymnastics)라고 부른다. 예를 들어, 최근 어느 주일에 나의 교회에서는 신명기 11장을 읽었는데, 23~25절은 누락시켰다. 그 구절은 다음과 같다.

> 그리하면 야훼께서 이 모든 민족들을 너희 앞에서 쫓아내실 것이다. 너희는 너희보다 강대한 민족들에게서 땅을 빼앗을 것이다. 너희의 발이 닿는 곳은 어디든지 너희의 소유가 될 것이다. 너희의 땅 경계는 광야에서 레바논에 이르고 큰 강 유프라테스에서 지중해에까지 이를 것이다. 세상에 너희와 맞설 사람은 하나도 없을 것이다. 너희 하느님 야훼께서는 약속해 주신 대로, 너희의 발이 닿는 곳이면 어디에서나 모두들 너희를 두려워하며 떨게 하시리라.

우리는 이러한 접근방식들에다가 신비(불가사의)와 은유를 인용하면서 대처하는 입장을 추가할 수 있다. 신비의 경우, 인간은 하느님을 완전히 이해할 수 없다고 주장하는 것은 맞지만, 하느님에 관한 완전한 지식이 결여된 상태에서 하느님의 폭력에 도전해서는 안 된다고 결론내리는 것은 틀리다. 은유에 기대는 경우, 성서에 나타난 폭력은 진짜 폭력과는 다른 것을 언급한 것이라고 할지도 모른다. 나는 언젠가 가톨릭의 비폭력 평화 운동 활동가들이 모인 국내 회의에 참석했다. 그런데 그 활동가들이 파라오의 군대를 홍해에 빠뜨려 죽이는 하느님에 대한 노래를 그렇게 열광적으로 불러대다니! 이런 전략들은 공동으로 폭력의 충격을 정당화시키거나 줄여서, 하느님의 폭력적 이미지가 우리의 신학, 예배, 음악, 기도문, 그리고 능력에 대한 이해에 얼마나 깊게 영향을 끼쳐왔는지에 대한 정직한 평가를 불가능하게 만들며, 마찬가지로 하느님의 폭력적 이미지가 폭력적 세상과 갖는 관계를 평가할 수 없게 만든다.

선택적 관심

2001년 9월 11일의 테러 공격과 그 뒤를 이은 전쟁은 종교와 폭력에 연관된 문제를 전면에 부각시켰다. 테러를 정당화하는 오사마 빈 라덴의 수사적 표현은 "종교적 주장과 신학적 언어로 넘쳐나는" 것이었다.[3] 조지 W. 부시와 그의 참모들의 연설도 마찬가지였는데, 그들은 빈 라덴의 것과 유사한 무시무시한 말과 함께 보복적 행위들을 정당화하였다. 양쪽은 그 충돌을 선과 악 사이의 전쟁이라고 규정했다. 양쪽은 무고한 시민 사상자들의 발생에 대해 상대방은 사악하기 때문에 오로지 치명적 폭력만으로 반격할 수 있다고 정당화했다. 양쪽은 그들 행위의 동기가 정당함을 내세우기 위해 신의 이름을 불러냈다.[4] 양쪽은 자신들의 폭력적 행위가 자신들의 성스러운 경전이나 전통에 충실하게 반응하는 것이라고 믿었다.

앤드류 설리번은 테러 공격에 뒤따른 충돌의 종교적 차원에 대해 사람들이 처음에는 서로 이야기하기를 꺼려했다고 썼다.

종교적 유일신론 속에는 이런 종류의 테러 유혹을 불러일으키는 본래적인 그 무엇이 있는 것처럼 보인다. 그리고 이것을 무시하려는 우리의 눈먼 시도, 즉 이런 폭력에 종교적 뿌리가 있지 않은 것처럼

---

[3] Andrew Sullivan, "This Is a Religious War," *New York Times Magazine*, October 7, 2001, 45.
[4] Nelson-Pallmeyer, *Is Religion Killing Us?*, 1장.

이야기하는 것은 일종의 부인 행위이다. 우리는 종교를 그렇게 훼손하기를 원치 않으며, 그래서 이 일의 중심에 종교가 있다는 것을 부인한다. 그러나 종교에 상당 부분 책임이 있음을 우선 인식한다면, 우리는 이 충돌을 보다 잘 이해하게 될 것이고, 그 후 어떻게 그런 폭력이 발생했는지, 그리고 그 이유는 무엇인지를 더 잘 이해하게 된다.5)

종교와 폭력에 대해 이야기하기를 꺼리던 것이 사라져가고 있다. 2003년 12월 미네소타의 여론조사에서 "77%의 응답자가 세상의 전쟁과 충돌 원인의 꽤 많은 부분이 어쨌든 종교에 있다고 생각했다."6) 특별히 기독교인들에게 현재 쟁점이 되는 것은 종교와 폭력을 자신들의 문제가 아니라 다른 사람들의 문제로 보는 경향이다. 예를 들어, 미네소타 여론조사의 응답자들은 종교와 폭력에 관한 토론의 초점을 거의 전적으로 이슬람에 맞추었다. 특정한 종교에 대하여 질문을 받았을 때, "34%의 사람들은 이슬람이 그 신봉자들을 폭력적이 되도록 조장하는 것 같다고 대답했다. 그에 비해서 3%는 기독교를, 5%는 유대교를, 5%는 불교를, 그리고 7%는 힌두교를 지목했다."7)

이슬람과 폭력에 대해 진지한 질문을 제기하는 것은 적절하다고 생각한다. 코란에는 수많은 폭력적 주제들이 있으며, 어떤 무슬림들은 자신들의 폭력 행위를 정당화하기 위해 구체적으로 코란을 인용하기도 한다.8) 문제는 이슬람과 폭력에 관심을 갖고 있는 많은 기독교인

---

5) Sullivan, "This Is a Religious War," 45-46.
6) Martha Sawyer Allen, "Religion as Significant Factor in War," *Star Tribune* (December 28, 2003).
7) Ibid.

들이 자신들의 "기독교 국가"가 역사상 가장 군국화된 나라라는 사실을 눈치 채지 못하고 있기 때문에 일어난다.9) 우리나라의 폭력에 대해서 눈을 감아버리고, 기독교인들이 군국화와 전쟁을 지원하는 것과 전통적인 기독교 신학, 예배, 음악, 그리고 기도문 사이에 관계가 있다는 것을 부인하는 것은 쉽다. 전통적 기독교 신학과 예배는 하느님의 폭력적 이미지들과 하느님의 폭력을 우리가 기대한다는 것을 받아들이는 반면에 예수의 급진적 비폭력을 경시하고 있다. 좁게 이슬람에 초점을 맞추는 것은, 달리 말해, 기독교와 폭력이라는 훨씬 더 큰 문제일 수도 있는 것을 무시하는 것이다. 이것은 예수가 말했던 것과 같다. "이 위선자야, 먼저 네 눈에서 들보를 빼내어라. 그래야 눈이 잘 보여 형제의 눈 속에 있는 티를 꺼낼 수 있다"(루가 6:42).

사람들이 갖고 있는 종교와 폭력에 대한 관심이 주로 이슬람에 국한되어 있다는 여론조사 결과는 사려 깊은 분석가들의 관점과는 반대된다. 찰스 킴볼은 완고하고 절대주의적이며 배타적으로 진리를 주장하는 것, 경직된 교리와 신조, 맹목적 순종, 강제적인 억압 전략, 극단적인 묵시종말(apocalyptic) 교리, 세상 종말에 대한 강조, 선과 악의 이분법, 그리고 거룩한 공간을 차지하기 위한 폭력적인 충돌 때문에 악하게 된 다양한 종교들의 여러 사례들을 제시하고 있다.10) 마틴 마티는 "종교의 살인적 차원은 종교 간에 일어나는 현상이고, 그런 살인은

---

8) *Is Religion Killing Us?* 라는 책에서 나는 성서와 코란의 중심에 있는 폭력적 신의 전통을 묘사했고, 신앙을 방어하거나 정의를 추구하는 과정에서 폭력을 정당화하기 위해 합리적으로 해석될 수 있는 코란의 수많은 구절들을 나열했다. 특히 6 장을 보라.
9) Jack Nelson-Pallmeyer, *School of Assassins: Guns, Greed, and Globalization* 을 보라.
10) Charles Kimball, *When Religion Becomes Evil* (San Francisco: Harper SanFrancisco, 2001).

'그들'이 자행하는 짓이거나, '그들의' 경전 안에 있는 짓이다"라고 썼다.11) 앤드류 설리번는, 2001년 9월 11일의 테러 공격 이후 이슬람과 폭력에 대해 관심을 기울였지만, 대부분의 무슬림들이 빈 라덴과 견해를 같이 하지 않는다고 말하며, "극단적 진압, 심지어 테러를 위해 종교를 사용하는 것은 이슬람에 국한된 것이 아니다. 기독교는 그 대부분의 역사에서 훨씬 악한 기록을 가지고 있다"고 지적했다.12)

설리번, 킴볼, 그리고 마티는 종교적 폭력의 종교 간의 차원을 강조했다. 이들은 또한 유일신 전통이 폭력의 경향으로 흘러가는 특징이 있음을 지적했다. 마티는 다음과 같이 썼다.

유일신론자들이 … 폭력을 독점하지는 않는다. 그러나 경전에 계시된 유일신론이 그 신자들로 하여금 독특한 방법으로 치명적인 존재가 되도록 만들 수 있다는 것은 진실이다. 하나뿐인 전능하신 신을 믿으라. 이 신에게 적들이 있음을 믿으라. 이 적들을 대적하는 신의 목적에 복무하도록 분부를 받았음을 믿으라. 유일하고 절대적이며 거룩한 책이 당신으로 하여금 전쟁을 수행하기 위한 방향과 추진력과 동기를 제공하고 있음을 믿으라. 그러면 당신은 십자군, 거룩한 전쟁, 지하드, 그리고 … 끝을 알지 못하는 테러의 방식을 취하게 된다.13)

---

11) Martin E. Marty, "Is Religion the Problem?" *Tikkun* (March–April 2002).
12) Sullivan, "This Is a Religious War," 45.
13) Marty, "Is Religion the Problem?"

하느님은 진정 이와 같은 분인가? 구약성서의 이미지들

성서에는 하느님과 이웃에 대한 사랑, 올바른 사회 질서를 세우고자 하는 깊은 갈망, 봉사, 용서, 연민, 그리고 희망을 포함해서 많은 긍정적인 주제들이 있다. 그러나 폭력은 단연 성서에서 가장 두드러진 주제이고 하느님의 주된 특성이다.14) 인간은 하느님의 이미지를 따라 창조되었으며(창세기 1:26), 하느님은 피조물들을 보시고 매우 좋다고 하셨다(창세기 1:31). 불행하게도 그 뒤를 잇는 대부분의 줄거리는 하느님의 폭력이 지배하고 있다. 홍수에 대해 노아에게 설명하면서, 하느님은 "세상은 이제 막판에 이르렀다. 땅 위는 그야말로 무법천지가 되었다. 그래서 나는 저것들을 땅에서 다 쓸어버리기로 하였다"(창세기 6:13)고 말씀하셨다. 우리는 방주와 동물들에 초점을 맞추고서는 "하느님과 땅에 살고 있는 모든 동물 사이에 세워진 영원한 계약"(창세기 9:16)을 상징하는 홍수 뒤의 무지개로 낙을 삼는다. 무지개는 이런 파괴가 결코 다시 있지 않을 것이라는 하느님의 약속을 나타내는 신호였을 것이다. 그러나 하느님은 약속을 어기신다. "땅 위에 있는 것은 무엇이건 나 말끔히 쓸어버리리라. 야훼의 말씀이시다"(스바니야 1:2).

하느님에 대한 두려움은 성서의 중요한 주제이고, **하느님은 종종 얼마나 두려워하는가와 연관시켜 믿음의 정도를 측정하셨다**. 하느님으로부터 직접 명령을 받아 자신의 아들 이삭을 죽이려고 했던 아브라함은 마지

---

14) Jack Nelson-Pallmeyer, *Jesus against Christianity: Reclaiming the Missing Jesus* (Harrisburg, Pa.: Trinity Press International, 2001)의 1-5장을 보라. 또한 Nelson-Pallmeyer, *Is Religion Killing Us?* 의 132 페이지를 보라. 여기서 나는 "유대인들, 기독교인들, 그리고 무슬림들은 자신들의 신성한 경전에 들어있는 많은 것에도 불구하고, 자비롭고, 의로우며, 윤리적이고 도덕적 삶에 관하여는 합리적으로 잘 한다"라고 주장했다.

막 순간에 외관상으로는 집행을 유예하라는 지시를 받는다. "그 아이에게 손을 대지 말아라. … 나는 네가 얼마나 나를 공경하는지 알았다. 너는 하나밖에 없는 아들마저도 서슴지 않고 나에게 바쳤다"(창세기 22:12). 내가 '외관상'이라고 말한 까닭은 이스라엘 역사 가운데 여러 시기에 어린아이를 희생제물로 바쳤기 때문이다. 한 학자는 이렇게 설명한다. "이 이야기의 원작에서는 이삭이 실제로 희생된다."15) 어린이 희생제사에 대해 일치하지 않는 관점들이 몇몇 독자들을 놀라게 할지도 모른다. 그러나 구약성서는 많은 다른 저자들의 관점을 반영하며, 천 년 이상의 역사를 감싸는 이야기들을 사용하고 있다. 하느님을 달래거나 만족시키기 위한 방법으로 이스라엘에서 어린이 희생제사가 실행되던 때가 있었는데, 그 시대를 반영한 원래 이야기가 어린이 희생제사가 더 이상 용납되지 않는 후대에 편집되었을 가능성이 크다.

성서의 다른 일반적 주제는 **하느님이 파괴적 폭력을 두드러지게 사용하심으로써 하느님 존재를 입증하는 것이다.** 에제키엘은 벌을 주는 폭력을 하느님의 뜻을 명확히 하는 서명으로 보았다. 에제키엘은 "그러면 너희는 내가 야훼임을 알 것이다"라는 구절(혹은 변형된 것)을 최소 예순다섯 번 사용하고 있다. "멀리 있는 자는 염병에 죽겠고, 가까이 있는 자는 칼에 맞아 쓰러지겠고, 성 안으로 피해 들어온 자는 굶어 죽겠구나. 그제야 치밀었던 내 노여움이 풀리리라. … 거기에서 칼에 찔려 우상들이 서 있는 제단 둘레에 쓰러지게 되어야 너희는 내가 야훼임을 알 것이다"(에제키엘 6:12-13). "이 백성이 하는 짓이 너무나도 노여워 내 분이 풀리기까지 벌을 내리리니, 이 백성은 자기들이 한 짓 때문에

---

15) Richard Elliott Friedman, *Who Wrote the Bible?* (San Francisco: Haper SanFrancisco, 1987), 257.

나에게 벌을 받고 나서야 나 야훼가 왜 이렇게 질투하는 말을 했는지 알게 될 것이다"(에제키엘 5:13).

하느님은 또한 순종하지 않는 자를 살해하도록 허락하셨다. 이런 행위는 하느님의 벌주는 폭력에 대한 공포와 그 폭력을 피하는 방법에 근거를 둔 성결에 대한 사제들의 선입견을 반영한 것이다. 안식일에 나무 가지를 줍다가 발견된 어떤 사람은 다음과 같은 가혹한 판결을 받는다. "그 때 야훼께서 모세에게 말씀을 내리셨다. '그를 사형에 처하여라. 온 회중이 그를 진지 밖으로 끌어내다가 돌로 쳐죽여라'"(민수기 15:35). 하느님은 또 그 백성들 가운데에서 악을 제하기 위해 완악하고 패역한 아들을 돌로 쳐 죽이라고 명령하신다(신명기 21:18-21). 모세에게 내린 하느님의 지시에 보면, "누구든지 자기 부모에게 악담하는 자는 반드시 사형을 당해야 한다. 그 부모에게 악담하였으니 피를 흘리고 죽어야 마땅하다"(레위기 20:9)고 되어 있다. 만약 부모들이 이 구절을 마음에 담는다면, 우리 모두는 아마 죽었을 것이다. 하지만 그런 고대의 법전에 주의를 기울이는 사람이 없다고 생각하지 못하도록, 동성애에 대한 기독교인들의 적대감을 정당화하는 기본 구절이 레위기의 같은 장 안에 있다(레위기 20:13).

폭력적이고 예측할 수 없는 신들을 달래기 위한 욕구는 신들에게 제물을 바치고 희생제사를 드리는 많은 성서적 이야기를 낳았다.16) 개혁파 유대인 작가

---

16) 우리가 성서를 유일신과 연결시키지만, 이스라엘 역사 대부분을 통해 제사장적 저자들은 많은 신들이 있는 것으로 여기고 있다는 점을 밝히기 위해 나는 '하느님'이라기보다는 '신들'이라고 말하고 있다. 성서의 저자들은 신의 고유한 이름, 신의 특성, 그리고 어떤 제사가 신을 기쁘게 하는지에 대해서는 서로 일치하지 않는다. 다른 신과의 경쟁을 다루는 주장에서 그들의 신이 다른 신들보다 우월하다는 점을 다루었지, 그들의 신이 유일한 신이라고 주장하지는 않았다. 월등한 폭력은 종종 월등한 존재로 규정되었다. 한 분의 하느님에 대한 유일신적 관념은 전승 후기에 나타났고, 아마 바빌론에서 포로 생활을 하던

인 레지나 슈바르츠는 "가인과 아벨의 제사는 신의 분노를 제거하기 위해, 그리고 하느님의 은혜를 받고 번영을 위한 하느님의 축복을 기원하기 위해 바쳐진 것임을 시사한다"17)고 썼다. 하느님은 아벨의 제사를 받아들이고 가인의 것은 물리치셨다. 성서는 왜 그랬는지 말하지 않는다. 성서는 하느님이 폭력적이고 쩨쩨하며, 독단적이고 두려워해야 할 존재라는 뚜렷한 인상을 남겼다. 사도행전은 아나니아와 삽비라의 이야기에서 이와 같은 인상을 강화시켰다. 그들은 땅을 팔아 소유의 대부분을 믿음 공동체에 바쳤다. 그러나 그들은 거짓말을 했고 소유의 일부분을 그들을 위해 간직했기 때문에 "주의 성령을 떠보는"(사도행전 5:9) 죄를 범한 것으로 결론이 났다. "아나니아는 그 자리에 거꾸러져 숨지고 말았다. 이 말을 들은 사람마다 모두 두려워하였다"(사도행전 5:5). 소년들이 엘리사를 보고 "대머리"라고 부르자, 모욕을 당한 예언자는 "주의 이름"으로 그들을 저주했으며, 그러자 즉시 숲 속에서 암곰 둘이 나와서 아이들 중 사십이 명을 찢어 죽였다(왕하 2:23-24).

레지나 슈바르츠는 고통을 주는 폭력의 다른 면을 묘사했는데, "몇 번이고 되풀이해서 성서는 다른 사람을 희생시켜 재산을 물려받는 사람에 대한 이야기를 말하고 있다"고 적었다.18) **예를 들어, 하느님은 단호하고 강력한 땅 도둑**(land thief)**으로 그려지고 있다.**

때일 것이다(기원전 587년 이후). 그 당시 편집자들은 다신론적 전승을 품고 있던 초기의 성서적 자료들 위에 일신론적인 것을 덮어 씌웠다. 그들은 또한 이웃 신들의 능력과 특성의 대부분을 하나의 전능한 하느님에게 접목시켰다. Nelson-Pallmeyer, *Jesus against Christianity*, 6-7장을 보라.

17) Regina M. Schwartz, *The Curse of Cain: The Violent Legacy of Monotheism* (Chicago: University of Chicago Press, 1997), 68.

18) Ibid., x.

"그 날 야훼께서 아브람과 계약을 맺으시며 말씀하셨다. "나는 이집트 개울에서 큰 강 유프라테스에 이르는 이 땅을 네 후손에게 준다. 이 곳은 켄족, 크니즈족, 카드몬족, 헷족, 브리즈족, 르바족, 아모리족, 가나안족, 기르갓족, 여부스족이 살고 있는 땅이다."(창세기 15:18-21)

이 구절과 또 비슷한 구절들 속에 있는 하느님 폭력의 전체 무게를 축소하는 방법은 이스라엘 백성이 모든 사람에게 축복이 되게 하기 위해 하느님이 이스라엘 백성에게 그 땅을 주려고 선택하셨다고 주장하는 방법이다. 이런 주장은 성서가 실제로 말하려는 것이 아니다. 또 그와는 다르게 말하고 있는 많은 구절들이 있어서 이것은 납득이 가지 않는 주장이다. 판관기(사사기) 11장에 나오는 혼란스러운 이야기는 인신제사, 땅 도적질, 그리고 하느님의 폭력과 연결되어 있다. 이스라엘 백성이 평화로운 배상을 원하는 암몬 왕으로부터 땅을 취한다. 입다가 암몬 왕에게 이렇게 말한다. "이스라엘의 하느님 야훼께서 당신의 백성 이스라엘 앞에서 아모리 사람들을 몰아내셨는데, 이제 와서 네가 우리를 몰아내겠단 말이냐? 우리도 우리의 신 야훼께서 빼앗아 주신 땅을 차지하고 있는데, 어떻단 말이냐?"(판관기 11:23-24). 신의 절대명령을 따라 땅을 훔쳐온 입다는 하느님의 도움을 받아 싸울 것을 결심한다. 입다는 하느님과 거래를 하면서 이렇게 서원한다. "만일 하느님께서 저 암몬 군을 제 손에 부쳐주신다면, 암몬 군을 쳐부수고 돌아올 때 제 집 문에서 저를 맞으러 처음 나오는 사람을 야훼께 번제로 바쳐 올리겠습니다"(판관기 11:30-31). 입다는 그들을 크게 무찌르고, 자신의 딸을 도살당하도록 넘겨버렸다(11:39). 남성 전사와 남성 신이 함께 계획을 세울 때는 그 결과가 종종 여성에 대한 폭력으로 나타난

다.19)

성서의 저자들은 종종 하느님이 명해서 땅을 도둑질하는 것을 하느님이 허락한 대량학살과 연관시켰다. "야훼께서 모세에게 말씀하셨다. '그를 두려워하지 마라. 내가 그와 그의 온 백성과 그의 땅을 네 손에 붙였다. 너는 헤스본에 살던 아모리인의 왕 시혼을 해치웠듯이 그를 해치워라.' 그들은 그와 그의 아들들과 그의 모든 백성을 한 사람도 살려두지 않고 쳐죽였다. 그리고 그의 땅을 차지하였다"(민수기 21:34-35). "그 때 너희는 그들을 전멸시켜야 한다. … 불쌍히 여기지도 마라"(신명기 7:2). 우리는 아이들에게 "여호수아는 여리고 전투에서 싸웠네"라는 노래를 가르치지만, 성벽 붕괴에 뒤따르는 섬뜩한 장면은 무시한다. "남녀노소 가리지 않고 소건 양이건 나귀건 모조리 칼로 쳐 없애버렸다"(여호수아 6:21).

하느님은 그 땅에 거주하는 무리들을 쉽게 근절시키시기 위해 그 무리들의 마음을 일부러 완악하게 만드신다. "그들을 가차없이 전멸시키시려고 야훼께서는 그들로 하여금 고집을 세워 이스라엘과 싸우도록 하셨던 것이다. 이렇게 야훼께서는 모세에게 명령하신 대로 그들을 쓸어버리게 하셨다"(여호수아 11:20). 심지어 더욱 혼란스러운 점은 하느님이 파라오의 마음을 완악하게 만드셨다는 것이다. **보다 월등한 폭력을 행사하여 하느님이 하느님이라는 것을 증명하시는 기회로 만들기 위해서 그렇게 하셨다는 것이다.** "내가 파라오의 마음을 굳어지게 하면 그가 그들의 뒤를 추격할 것이다. 그러면 나는 파라오와 그의 군대를 쳐서 내 영광을 드러내어 이집트인들로 하여금 내가 야훼임을 알게 하리라"(출애굽기 14:4).

---

19) Nelson-Pallmeyer, *Jesus against Christianity*, 30.

출애굽기에 따르면, 하느님은 인간의 행위를 사용하거나 사용하지 않고서 이스라엘의 적들을 기꺼이 파괴하시고 또 파괴하실 수 있다. "야훼의 손이 들에 있는 너의 가축들, 말과 나귀와 낙타와 소와 양떼를 쳐서 무서운 병이 들게 할 것이다"(9:3). "야훼는 용사, 그 이름 야훼이시다. 파라오의 병거와 군대를 바다에 처넣으시니 빼어난 장교들이 홍해에 빠지더라"(15:3-4), "야훼께서 이렇게 말씀하십니다. '내가 한밤중에 이집트인들 가운데로 나가리라. 이집트 전국에 있는 맏이는 다 죽으리라. 장차 왕위에 오를 파라오의 맏아들을 비롯하여 맷돌을 가는 계집종의 맏아들에 이르기까지 다 죽을 것이요, 짐승이 낳은 맏배도 살아남지 못하리라'"(11:4). 이 경우에, 제물로 바쳐진 흠 없는 양의 피를 이스라엘 백성이 문기둥과 인방에 발랐기 때문에 하느님은 누가 죽임을 당할지, 누가 죽지 않을지를 알았다. 이 폭력적 이야기가 유월절(과월절)이라는 유대인 축제를 발생시켰고, 희생제사의 관점에서 예수의 죽음을 이해하는 폭력적인 기독교 해석을 일으켰다.

다른 많은 성서학자들과 마찬가지로, 레지나 슈바르츠는 출애굽이 실제 역사라고 하는 증거가 거의 없거나 전혀 없다고 썼다.[20] 그러나 그녀는 출애굽 신학의 정치적이고 신학적인 결과들이 영속적이고 파괴적인 것임을 지적하고 있다.

---

[20] 성서의 폭력을 정직하게 보는 것과 관련되어 있는 핵심적인 문제는, 우리가 어떤 권위를 경전에 부여하는가 하는 것이다. 어떤 기독교인들은 자구에 얽매이는 문자주의자로서 성서를 하느님의 말씀이라고 받아들인다. 다른 기독교인들은 성서를 인간이 쓴 것이나 신적인 영감을 받아 쓴 것이라고 본다. 우리들은 성서의 저자들이 인간 신학자들로서 그들 삶의 정황 속에서 하느님에 관한 그들의 관점을 표현한 것으로 본다. 그들 관점의 많은 부분이 하느님과 예수를 대립되는 방식으로 묘사하고 있다. 우리는 어느 관점이 좋은지 선택하지 못하지만, 우리 자신의 경험과 우리의 예수 이해에 비추어 그들의 경합하는 묘사들을 면밀히 조사하고 있다. 성서에 대한 우리의 접근은 3장과 4장에 뚜렷하게 나와 있다.

그런데 성서 내러티브는 어떤가? 땅 취득을 위한 이러한 욕구를 화려하게 꾸며 독자들에게 보여주고, 정복을 정당화하는 출애굽의 원시 신화를 우리 문화 속에 깊게 새겨놓는 것을 우리는 나쁘다고 생각해야 하지 않을까? 본문의 역사적 관점에서 보면 정복 내러티브는, 적들에게 기적 같은 승리를 거두고 젖과 꿀이 흐르는 땅에서 살며 그 땅에는 전능한 하느님의 축복과 지원으로 들어가는 것을 꿈꾸고 있는, 힘없고 쫓겨난 사람들에 의해 쓰여진 근거 없는 공상 이야기일 뿐이다. 그러나 다른 관점, 즉 본문이 가진 정치적으로 남아있는 것의 관점에서 보면 덜 흥미를 끌고 몹시 천진난만하지 않은 다른 이야기가 있다. 이 이야기는 다른 민족의 대량 이동과 멸망을 통해 한 민족을 세우고, 다른 사람들이 소유해 왔던 땅을 자신의 것이라고 주장하며, 신의 뜻이라는 기치 아래 이런 피비린내 나는 정복을 감행하는 것을 말하고 있다.21)

성서의 이야기들은 현대의 정치와 폭력을 위한 결정적인 기초 요소가 될 수 있다. 예를 들어, 오늘날 근본주의적 기독교인들이 팔레스타인에 대한 이스라엘의 잔인한 정책을 지원하는 자신들을 정당화하기 위해 출애굽 이야기를 자주 인용하고 있으며, 유대인 단체들도 팔레스타인 땅에 자신들의 정착지를 확대하는 것을 정당화하기 위해 출애굽 이야기를 인용한다.

불순종하는 이스라엘 백성에게 하느님의 손이 내린 많은 형벌들은 성서에 있는 용서 없이 가혹한 폭력의 또 다른 표현이다. 방대한 성서 재료들에서 뽑은 몇몇 사례를 살펴보자.

---

21) Schwartz, *The Curse of Cain*, 57.

너무나도 노엽고 화가 나서 내가 있는 힘을 다 기울여 너희를 치리니, 이 도읍에 사는 사람과 짐승이 모두 심한 염병에 걸려 죽을 것이다. (예레미야 21:5-6)

아, 몸서리쳐지는 야훼의 날이 온다. "격분과 분노가 치밀어 나는 땅을 잿더미로 만들고 죄인들을 불살라 버리리라. … 눈에 띄는 대로 찔려 죽고 잡히는 대로 칼에 맞아 쓰러지리라. 그들의 어린것들은 눈앞에서 박살이 나고 집은 털리고 아내는 겁탈을 당하리라. 이제 나는 메대 사람을 부추겨 그들을 치게 하리라. 메대 사람들은 은 같은 것엔 아예 관심도 없고 금 같은 것은 탐내지도 않는 자들이다." (이사야 13:9, 15-17)

내 백성의 수도가 망하던 날에는 먹을 것이 없어 자애로운 여인도 제 자식을 잡아 끓였구나. 야훼께서는 화나시는 대로 치솟는 진노를 퍼부으시어 시온에 불을 지르시고 그 성터마저 다 살라버리셨다.(애가 4:10-11)

구약성서에 나오는 하느님의 폭력적 이미지들에 대한 이런 간단한 관찰은 괴로운 문제들을 불러일으키고 있다. 그러나 기독교인들은 종종 그 문제들이 구약성서와 연관된 것이라면서 그 문제들을 중요하게 여기지 않는다. 하지만 불행하게도 폭력적 주제들과 하느님의 폭력을 기대하는 것은 신약성서에도 퍼져 있다.

하느님은 진정 이와 같은 분인가? 신약성서의 이미지들

하느님의 폭력적 이미지들과 하느님의 폭력을 기대하는 것은 신약성서를 지배하고 있고, 구약성서에 나타난 폭력과 계속 연결되어 있다. 마리아의 노래(루가 1:46-53)는 구약의 한나의 노래(사무엘상 2:1-5)와 한 구절씩 비교해 보면 평행을 이루고 있다. 두 노래는 하느님의 폭력에 기대어, 적들이 패배하고 부자들이 쫓겨나며 가난한 자들이 높임을 받는 것과 같이 역사가 거꾸로 뒤집어지는 것을 찬양하거나 기대하고 있다. 세례자 요한은 이 세상을 선과 악(알곡과 쭉정이)으로 산뜻하게 나누고 있다. 그의 하느님은 격노로 가득 찼고 벌주는 폭력을 능히 할 수 있는 분이다. 요한은 광야에 있는 자신에게 나아온 "독사의 족속들"에게 하느님의 폭력이 임박하게 다가오고 있음을 말하며, 쭉정이는 곧바로 꺼지지 않는 불 속에서 타버릴 것이라고 경고하고 있다(루가 3:7-9).

요한의 묵시록 저자는 하느님의 폭력적 이미지들을 받아들이는데, 이는 세례자 요한, 구약성서와 공통적인 것이다. 하느님의 폭력적 이미지들은 구약성서에 국한되는 것이라고 주장하는 사람은 다음과 같이 요한의 묵시록에 나오는 구절들을 고려해야만 한다.

그들은 큰소리로 "거룩하시고 진실하신 대왕님, 우리가 얼마나 더 오래 기다려야 땅 위에 사는 자들을 심판하시고 또 우리가 흘린 피의 원수를 갚아주시겠습니까?" 하고 부르짖었습니다(6:10)

그래서 네 천사는 풀려났습니다. 그 천사들은 정해진 연 월 일 시에 사람들의 삼분의 일을 죽이려고 준비를 갖추고 있었습니다. (9:15)

"지금도 계시고 전에도 계셨던 전능하신 주 하느님, 우리의 감사를 받으소서. 하느님께서는 큰 권능을 떨치시며 군림하고 계십니다. 이방인들이 이것에 분개하였으나 오히려 그들이 주님의 분노를 샀으며 때는 와서 죽은 자들은 심판을 받고, 주님의 종 예언자들과 성도들과 대소를 막론하고 주님을 공경하는 자들은 상을 받고 땅을 어지럽히던 자들은 망하게 되었습니다." 하고 말하였습니다. (11: 17-18)

신약성서의 폭력은 세례자 요한과 요한의 묵시록 저자의 묵시종말적 전망에 국한되어 있지 않다. 때때로 마태오복음의 예수22)는 세례자 요한과 똑같은 말을 하고 있다. "좋은 열매를 맺지 못하는 나무는 모두 찍혀 불에 던져진다"(7:19). "이 뱀 같은 자들아, 독사의 족속들아! 너희가 지옥의 형벌을 어떻게 피하랴?"(23:33). 1세기 팔레스타인의 억압 체제 속에서 중요한 등장인물들이 예수의 비유 속에 나타났으며, 이들은 마태오에 의해 "하느님의 인물들"로 취급되었고, 마태오는 예수의 목소리라는 권위를 그들의 폭력에 부여했다.23) 이들 "하느님의 인물들"은 시종일관 사람들을 고문하거나 다른 끔직한 형벌을 받게 하였다.

마태오가 묘사한 예수가 좋아한 활동 가운데 하나는, 그가 즐겨하는 구절

---

22) 각각의 복음서는 예수에 대해 다르고 대치되는 묘사들을 제공하고 있다. 각 복음서 자체 안에서, 그리고 다른 복음서 사이에서, 예수는 예수와 맞붙고 있다. 예수에 대한 마태오의 묘사는 마르코, 루가, 요한의 묘사와 다르고, 예수 자신과도 종종 다르다는 것을 지적하기 위해 마태오복음의 예수를 언급했다. 마태오의 신학은 예수를 종말론적 시각으로 묘사했다. 그러나 마태오는 또한 역사적 예수가 종말론적 관점과 기대를 거부했다는 증거를 제시한다. 2 장과 3 장을 보라.

23) William R. Herzog II, *Parables as Subversive Speech: Jesus as Pedagogue of the Oppressed* (Louisville: Westminster/John Knox Press, 1994)를 보라.

"가슴을 치며 통곡할 것이다"를 사용하면서 폭력적 형벌로써 사람들을 위협하는 것이었다. "그러자 임금이 하인들에게 '이 사람의 손발을 묶어 바깥 어두운 데 내쫓아라. 거기서 가슴을 치며 통곡할 것이다.' 하고 말하였다"(22:13). "생각지도 않은 날, 짐작도 못한 시간에 주인이 돌아와서 그 꼴을 보게 될 것이다. 주인은 그 종을 자르고 위선자들을 벌받는 곳으로 보낼 것이다. 거기에서 그는 가슴을 치며 통곡할 것이다."(24:50-51). "그러자 주인은 그 종에게 호통을 쳤다. '너야말로 악하고 게으른 종이다. … 이 쓸모없는 종을 바깥 어두운 곳에 내쫓아라. 거기에서 가슴을 치며 통곡할 것이다"(25:26, 30). 우리 모두에게 더욱 친숙한 것은 마태오복음 25:31-46에 나오는 폭력으로 마무리하는 최후의 심판 비유인데, 여기서 마태오가 묘사한 예수는 굶주린 자에게 먹을 것을 주지 않은 사람을 영원한 벌에 처하고 있다.

도대체 왜 폭력이 만연해 있는가?

앞서 서술한 하느님의 폭력적 이미지들과 하느님의 폭력을 기대하는 것은 매우 큰 빙산의 일각이다. 빙산 끝부분에서 볼 수 있는 만연된 폭력이 우리에게 말하는 것은 폭력이 매우 심각한 문제라는 것이다. 그러나 폭력이 왜 있는지를 말해주지 않고, 기독교 신학, 예배, 음악, 그리고 기도문들이 의식적으로든 무의식적으로든 어떻게 하느님의 폭력적 이미지들에 의해 형성되어 왔는지에 대해서 알도록 도와주지 않는다. 우리가 빙산의 끝부분이 거대한 밑바닥 위에 얹혀 있다는 것을 기억한다면, "도대체 왜 폭력이 만연해 있는가?"라는 질문에 보다 잘 대답할 수 있다. 우리가 그 밑바닥을 주시할 때, 끝부분에서 볼 수 있는 폭력의 거의 모두가 성서에 있는 세 개의 가장 중요한 **신학적** 줄거리와 연결되어 있다는 것을 알게 된다. 나 나름대로 정의를 내리면, 신학이란 우리의 삶에 대해, 그리고 우리가 사는 세상에서 하느님, 성령, 또는 신과 관계되어 무엇이 일어나는지를 이해하려는 모든 노력이다. 이 정의를 따르면, 성서의 저자들은 신학자들이고, 또한 우리도 그렇다. 성서의 저자들은 그들의 삶, 역사, 그리고 하느님을 성서에 나오는 중심적인 세 개의 줄거리, 즉 출애굽, 바빌론 포로, 그리고 묵시종말적 세계관의 정황 속에서 이해했다. 하느님의 폭력적 이미지는 그 각각의 이야기의 중심을 차지한다.

출애굽: 해방시키는 폭력

출애굽은 아마도 성서에서 중심적인 주제일 것이다. 출애굽 이야기를 제외한다면, 다른 많은 성서본문들 속에 분명히 들어 있는 긍지, 고통, 기대, 실망, 공포, 희망, 분노, 절망, 혼동을 이해할 수 없을 것이다. 출애굽 신학은 출애굽을 **하느님의 해방시키는 폭력**(God's liberating violence)에 관한 이야기로 해석한다. 적을 쳐부수는 월등한 폭력을 통해 하느님은 하느님이심을 증명하신다. 하느님에게 폭력적 능력을 투사하는 것은 과거에도 그랬고 현재에도 매혹적인 환상이다. 성서 안에서 매우 이상적인 공간에 자리를 잡은 출애굽 신학은 해방시키는 하느님을 묘사하고 있는데, 그 하느님은 능력 있고 민족적으로 편향된 하느님이다. 하느님은 억눌린 자들의 부르짖음을 들으시고, 그들의 고통을 알고 계시며, 그들의 어려운 처지와 자신을 동일시하신다.[24] 비록

---

24) 이상화된 해석에 대한 비판을 위해서는, Nelson-Pallmeyer, *Jesus against*

막강한 이집트인들이 그들이 가는 길을 막고 또 "약속된 땅"에는 이미 다른 종족들이 거주하고 있을지라도, 하느님은 선택받은 백성에게 그 좋은 땅을 지배할 수 있는 권한을 부여하신다. 출애굽 신학의 해방시키는 하느님은 이집트 압제자들을 쳐부셔서 이스라엘 백성을 자유하게 만드시며, 대량학살의 폭력을 통해 그 땅을 지배하도록 그들을 도우신다.

바빌론 포로: 벌주시는 폭력

포로기 신학(Exile theology)은 이스라엘 백성의 역사가 출애굽의 약속과 기대대로 거의 전개되지 않았다는 사실에 응답한 것이다. 월등한 폭력을 행사하시는 하느님의 보호 아래 다른 민족들을 지배하며 그 땅에서 안전하게 살아가기는커녕, 계속 등장하는 제국들에 의해 짓밟히고 지배당한 후에 이스라엘 백성은 땅을 잃고 여러 나라로 흩어졌다. 포로기 신학은 사제들과 예언자들이 출애굽의 기대와 포로가 된 현실 사이의 모순을 잔인한 단순함으로 설명한 작품이다. 선택받은 백성이 포로로 끌려간 것은 그들이 그럴 만했기 때문이라는 것이다. 포로기 신학의 중심에는 **하느님의 벌주시는 폭력**(punishing violence of God)이 있다. 하느님의 벌주시는 폭력을 묘사한 포로기의 성서 구절들을 수없이 많이 인용할 수 있지만, 나는 레위기의 한 부분만 인용하려고 한다.

너희가 만일 내가 정해 준 규정들을 따르고, 내가 지시한 계명들을 지켜 그대로 하면 내가 너희에게 제때에 비를 내려주리니, 땅은 소

Christianity, 4장을 보라.

출을 내고 들의 나무들은 열매를 맺을 것이다. … 그래서 너희는 마음껏 먹으며 너희 땅에서 안심하고 살게 되리라. 내가 그 땅에 평화를 주리니, 너희는 다리를 뻗고 잘 수 있으리라. … 너희 원수들은 너희에게 쫓기다가 너희의 칼에 맞아 쓰러지리라. … 그러나 너희가 만일 나의 말을 듣지 않아 이 모든 계명을 실천하지 않으면, … 나도 너희에게 그렇게 하리라. 나는 너희에게 몹쓸 재앙을 내려 폐병과 열병으로 마침내 두 눈은 꺼지고 맥은 빠지게 하리라. 너희가 씨앗을 심은 보람도 없이 너희 원수가 그것을 거두어 먹으리라. 내가 너희를 엄한 눈초리로 쏘아보면 너희는 원수와의 싸움에 져서 적의 지배를 받으리라. … 이렇게까지 하여도 너희가 내 말을 듣지 않으면, 나는 너희 죄를 거듭거듭 일곱 배로 벌하여 … 너희에게 복수의 칼을 보내어 계약을 어긴 것을 보복하리라. 너희가 성 안으로 피해 들어가면 나는 너희 가운데 염병을 보내리라. 그리하여 너희는 결국 원수들의 손에 넘어가고 말리라. … 너희는 너희 아들들의 살을 먹고 딸들의 살을 먹어야 하게 되리라. … 시체처럼 쓰러진 너희 우상들 위에 너희의 주검이 쌓이게 하고 다시는 눈길도 돌리지 아니하리라. 너희 성읍들을 폐허로 만들고 너희 성소들을 쑥밭으로 만들 것이며 너희가 나를 기쁘게 하려고 피우는 향기를 역겨워하여 코도 돌리지 아니하리라. 내가 너희의 땅을 쑥밭으로 만들리니 너희 원수들이 그리로 살러 왔다가는 너희가 망하는 꼴을 보고 놀랄 것이다. 나는 칼을 빼들고 너희를 쫓아 이민족들 사이에 흩어버리리라. 마침내 너희 땅은 쑥밭이 되고 너희 성읍들은 폐허가 되리라. (레위기 26:3-7, 14-18, 25-33)

포로기 신학에는 주목해야 할 다른 세 가지 점이 있다. 첫째, 이 레위기 본문은 다른 많은 본문들과 마찬가지로, 포로로 잡혀간 정황 속에서 기록되었다는 점이다. 달리 말해, **나쁜 역사적 경험들이 이 신학보다 먼저 있었다는 점**이다. 즉 포로로 잡혀간 상황 속에서 신학자들은 이미 일어난 일을 설명하고 정당화하기 위해 이 신학을 이야기한 것이다. 하느님의 신실하심을 유지하기 위한 노력으로, 신학자들은 그렇게 악한 행위는 역사적인 파멸을 가져온다고 하느님이 이미 그 백성에게 경고하셨다고 썼으며, 이러한 경고들을 성서 전승의 초기 시대 부분들 속에 삽입했던 것이다.

둘째, 포로로 살았던 신학자들은 유대인들의 하느님(야훼)을 지역적인 부족의 신에서 우주적이고 전능한 **유일한** 하느님으로 변형시켰다. 그들은 역사 속에 일어난 모든 일을 이스라엘의 하느님이 책임지실 것이라고 선언함으로써 출애굽의 기대와 포로로 잡혀간 현실 사이의 큰 모순을 화해시켰다. 이방 제국들의 손에 이스라엘이 파멸된 것도 이에 속하며, 신학자들은 이것을 불순종이나 죄에 대한 하느님의 형벌이라고 해석하였다.

셋째, 예언자들도 포로기 신학을 정교하게 만들었다. 그러나 그들은 종종 하느님의 무서운 심판의 예고를 **영광스러운 역전의 약속**(promises of a glorious reversal)에 결부시켰다. 이스라엘이 현재는 많은 잘못 때문에 벌을 받고 있지만, 하느님의 해방시키는 폭력이 언젠가는 이스라엘로 하여금 그들의 압제자들을 억압하도록 할 것이다. 이 역전의 주제가 구약성서의 중심적인 것이어서, **구원은 적을 쳐부수는 것을 뜻하게 되었다**(출애굽기 14:30, 15:1-4; 시 18:45-48). 이사야는 이렇게 쓰고 있다.

그 날 이렇게들 말하리라. "이분이 우리 하느님이시다. **구원해 주시리**

라 믿고 기다리던 우리 하느님이시다. 이분이 야훼시다. 우리가 믿고 기다리던 야훼시다. 기뻐하고 노래하며 즐거워하자. 그가 우리를 **구원하셨다**. 야훼께서 몸소 이 산을 지켜주신다." 검불이 거름 구덩이에서 짓밟히듯이 모압은 제가 서 있는 자리에서 짓밟힌다. (25:9-10)

주 야훼께서 말씀하신다. "내가 손을 들어 만국을 부르리라. 백성들을 향하여 나의 깃발을 날리리라. 그러면 그들은 너의 아들들을 품에 안고 너의 딸들을 목말태워 오리라. 왕들은 너의 양아버지가 되고 공주들은 너의 유모가 되리라. 그들은 땅에 이마를 대고 너에게 경배하며 네 발의 먼지를 핥으리라. 그 때 비로소 너는 알리라, 내가 야훼인 줄을, 나에게 걸었던 희망은 하나도 어긋나지 않는 줄을." … "너와 다투던 자를 내가 몸소 치고 너의 아들들을 내가 몸소 건져내리라. 그리하여 너를 박해하던 자들은 제 살코기를 먹고 제 피를 술처럼 마시고 취하리라. 그 때에 모든 인생은 알리라. 나 야훼가 너의 구원자임을, 너의 원수를 갚는 야곱의 강한 자임을." (49:22-23, 25-26)

외국인들이 너의 성을 수축하고 그 왕들이 너의 신하가 되리라. 내가 노하여 너를 때렸지만 귀여운 생각이 들어 너를 가엾게 보았기 때문이다. 밤에도 낮에도 잠그지 아니하고 네 성문은 늘 열려 있어, 왕들이 앞장 선 가운데 뭇 민족이 보화를 성 안으로 들여오리라. 너를 섬기지 않는 민족과 나라는 망하리라. 그런 민족들이 살던 고장은 폐허가 되고 말리라. (60:10-12)

묵시종말적 신학: 옳았다고 신원하는 폭력

　세 번째 중요한 성서 줄거리인 묵시종말적(apocalyptic) 세계관이 나타난 것은 몇 세기가 지나도록 그 약속된 영광스러운 역사적 반전이 결코 일어나지 않았기 때문이다. 포로기 신학과 묵시종말적 세계관이 벌주시는 하느님 이미지를 품고 있다고 해도, 묵시종말론은 역사에 대해 완전히 비관적이다. 이사야는 역사에서 운명의 영광스러운 반전을 약속했다. 묵시종말적 세계관은 세상 마지막에 하느님의 급박한 폭력이 도래하는 것에 희망을 둔다. 사제들과 예언자들은 끔찍한 역사적 비극들이 하느님의 벌주시는 폭력을 불러일으킨 이스라엘의 죄와 불순종의 결과라고 설명했다. 묵시종말적 저자들과 예언자들은 나라의 곤경을 선과 악 사이의 우주적 투쟁(cosmic struggle)과 연결시켜 설명했다. 하느님은 이방 제국들이 당신의 백성을 지배하기를 원하지 않았지만, 하느님은 하늘에서 악의 세력과의 우주적 전쟁에 여념이 없었다. 나쁜 소식은 이 우주적 전투에서 하느님이 이길 때까지, 지상의 백성들은 억압당한다는 것이었다. 좋은 소식은 하느님이 지금 이기고 계시며, 조만간 엄청난 폭력으로 세상을 심판하실 것이라는 점이다. 신실한 자들은 자신들이 옳았다는 하느님의 신원(vindication)을 받아 영원한 삶을 얻고, 악한 자들은 패배를 당하고 영원한 지옥 형벌에 처해질 것이다.

　묵시종말적 신학은 다니엘과 요한의 묵시록에서 뚜렷하게 나타난다. 이 신학은 세례자 요한과 사도 바울로(바울)에 의해 수용되었고, 복음서 저자들이 예수의 삶과 죽음의 의미를 해석하는 중요한 도구가 되었다. 묵시종말적 신학은 하느님의 약속이 성취되지 못한 현실에서 역사적 비극을 새로운 빛으로 해석함으로써 하느님의 신빙성을 유지하려는 또 다른 시도였다.

결론

예수와 그 당시 사람들은 하느님의 폭력적 이미지들에 근거를 둔 출애굽 신학, 포로기 신학, 묵시종말적 신학에 익숙했다. 이러한 이야기 줄거리에 고도의 폭력이 주어진 상황에서, 하느님의 폭력에 대한 기대가 신약성서로 넘어갔고, 그리고 전통적인 기독교 신학, 예배, 음악, 기도문 속으로 흘러들어갔다. 예수는 로마의 억압적 지배체제 속에서 살았다. 예수는 로마의 남용하는 권력, 그가 물려받은 핵심 이야기 전통 속의 하느님에 대한 많은 폭력적 이미지들과 역사적 폭력에 대한 기대에 도전하였다.

토론

초점: 하느님의 폭력적 이미지들에 관계된 것으로서 우리가 마주치고 있는 불편한 사실들을 분명하게 명명하는 것.

다음 네 개의 각 범주에서 하나 혹은 그 이상의 질문을 가지고 토론하시오.

객관적 질문

1. 이 장을 통해 당신이 얻은 새로운 정보(혹은 새로운 개념)는 무엇인가?

2. 이 장을 읽은 후에 당신의 눈에 띄는 단어나 구절은 무엇인가?
3. 저자가 성서 전체를 읽으면서 발견한 고민되는 이미지들은 무엇인가?

성찰적 질문
4. 1장에서 인용된 성서 구절을 읽을 때 느낀 점을 말하시오.
5. 누군가 성서의 폭력에 대해 거리낌 없이 이야기하고 질문을 던지거나 도전하는 것을 어떻게 생각하는가?(당신이 그것에 동의하는가에 대한 것이 아니고, 당신의 느낌은 무엇인가?)
6. 당신이 오랫동안 느껴왔던 그 무엇을 이 장에서 읽었는가?
7. 이 장을 읽으며 당신은 화가 났는가? 어느 부분에서? 무엇 때문에?

해석적 질문
8. 우리 회중들은 성서의 폭력을 경시하고 있는가? 그렇다면, 어떻게?
9. 성서의 이러한 폭력이 바로 지금 우리 회중들의 삶에 영향을 주고 있는가? 우리는 그것을 알고 있는가? 그렇다면, 어떤 면에서?
10. 이 장을 읽으며 옛날부터 간직해온 당신의(혹은 회중의) 믿음의 어떤 것들이 도전을 받는가?
11. 당신은 성서의 권위를 어떻게 보는가? 저자의 관점과 비교해서 어떤가?
12. 이 장에서 인용된 성서 구절들은 당신이 경험한 하느님을 반영하고 있는가?
13. 하느님의 능력이 무엇과 같다고 생각하는가?

마무리 질문

14. 이 장에 어떤 제목을 붙였으면 좋겠는가?(창조적으로)
15. 어디에서(혹은 어떻게) 이 정보를 사용해야 이것이 긍정적인 가치를 지닐 수 있겠는가?

활동

카드에 성서의 구절을 쓰기

1장에서 언급된 성서구절 여덟 개나 열 개를 골라 각 구절을 각기 다른 카드에 적는다. 다음의 선택 중 하나를 택해서 계속한다.

선택 1: 이것은 적합한가? 작은 그룹들로 나눈다. 각 그룹에 하나의 카드를 나누어주어 토론을 하고 하나에서 열까지 등급을 매기게 한다(하나는 "이것은 전적으로 오늘날 나의 믿음과 일치한다"에 해당하고, 열은 "이런 신을 나는 믿지 않는다"에 해당한다). 5분 후에 그룹들에게 자신들의 카드를 크게 읽고 그들이 그런 등급을 내린 결정에 대해 설명하게 한다.

선택 2: 연속 공간에 서기. 선택된 구절들을 따로 따로 읽는다. 각 구절을 읽은 후에 사람들이 연속 공간에 자리 잡도록 한다. 어느 한 벽을 "이것은 전적으로 오늘날 나의 믿음과 일치한다"에 해당하는 것으로 지정하고, 반대편 벽을 "이런 신을 믿지 않는다"에 해당하는 곳으로, 그리고 방의 중앙은 "결정할 수 없다" 혹은 "50 대 50"을 위한 구역으로 지정한다.

만화 그리기

이 장에서 저자가 제기한 문제들 중 하나를 골라 당신의 개인적인 문제의 요점을 보여주는 만화를 그려보자.

2장

예수의 사회적 배경

2장은 예수가 살던 사회적 세계에 초점을 맞춘다. 나는 로마제국의 지배, 사람들의 곤경, 억압적인 사회 질서 속에서 성전의 공모, 그리고 예수 당시의 사람들이 하느님과 역사로부터 기대했던 것을 포함하여 그들이 그 위기 상황을 어떻게 이해했는지에 대해 간단히 서술하겠다. 예수 당시의 사회적 세계 속에 있는 예수를 살펴보는 것은 하느님의 폭력적 이미지들에 대한 거부, 원수를 사랑하라는 요청, 비폭력의 수용을 포함하여, 예수가 전통에 대해 급진적으로 도전한 것을 이해하는 데 도움이 된다.

로마제국 체제의 세 가지 기둥

예수는 로마제국이 팔레스타인을 지배하던 1세기에 살았던 급진적인 팔레스타인 유대인이었다. 로마의 권력은 삶의 모든 부분에 관여했다. 로마 체제의 세금, 공물, 토지의 상업화는 농부들을 곤궁에 빠뜨렸다. 로마의 오만함에는 제국의 신들과 신격화된 황제가 축복을 준다는 종교적 주장까지 포함되었다. 로마의 잔인함은 심리전이며 위협과 통제를 위한 전략의 일환으로, 대량학살과 잠재적인 반란자들과 실제 반란자들을 십자가에 처형하는 것으로 두드러지게 나타났다. 로마의 선전과 이념적 설득에는 황제숭배와 군사적 정복을 통해 평화를 이룬다는 로마의 "복음"이 포함되었다.

로마제국의 지배는 잔인하게 능률적이었다. 그 지배는 세 가지 기둥에 기초했다. 첫째, 로마는 지역의 의뢰인 왕(local client kings)을 세워 로마를 대신해 다스리게 했다. 이런 왕은 제국의 정책을 잘 수행하지 못하면 대체되었다. 두 번째 기둥은 성전이었다. 로마제국의 체제는 성전과 연계된 종교적 관료들의 협조와 선임 선출 없이는 팔레스타인에서 부드럽게 작동할 수가 없었다. 성전은 1세기 팔레스타인에서 정치, 경제, 종교적으로 매우 큰 지위의 기관이었다. 로마 총독들과 의뢰인 왕들은 성전에 결정적인 권한을 행사했다. 로마제국에 의해 정치적으로 임명받은 대제사장은 선택의 여지없이 로마의 이익을 위해 일해야 했다. 대제사장이 로마에 종속되어 있다는 것을 보여주는 한 상징은 종교적 예복(일 년 중 가장 거룩한 날인 속죄일에, 성전 안에서 가장 신성한 장소인 지성소로 들어갈 때 대제사장이 입는 옷)을 로마가 보관하고 있었으며, 로마의 마음에 드는 경우에 대제사장에게 내주었다는 것이다.

유대인 제사장 지도자들은 그 억압 체제에서 관건이 될 만큼 중요했다. 로마의 지배에 협력하여 이익을 취하는 대제사장들은 직접적으로, 그리고 서기관들과 바리새인들과 같은 신하들을 통해 사회에 영향을 주었다. 그들은 로마를 대신해서 세금과 공물을 거두었고 체제를 유지하도록 도왔다. 리처드 호슬리가 지적한 것처럼, "대제사장들은 예루살렘에서 체제를 유지하는 책임을 지고 있었다. 로마 관리들은 그들을 마음대로 임명하고 해임시킬 수 있었으며, 실제 그렇게 했다."1)

억압 체제의 세 번째 기둥은 로마의 군사력이었다. 의뢰인 왕들이나 성전 귀족들이 그들에게 부여된 임무를 수행하지 못할 때 요청이 있으면 로마의 군단은 반대자들을 진압할 준비가 되어있었다. "그런 상황에 대한 로마의 반응은 대규모 군사적 행동을 하여 그런 일에 참여했던 모든 평민들을 십자가에 매달아 처형했으며, 귀족들로부터 손해배상을 받았다."2)

암울한 시대

예수가 태어난 역사적 상황은 특별히 암울했다. 예수의 탄생은 로마의 가장 효율적인 의뢰인 왕이자 야만적이며 교활한 헤롯 대왕의 죽음과 대략적으로 일치했다. 헤롯의 죽음은 팔레스타인 전역에서 희망과 반란을 불러일으켰다. 이미 앞선 몇십 년 동안 크게 일어나고 있던 메시아에 대한 기대가 그 정점에 도달했다. 하느님의 구원하시는 폭력(God's redeeming violence)의 도움으로 이스라엘의 해방의 때가 도래한 것처럼 보였다. 하느님의 해방시키는 폭력 전승에 의해서 명백하게 영감을 받은 많은 유대인들은 군사적인 구세주(military savior)가 이스라엘을 자유롭게 하고 로마를 파멸시킬 것을 기대하면서 로마군에 대항해 싸웠다.3) 반란의 시작은 좋았으나 결과는 좋지 않았다. 유대 전투

---

1) Richard Horsley and Neil Asher Silberman, *The Message and the Kingdom* (New York: Grosset/Putman, 1977), 79. 또한 다음 책을 보라. John Dominic Crossan, *Jesus: A Revolutionary Biography* (New York: HarperCollins, 1995), 136. ≪예수: 사회적 혁명가의 전기≫(김기철 역, 한국기독교연구소, 2001).
2) Richard Horsley, *Jesus and the Spiral of Violence: Popular Jewish Resistance in Roman Palestine* (Minneapolis: Fortress Press, 1993), 32.
3) Horsley and Silberman, *The Message and the Kingdom*, 14-15.

원들은 로마의 병기고를 점령했고, 사람들은 자신들을 다스릴 인기 있는 왕들과 구원자들을 지명했다. 다른 나라들에 대한 이스라엘의 승리를 노래한 이사야의 환상은 하느님에 의해 곧 완성될 것처럼 보였다. 그 후 로마 군단은 반란을 진압했고, 유대인들을 살육했으며, 도시들을 불태웠는데, 그 중에는 예수의 고향인 나사렛으로부터 6.5킬로미터 떨어진 곳에 있는 갈릴리의 주요 도시 세포리스도 있었다. 로마 군인들은 시체를 매단 십자가 수천 개를 길을 따라 세워놓았다. 그 썩어가는 시체들은 새와 야생동물들의 먹이가 되었고, 살아남은 유대인들에게는 반란을 단념케 하는 공개적인 표시였다.

인기 있는 왕들과 구원자들의 패배는 전쟁의 대량학살을 넘어 파괴적인 의미를 지녔다. 그것은 역사적 약속과 신학적 전망의 또 다른 실패를 뜻했다. 로마의 승리는 하느님의 해방시키는 폭력이 이스라엘을 **구원하고, 역사 속에서** 이스라엘 운명의 영광스러운 반전을 완성시킬 것이라는 예언자들의 약속을 의심하게 만들었다. 그것은 세례자 요한의 역사적으로 염세적이며 묵시종말적인 약속의 활동 무대를 설정했다. 세례자 요한의 약속은 조만간 하느님의 벌주시는 폭력이 **역사의 마지막에** 신실한 자들이 옳았음을 입증하여 **신원할** 것이라는 약속이었다. 재기불능의 역사적 패배를 경험한 사람들은 마지막 때에 곧 나타날 묵시종말적 폭력이 역사적 불의에 대해 복수할 것이라는 묵시종말적 약속 속에서 희망을 찾았다. 역사적 좌절과 묵시적 약속은 복음서 저자들이 예수의 죽음, 또 다른 메시아의 죽음을 설명하기 위해서 왜 무거운 묵시종말적 언어와 주제를 사용했는지를 설명하는 데 도움이 된다.

우리는 복음서들에서 로마에 의해 부과된 억압적 사회질서 속에서 살고 있는 어른 예수를 만난다. 예루살렘을 포함하고 있는 유다 지역은 그 당시 헤롯의 아들 중 하나가 그 지역의 질서를 제대로 유지하지 못했기 때문에 빌라도 총독의 담당 아래 로마의 직접 통치를 받고 있었다. 예수의 많은 이야기들과 비유의 배경이 된 예수의 고향 갈릴리 지역은 헤롯의 다른 아들인 안티파스가 다스리고 있었다. 로마가 임명한 통치자들, 성전 귀족들, 그리고 로마 군사들에 의해 관리되고 굳게 유지된 억압 체제는 선택된 소수에게만 유익이 되었고, 당시 대부분의 사람들을 곤궁하게 만들었다.

존 도미닉 크로산은 "상층계급과 하층계급이 분리되어 있는 깊은 심연"을 묘사하고 있다. 한 쪽에는 통치자들과 총독들이 있는데 그들을 합치면 인구의 1%에 지나지 않지만 땅의 반 이상을 소유하고 있다. 땅의 15% 정도를 소유한 제사장들과, 군대 장교들과 전문 관료 같은 신하들, 그리고 상인들이 상층계급에 속한다. 하층계급은 농부들로 구성되어 있는데, 인구의 대부분을 차지하는 이들이 한 해 생산한 곡식의 2/3 가량이 상층계급을 먹여 살리는 데 쓰였다. 사회적 계급으로 농부들 밑에 있는 기술공들이 인구의 약 5%를 차지했고, 그리고 걸인과 사회적 추방자로부터 매춘부와 일용 노동자, 노예에 이르기까지 인구의 약 10%를 차지한 (소모품과 같이) 천민들이 있었다. 크로산은 "예수가 목수였다면 … 그는 기능공 계급이었으며, 그 집단은 농부와 … 천민들 사이의 위태로운 공간으로 뻗어나갔다."[4]

불의와 공모하는 종교

예수는 종교적 관리들이나 성전과 자주 충돌했는데, 그들이 억압

---

[4] Crossan, *Jesus: A Revolutionary Biography*, 25–26.

체제를 떠받치고 있었기 때문이었다. 대제사장 가문을 포함하여 성전 귀족들은 공물과 세금을 거둬들이는 일에서 로마인들에게 협력했다. 공물과 세금은 종종 농부들을 채무자로 몰아갔고, 그들의 땅으로부터 쫓겨나게 만들었다. 리처드 호슬리가 지적한 것과 같이, "성전은 명확히 경제 체제의 기초였고, 그 체제 속에서 농산물 생산자들은 제사장들, 특히 체제를 지배하고 최고의 수령인이 된 제사장적 귀족들을 먹여 살렸다."5) 농부들은 이중 과세의 무게로 인해 망해갔다. 그들은 군사적 보복의 위협 아래 로마인들에게 공물과 세금을 바쳤고, 종교적 의무와 겁박하는 폭력, 종교적 추방에 대한 두려움이 결합된 위협 아래 성전에 십일조를 바쳤다. 필요할 경우에 종교적 세금들은 바리새인들과 다른 종교적 관리들에 의해 강제적으로 수거되었다. 호슬리는 이렇게 말한다.

갈릴리 지역의 마을 사람들은 (다른 지역의 모든 이스라엘 백성들처럼) 자신들이 생산한 것의 중요한 부분을 종교적 십일조와 첫 열매 제물을 위해서, 그리고 예루살렘에 있는 성전을 위해서 [국가에 내는 세금 위에 더하여] 다른 여러 가지 종교적 기부를 따로 준비해 놓으라고 지시를 받았다. 1세기까지 모든 이스라엘 남성들은 매년 성전에 반 세겔의 헌금을 내도록 되어 있었다. (그리고 시골 사람들은 반 세겔 동전을 오직 곡식이나 농산물의 교환을 통해서만 얻을 수 있었고, 거기에 더하여 일 년 십일조를 위해 10%가 미리 부과되었다.) 심지어 가뭄이나 마름병으로 인해 수확이 현저히 떨어진 때라도, 세리들과 제사장 대행자들은 모든 가정에 할당된 의

---

5) Horsley, *Jesus and the Spiral of Violence*, 286.

무량을 확인하기 위해 지역 탈곡장과 올리브 기름 압착기를 뒤집어 조사했다. 돈을 내지 못했을 때 받는 형벌은 심각했고, 특정 마을이나 지역의 농부들이 예루살렘 성전과 헤롯 정부의 공적 대행자들을 만족시키기 위해 자신들의 수확물 가운데 가장 좋은 것을 기꺼이 포기하지 않으면 폭력적인 벌을 받을 수 있었다.6)

로마와 협력하여 이익을 얻은 대제사장 가문들이 있음을 고고학적 증거가 보여주고 있다. 그들은 상당량의 재산을 축적했고, "모자이크 장식의 바닥이 깔린 응접실, 정교하게 칠하고 조각한 벽장식과 값비싼 식기류, 유리 제품들, 테이블 위에 놓인 돌조각들, 그리고 다른 실내 가구들이 비치된 식당"이 있는 넓은 저택에서 우아한 생활양식으로 살았다.7)

예수에 대해 서로 상충하는 모습들

복음서들이 예수에 대해 하나의 모습만을 보여주는 것이 아니라 오히려 상반되고 모순되는 많은 모습들을 보여주고 있기 때문에, 그가 살던 사회적 세계에 대해 예수가 어떻게 반응했는가를 서술하는 것은 어렵다. 달리 말해서, 복음서들은 예수와 예수를 맞붙어 싸우게 하고 있다. 예를 들어, 예수는 묵시종말적 세계관을 수용하는 것과 거부하는 것 모두를 갖고 있는 것으로 그려지고 있다. 복음서 이야기들에 근거해서 나는 차라리 예수가 묵시종말적이라고 확실히 주장을 할 수 있

---

6) Horsley and Silberman, *The Message and the Kingdom*, 28.
7) Ibid., 78-79.

다. 예수는 하느님의 폭력이 임박했다는 세례자 요한의 생각에 동조하고, 자신의 생애 동안에 세상의 종말이 올 것을 전적으로 기대했다는 점에서 그렇다. 나는 또한 예수가 묵시종말적이지 않다고 더 확실하게 주장할 수도 있다. 예수가 요한의 견해 가운데 많은 것을 거부하고, 지금 여기에서 하느님의 절박성에 관심을 기울였으며, 하느님의 폭력을 통해 자유하게 된다는 메시아적이고 묵시종말적 환상을 거부하며 비폭력을 품었다는 점에서 그렇다. 이 두 가지 모습 모두가 진실일 수는 없다.8)

복음서들은 또한 예수와 그리스도를 맞붙어 싸우게 하고 있다. 서로 모순되는 예수의 많은 모습에 대한 일반적이고 다소 도움이 되는 한 설명은, 복음서들이 역사적 예수의 이야기들과, **그리고** 예수를 그리스도로 받아들인 초기 기독교 공동체의 신앙에 뿌리를 둔 해석들을 담고 있다는 것이다. 이 설명은 우리가 부활절 이전의 예수(pre-Easter Jesus), 즉 실제 역사적 인물에 대한 증거를 가지고 있으며, 또한 부활절 이후의 예수(post-Easter Jesus) 혹은 구세주로서 십자가에서 죽고 부활한 예수를 경험했던 공동체의 신앙을 반영한 것으로서의 믿음의 대상인 그리스도에 대한 증거를 가지고 있다고 말한다. 이런 구분은 비록 어느 정도까지는 사실이라 할지라도 핵심 문제, 즉 예수의 비폭력 전통의 중심에 있는 하느님의 이미지가 예수를 그리스도로 해석하는 신약성서의 중심에 있는 하느님 이미지와 종종 날카롭게 부딪힌다

---

8) 나 자신의 견해는, 예수가 처음에는 세례자 요한의 추종자였으나 요한과의 관계를 깨뜨렸다는 것이다. 왜냐하면 예수가 가진 하느님의 이미지와 역사에 대한 기대가 요한의 것과 완전히 달랐기 때문이었다. 예수가 한때 요한의 제자였다면, 이것이 복음서 속에서 예수에게 있다고 여겨지는 묵시종말적 감정들을 어느 정도 설명할 수 있을 것이다. 그러나 예수가 묵시종말적이지 않다는 것이 워낙 강해서 복음서 저자들 자신의 묵시종말적 관념이 예수에게 덧입혀진 것과 같다고 생각한다.

는 문제에서 도움이 되지 않는다. 예수는 묵시종말적 세계관을 거부했지만, 결과적으로 복음서 저자들은 예수의 삶과 죽음의 의미를 묵시종말적 관점으로만 해석하게 만들었다.

내가 다른 곳에서도 썼듯이, 우리는 성서 안에서 발견되는 예수와 하느님에 대한 서로 모순되는 모습 사이에서 선택할 수밖에 없다.9) 나는 이 문제를 여기서 다시 반복하지 않겠다. 그러나 독자들에게 주지시키고 싶은 것은, 이처럼 서로 상충되는 하느님과 예수에 대한 성서의 모습에서 핵심적이며, 역사의 예수(the Jesus of history)와 신앙의 그리스도(the Christ of faith) 사이의 차이점들은 하느님의 능력에 대해 완전히 서로 다르게 이해하는 것이며, 또한 폭력과 비폭력에 관한 중요한 문제들이라는 점이다. 이런 상충과 차이점들은 기독교 신학, 예배와 행동에 깊은 관계가 있다. 복음서 저자들은 예수가 비폭력을 받아들였으며, 하느님의 능력에 대해 철저히 다른 견해를 갖고 있었다는 증거를 제공한다. 그러나 그들 복음서 저자들과 전통적인 기독교의 대부분은 이런 비폭력적 전통을 크게 거부했다. 그들은 예수의 삶과 죽음의 의미를 해석하기 위해, 하느님의 이미지를 전달하기 위해, 그리고 기독교 신학과 예배, 음악과 기도문의 틀을 만들기 위해 1장에서 서술된 폭력적 이야기들과 전승들에 의존했다.

로마의 지배에 대한 일반적인 반응들

예수의 십자가 처형이 진행되는 동안, 또는 그 직전이나 직후 현장

---

9) Jack Nelson-Pallmeyer, *Jesus against Christianity: Reclaiming the Missing Jesus* (Harrisburg, Pa.: Trinity Press International, 2001).

에 있었던 유대인 집단들은 1세기 팔레스타인에서 발생한 역사적 재난에 대해 다양한 설명이나 반응을 나타냈다. 사두개인들은 로마에 가장 기꺼이 협력한 것처럼 보였다. 대부분의 다른 사람들은 여러 형태로 저항했다. 리처드 호슬리는 로마가 취한 종교에 대한 "억압적인 관용"이 바리새인들과 같은 집단들을 "사회적이고 정치적인" 방식으로 신앙을 실천하는 것으로부터 멀어지게 만들었고 그 대신에 "개인적인 경건과 그들의 동료 관계 속에서의 순수함"에 초점을 맞추게 했다고 지적한다. 이것이 강화시킨 것은 "개인적이고 집단적인 고통의 원인으로서 죄에 초점을 맞추는 것"이었다.10) 이런 관점에서, 이스라엘을 외세가 지배하는 것은 나라를 거룩하지 않게 만든 사람들 개개인의 경건과 거룩함의 결여에 대한 하느님의 형벌이라고 이해되었다. 따라서 보다 더 큰 개인적 경건과 거룩함은 하느님의 호의를 촉발시킬 것이며, 여기에는 이스라엘을 해방시키고 로마를 멸망시키기 위해 하느님의 구원하시는 폭력과 행위가 포함될 수 있을 것이다.

세례자 요한과 같은 묵시종말적 예언자들과 에세네파(Essenes)와 같은 집단들은 로마인들과 로마에 협력하는 유대인들 모두를 혐오했다. 그들은 지속적인 억압에 대해 분노했지만, 역사 속에서 정의가 실현될 가능성에 대해서는 비관적이었다. 그들은 마지막 종말의 때에 선과 악의 세력 사이에서 벌어질 전투를 고대했으며, 임박한 최후 심판을 바라고 있었다. 에세네파는, 그리고 아마 세례자 요한도 마찬가지로, 이스라엘의 역사적 패배와 로마의 잔인한 점령을 하느님의 형벌로 이해했다. 왜냐하면 불법적인 제사장들이 종교적, 정치적, 사회적 질서를 올바르게 세울 수 있는 가능성을 훼손시키는 방향으로 예루살렘

---

10) Horsley, *Jesus and the Spiral of Violence*, 45.

성전을 운영했기 때문이다.

예수가 태어날 때보다 150년 더 이전에 묵시종말적 에세네파들은 경쟁자인 제사장 집단이 유대 성전을 장악하자 사막으로 도망쳐 버렸다. 그들은 사회나 역사 속에서 다른 사람들과 함께 자신들의 차이점들을 풀어나간다는 것을 상상할 수 없었다. 그들은 오염된 성전의 현 지도자들을 멸망시키도록 하느님이 폭력적으로 새롭게 오실 것을 기대하면서 훈련된 경건한 열정으로 은둔 생활을 했다. 로마가 이스라엘을 점령한 후에, 그들은 하느님의 형벌이 이교도 로마와 그에 협력하는 불법적인 종교지도자들 모두에게 향하리라고 기대하는 것으로 자신들의 시각을 바꾸었다.

적에 대한 증오는 에세네파의 핵심 교의였다. 지혜로운 사람은 "하느님이 경멸하는 모든 사람을 미워해야만 한다"고 그들은 가르쳤다. 그들 공동체의 구성원들은 "빛의 모든 아들들을 사랑하고," 하느님의 복수 안에서 각자의 잘못에 따라 "어둠의 자식들을 미워해야" 했다. ≪공동체 규칙≫에는 "이 시대에 무엇을 사랑해야만 하고 어떻게 미워해야만 하는가에 관한, 지혜로운 사람의 행동 규범들은 이렇다"고 적혀 있다. "혼자만 챙기는 정신 때문에 지옥에 간 모든 사람을 영원히 증오하기."11) 우타 랑케 하이네만이 적은 에세네파의 ≪전쟁 두루마리≫의 내용은 다음과 같다.

> 이 증오는 가까이 다가오는 묵시종말적 전쟁 속에서 터져 나올 것이다. 쿰란 종파가 곧 오리라고 기대했던 세상의 종말은 복수와 보

---

11) Uta Ranke-Heinemann, *Putting Away Childish Things* (San Francisco: HarperSanFrancisco, 1995), 259.

복을 위한 전쟁, "어둠의 자식들"을 대적하는 "빛의 아들들"(쿰란 공동체)의 전쟁에 뒤이어 일어날 것이다. 이 전쟁은 ≪전쟁 두루마리≫(1 QM)에 자세히 묘사되어 있다. … 이 전쟁은 40년 동안 계속될 것이다. 처음 20년 동안 모든 외국 국가들이 정복될 것이며, 뒤를 이어 20년 동안에는 다른 모든 유대인들이 정복당할 것이다.12)

다른 유대인 집단들은 로마의 정복에 저항하기 위해 테러와 폭력을 사용하였다. 조직되지 않은 사회적 의적떼(social banditry)가 폭넓게 활동했으며, 시카리파(Sicarii)와 젤롯(Zealots, 열심당)과 같은 조직된 집단들은 하느님의 묵시종말적 폭력을 기다리기보다는 직접 유대인 협력자들과 로마 점령자들을 공격했다. 시카리는 단검을 품고 다니는 자들로서 로마에 협력했던 유대인 지도자들을 암살하기 위해 예루살렘을 배회했다. 가장 잘 조직된 폭력적 반란 단체는 젤롯당으로서 그들은 기원전 66년에서 70년까지 있었던 유대인 반란 기간 동안 로마군에 대항하여 싸웠다.

질문들과 답변들

1세기 팔레스타인에 살았던 유대인들은 로마의 점령이라는 상황과 유대인들의 전승을 지배한 세 개의 폭력적 줄거리 속에서, 그들 스스로 두 가지 근본적인 질문을 던졌을 것이다. "우리가 어떻게 하느님을 노하게 만들었는가?" 이런 질문의 근거는 전능한 하느님 한 분이 역사에서 발생하는 모든 사건들을 통제하신다는 것이었다. 로마의 점

---

12) Ibid.

령을 포함해서 역사의 재앙들은 하느님의 벌주시는 폭력이라는 정황 속에서 해석되었다. 두 번째 질문은 "하느님의 은혜를 불러일으키기 위해 우리는 무엇을 할 수 있는가?"일 것이다. 이런 질문의 근거는 사람들이 행동을 바꾸면 로마로부터 그들을 자유롭게 하실 하느님의 해방시키는 폭력이나 혹은 역사의 마지막 모든 순간에 그들을 옹호해주고 악한 적들을 부숴버리는 하느님의 묵시종말적 폭력을 야기할 수 있다는 것이다. 이런 설명과 기대와는 달리, 예수는 하느님의 심판 형벌을 벗어나기 위한 수단으로서 민족적 회개를 말하던 유대인들의 두드러지는 주제를 거의 강조하지 않았다.13) 왜냐하면 크로산이 지적한 것처럼, "예수는 제국의 억압이 하느님의 형벌이라고 생각하지 **않았다**. 이것은 단지 유대인들과 하느님이 할 수 있을 만큼 최선을 다해 저항해야만 했던 불의일 뿐이었다. 예수와, 그리고 아마 대부분의 농부들은 잘못이 어디에 있는지 정확히 알고 있었고, 오히려 로마의 탐욕 때문에 초래된 유대인들의 죄에 대해서는 비난하지 않았다."14)

결론

예수가 살았던 사회적 세계에 대한 이런 간단한 소개가 알려주는 것은 예수가 로마에 의한 억압적 체제 속에서 살았다는 점이다. 그 체제 속에서 유대인 종교 지도자들은 억압 체제의 공범자들이었고, 대다수 백성들은 가난에 시달렸다. 예수와 그 당시 사람들은, 하느님과 앞장에서 서술되었던 세 개의 주요 줄거리의 관계 속에서 그들 자신의

---

13) John Dominic Crossan, *The Birth of Christianity* (San Francisco: HarperSanFrancisco, 1998), 339.
14) Ibid. 강조는 원문에 있는 그대로임.

역사적인 곤경과 미래의 가능성을 이해하고자 노력했던 사회화된 유대인들이었다. 그들은 억압적 현실에 대한 설명을 찾았고, 또한 희망의 근거를 모색했다. 억압이 하느님으로부터의 형벌이었나? 하느님의 해방시켜 주시는 폭력을 불러일으키고, 하느님의 벌하시는 폭력을 억제하기 위해 그들이 할 수 있었던 것은 무엇인가? 하느님의 해방시키시는 폭력이 결국에는 그들을 자유롭게 해주었는가? 아니면 그들은 묵시종말적 기대를 품어야만 했는가? 하느님의 신원하시는 폭력, 즉 그들이 알고 있는 이 세상을 끝내고, 그들에게 영원한 구원을 주며, 적들이 불에 타는 것을 보고 만족하게 만들 하느님의 신원하시는 폭력을 그들은 준비해야만 했는가? 아니면 그들의 곤경을 다르게 설명하고, 다르게 저항할 방법이 있었는가? 예수 시대의 얼마나 많은 사람들이 이러한 질문들에 대답했는지 우리는 살펴보았다. 기독교인으로서, 우리는 예수와 복음서 저자들이 이런 질문들에 어떻게 대답했는지 분별해야만 한다. 이런 억압적인 사회 속에서 예수는 무엇을 말하고 행동함으로써 다른 사람들을 어떻게 북돋워주었는가? 이 정황 속에서 예수는 하느님과 하느님의 능력을 어떻게 이해했는가? 진정성 있고 신실한 삶을 산다는 의미가 무엇인지에 대해 예수는 어떻게 정의를 내렸는가?

토론

초점: 예수가 살았던 어려운 시대와 친숙해지는 것.
다음 네 개의 각 범주에서 하나 혹은 그 이상의 질문을 가지고 토론하시오.

객관적 질문

1. 이 장에서 우리는 예수의 삶과 그 시대에 대하여 어떤 그림을 얻는가?
2. 1세기 팔레스타인에 대하여 당신이 받은 충격은 무엇인가? 로마의 통치는 무엇과 같았는가? 예수가 직면한 것(문제)은 무엇인가?
3. 저자가 지적한 성서에 나오는 예수와 하느님에 대한 모순된 이미지들은 무엇인가? 성서에서 당신이 발견한 예수와 하느님에 대한 모순된 이미지들은 무엇인가?

성찰적 질문

4. 이 장에서 당신이 진정으로 깜짝 놀라고 주목했던 곳은 어디인가?
5. 글을 읽을 때 어떤 연상들이 당신의 마음을 가로질러 갔는가?
6. 이 장의 어느 부분이 이해하기 힘들었나?
7. 이 장의 내용에 대해 당신이 좋아하거나 좋아하지 않았던 것은 무엇인가?

해석적 질문

8. 고대 사회에서 대부분의 사람들은 삶의 견디기 힘든 어려움이 죄에 대한 하느님의 형벌이라고 생각했다. 당신은 무엇을 믿는가?
9. 이 장의 어느 부분과 당신은 싸우고 있는가? 어느 부분에 대해서 흥분하는가?
10. 1세기 팔레스타인의 유대인들은 무력감을 느끼고 우울함에 빠졌었다. 오늘날 현실의 어떤 부분들이 당신을 그렇게 느끼게 만드는가? 그런 것들이 어떻게 당신의 하느님 이해를 형성해 가는가?

11. 예수 당시의 로마제국이라는 외세의 지배, 그에 협조하는 정치 지도자들과 부자들, 종교 귀족들의 행태는 오늘날 우리의 현실과 어떻게 비슷한가?
12. 1세기 팔레스타인의 예수와 당시 사람들이 마주친 문제들을 오늘날 마찬가지로 겪고 있는 사람들은 어디에 있는가?

마무리 질문

13. 저자는 성서가 어떤 부분에서는 이런 식으로 말하고 있는 반면에 다른 부분에서는 저런 식으로 매우 다르게 이야기하고 있다는 것을 지적한다. 성서 안에서 서로 충돌하는 메시지들의 문제를 당신은 어떻게 해결하는가?
14. 예수가 살았던 시대에 관한 정보로 우리는 무엇을 할 수 있는가?
15. 우리 교회의 교육 커리큘럼에 (만약 있다면) 역사적 정보의 어떤 부분을 포함시키기를 원하는가? 우리는 그것을 어떻게 진행시켜야만 하는가?

활동

예수의 가르침을 정리해서 발표하기

왜 예수를 처형하는 데 종교지도자들이 앞장섰는가? 예수가 정치 지도자들, 부자들, 종교 지도자들에게 하신 말씀들을 정리해보고, 또한 가난한 사람들, 병든 사람들에게 하신 말씀들을 각자 정리해서 서로 발표해 보라.

3장

예수의 비폭력, 열 가지 말씀

　이 장의 초점은 역사적 예수의 말씀과 행동에 명확히 드러나 있지만 오랫동안 무시되어왔던 복음서 안에 있는 비폭력적 전통에 맞추어져 있다. 여기서 논의할 열 개의 핵심 구절들은 예수가 로마제국의 지배를 유대인들의 죄로 인한 하느님의 형벌이라고 믿지 않았음을 보여준다. 예수는 하느님의 폭력(God's violence)을 통한 해방이나, 신실한 사람들이 옳았음을 하느님이 신원해 주실 것에 대한 약속들을 위험한 신화, 즉 "환상적 자유"로서, 사람들을 노예 상태로 묶어놓고 폭력의 파괴적인 악순환을 조장하는 위험한 신화라고 보았다. 예수는 하느님의 비폭력적 능력(nonviolent power of God)을 받아들인다. 예수는 세상의 종말에 대한 각본(묵시종말적 대망)을 거부하며, 그리고 놀랍게도 하느님이 이스라엘이나 우리를 구원하기 위해 구세주를 보낼 것이라는 생각도 거부하는 것처럼 보인다. 예수는 하느님의 능력이 강압적인 것이라기보다는 초대하는 것이라고 말한다. 예수는 창조적 비폭력의 모델이 되며, 또한 우리에게도 비폭력을 요청한다. 예수는 하느님의 나라가 웅장한 미래의 사건이 아니라 수수하고 이미 현존한다고 묘사한다. 예수는 하느님을 끊임없이 주시는 분으로 여기며, 우리로 하여금 풍성한 삶을 받아들이고, 원수를 사랑하며, 날마다의 기적에 마음을 기울이고, 또 함께 아파하는 마음을 갖도록 우리를 초대하고 있다.

구절 1: 원수를 사랑하라

'네 이웃을 사랑하고 원수를 미워하여라.' 하신 말씀을 너희는 들었다. 그러나 나는 이렇게 말한다. 원수를 사랑하고 너희를 박해하는 사람들을 위하여 기도하여라. 그래야만 너희는 하늘에 계신 아버지의 아들이 될 것이다. 아버지께서는 악한 사람에게나 선한 사람에게나 똑같이 햇빛을 주시고 옳은 사람에게나 옳지 못한 사람에게나 똑같이 비를 내려주신다. (마태오 5:43-45)

이 구절은 성서에서 가장 급진적이며 가장 예기치 않은 구절 중 하나이다. 이웃 사랑은 히브리성서 안에 잘 나와 있고 신실한 유대인에게 일반적으로 예상되는 일이지만, 원수를 사랑하는 것은 그렇지 않았다. 예수의 권고는 원수에 대한 증오를 근본 신조의 하나로 품고 있던 에세네파는 말할 나위도 없고 예수 당시의 많은 사람들을 성나게 했을 것이다. 원수에 대한 증오는 히브리성서 곳곳에 스며들어 있다. 이스라엘 민족의 신학과 신화가 출애굽을 해석하는 것의 중심이었다. 출애굽에서 하느님은 선택한 백성의 원수들에게 직접적으로 가하신 월등한 폭력을 통해 하느님이심을 드러내셨다. 바벨론 포로는 죄로 인해 이제 하느님의 원수가 되어버린 선택된 백성에게 내려진 하느님의 벌하시는 폭력으로 설명되었다. 그리고 구원에 대한 확실한 정의는 역사 속에서든, 아니면 역사의 끝에서든, 원수들의 결정적인 패배를 뜻한다.

좋은 날씨와 적을 쳐부수는 것 모두가 조건적인 축복이라고 이해되었다. "너희가 만일 내가 정해 준 규정들을 따르고, 내가 지시한 계명들을 지켜 그대로 하면, 내가 너희에게 제때에 비를 내려주리니, 땅은 소출을 내고 들의 나무들은 열매를 맺을 것이다. 너희 원수들은 너희에게 쫓기다가 너희의 칼에 맞아 쓰러지리라"(레위기 26:3, 4, 7). 예수는 이런 생각을 거부한다. 존 도미닉 크로산은 원수를 사랑하라는 예수의 급진적 요청에 대해 이렇게 평한다. "나는 이것을 오직 절대적 비폭력을 명령하는 것으로만 해석할 수 있다."[1]

구절 2: 원수에 의해 구조됨

[그 미움을 받던 사마리아인은] 가까이 가서 상처에 기름과 포도주를 붓고 싸매어 주고는 자기 나귀에 태워 여관으로 데려가서 간호해 주었다. (루가 10:34)

예수는 원수를 사랑하라는 요청을 넘어 "선한 사마리아 사람의 비유"(루가 10:29-37)에서 우리가 우리의 원수들에 의해 구조되는 것을 분명하게 말하고 있다. 사마리아 사람들은 외국의 점령 기간 동안에 다른 민족과 결혼했다는 이유로 다른 유대인들로부터 미움을 받았다. 거룩함에 사로잡힌 사회에서는 이것이 결코 작은 문제가 아니었다. 에즈라는 포로 생활이 하느님의 형벌이라고 설명했는데, 왜냐하면 "거룩한 씨가 이 땅의 여러 민족의 피와 섞이고"(9:2) 있기 때문이었다. 에즈

---

1) John Dominic Crossan, *The Birth of Christianity: Discovering What Happened in Years Immediately after the Execution of Jesus* (San Francisco: HarperSanFrancisco, 1998), 391.

라는 사람들로 하여금 "그 지방 사람들과 이방 여인"을 끊으라고 하였으며(10:11), 그렇게 함으로써 "이 일로 인한 우리 하느님의 진노가 우리에게서 떠나게" 되길 원했다(10:14).

예수의 비유에서는 한 유대인이 폭행을 당하고 길가에 버려지게 된다. 제사장과 레위인은 그 사람을 그냥 지나쳐 감으로써 죽게 내버려 두었지만, 미움을 받는 사마리아인이 그를 도와준다. 예수는 미움 받는 원수의 자비가 매 맞은 유대인을 구해주었다는 이야기를 들려줌으로써 원수들의 패배를 구원으로 해석하는 것을 풍자한다. 나는 2001년 9월 11일 이후의 세계에서 우리의 원수들에 의해 구원받는 것이 우리에게 어떤 의미가 있을 것인가에 대해 다른 곳에 글을 쓴 적이 있다.[2] 월터 윙크는 이에 대한 잠재적 의미의 묘미를 제공하고 있다.

이것은 우리의 적이 우리에게 가져다 줄 수 있을지 모르는 선물이다. **우리의 적들을 통하지 않고서는 우리가 발견할 수 없었던 우리 자신의 모습을 보는 것이다**. 우리 친구들은 이런 일들을 거의 말해 주지 않는다. 우리 친구들이 우리의 친구들임에 틀림없는데 왜냐하면 그들은 우리의 이런 부분을 눈감아주거나 무시할 수 있기 때문이다. 따라서 적은 단지 하느님을 향한 도상에서 뛰어넘어야 할 장애물만이 아니다. 적은 하느님을 향한 그 길이 **될 수 있다**. 우리는 우리의 적들을 통하지 않고는 우리의 어두운 면을 파악할 수 없다. 왜냐하면 우리의 적들이 우리를 향해 들고 있는 거울을 통하는 것 외에는 구

---

2) Jack Nelson-Pallmeyer, *Is Religion Killing Us? Violence in the Bible and the Quran* (Harrisburg, Pa.: Trinity Press International, 2003), 8장을 보라.

원을 필요로 하는 우리 자신의 받아들이기 어려운 부분들에 접근할 다른 방법이 거의 없기 때문이다. 그래서 이것이 우리의 적들을 사랑해야 하는 더욱 긴밀한 또 하나의 이유이다. … 그들이 없으면 우리는 온전한 사람들이 될 수 없다.3)

구절 3: 폭력의 악순환

예수께서 비유를 들어 그들에게 말씀하셨다. 어떤 사람이 포도원을 하나 만들어 울타리를 둘러치고는 포도즙을 짜는 확을 파고 망대를 세웠다. 그리고 소작인들에게 그것을 도지로 주고 멀리 떠나갔다. 포도 철이 되자 그는 포도원의 도조를 받아오라고 종 하나를 소작인들에게 보냈다. 그런데 소작인들은 그 종을 붙잡아 때리고는 빈손으로 돌려보냈다. 주인이 다른 종을 또 보냈더니 그들은 그 종도 머리를 쳐서 상처를 입히며 모욕을 주었다. 주인이 또 다른 종을 보냈더니 이번에는 그 종을 죽여버렸다. 그래서 더 많은 종을 보냈으나 그들은 이번에도 종들을 때리고 더러는 죽였다. 주인이 보낼 사람이 아직 하나 더 있었는데 그것은 그의 사랑하는 아들이었다. 마지막으로 주인은 "내 아들이야 알아주겠지." 하며 아들을 보냈다. 그러나 소작인들은 "저게 상속자다. 자, 죽여버리자. 그러면 이 포도원은 우리 차지가 될 것이다." 하며 서로 짜고는 그를 잡아죽이고 포도원 밖으로 내어던졌다. 이렇게 되면 포도원 주인은 어떻게 하

---

3) Walter Wink, *Engaging the Powers: Discernment and Resistance in a World of Domination* (Minneapolis: Fortress Press, 1992), 273. 한성수 역, ≪사탄의 체제와 예수의 비폭력: 지배체제 속의 악령들에 대한 분별과 저항≫ (한국기독교연구소, 2009). 강조한 것은 원문에 있는 그대로이다.

겠느냐? 그는 돌아와서 그 소작인들을 죽여버리고 포도원을 다른 사람들에게 맡길 것이다. (마르코 12:1-9)

예수 시대와 우리 시대에는 구원하는 폭력, 즉 월등한 폭력이 구원할 것이라는 일반적인 억측이 넓게 퍼져 있다. 출애굽 신학에서는 월등한 폭력을 통해 하느님이 하느님 됨을 증명하신다. "해방시키는 폭력"에 뿌리를 둔 희망이 역사적 반전을 말하는 예언자적 약속의 중심에 있고, 또한 적들의 패배가 구원이라는 이해가 중심을 차지하고 있다. 예수가 태어난 때와 가까운 시기에 일어난 반란은 로마에 의해 진압되었다 할지라도, 폭력적인 저항은 당시 흔했던 사회적 도적떼, 시카리의 단검 공격, 젤롯당의 반란 등이 보여주는 것처럼 현실이었고 유혹이기도 했다.

억압 체제는 저항을 불러온다. 그러나 우리는 어떻게 저항해야 하는가? 위에 인용한 예수의 비유의 사회적 배경은 예수 당시 갈릴리 지방에 살았던 사람들의 많은 것을 비춰주는 거울과 같다. 이 비유에서 예수는 억압에 폭력적으로 저항하는 것에 대해 비판하며, 토론을 부추긴다. 농부들은 언제나 그들이 생산한 곡물의 터무니없이 많은 분량을 세금과 십일조로 지불해 왔지만, 그들은 이제 (특히 질병과 흉작 등으로 인한) 빚 때문에 그들의 땅을 잃어가고 있었다. 땅을 빼앗긴 농부들의 땅을 대신 소유하게 된 부유한 부재지주들은 흔히 그 땅을 포도원으로 만들어, 포도주를 짜서 상품을 수출할 수 있었다. 예수는 포도원 주인에 관한 비유를 통해, 억압 체제의 치명적 구조와 역학, 그리고 폭력적 반란의 쓸데없음을 말하고 있다.

이 비유의 등장인물들과 구조와 역학은 익숙하다. 한 사람이 포도원을 만들고 전망대를 지어서 세를 주고 다른 곳으로 떠났다. 수확할 때가 되어 그는 종을 보내어 세를 받아오게 했다. 일꾼들은 그 종을 붙잡아 때리고 빈손으로 돌려보냈다. 포도원 주인이 다른 한 종을 보냈지만 그 종은 매를 맞고 능욕을 당했으며, 또 다른 종은 죽임을 당했다. 그 외 많은 종들을 보냈지만 매를 맞거나 죽임을 당할 뿐이었다. 마지막으로 주인은 그의 아들을 보내 소출 가운데 자신의 몫을 거두려고 하였다. 일꾼들은 그를 잡아 죽여 포도원 밖으로 내던져 버렸다. 그러자 예수는 불길한 질문을 던지고 대답한다. "이렇게 되면 포도원 주인은 어떻게 하겠느냐? 그는 돌아와서 그 소작인들을 죽여버리고 포도원을 다른 사람들에게 맡길 것이다."

이 비유는 종종 "사악한 소작인들"의 이야기로 해석되고, 그 의미는 억압적인 부재지주를 하느님으로 바꾼 마르코에 의해 완전히 신학화되었다. 마르코와 그의 이끌림을 받은 해석자들은 억압 체제의 정황 속에서 예수가 무엇을 말하고 의미했는지에 대해서는 관심이 없었다. 그들은 오히려 예수가 왜 거부당했는지를 보여주려고 했고, 예수가 당한 거부는 히브리성서에 기록된 하느님의 약속을 성취했다는 것을 나타내려고 했다. 마르코는 예수가 말하는 것으로 성서를 인용했다. "너희는 성서에서, '집 짓는 사람들이 버린 돌이 모퉁이의 머릿돌이 되었다. 주께서 하시는 일이라, 우리에게는 놀랍게만 보인다.' 한 말을 읽어본 일이 없느냐?"(마르코 12:10-11). 윌리엄 헤르조그는 마르코와 대부분의 해석자들이 가졌던 비유의 의미를 설명한다.

포도원을 세운 사람은 야훼이고, 그리고 포도원 자체는 이스라엘, 즉 하느님의 백성이라고 역사적으로 명시된 것으로든, 또는 하느님 나라로서든지 간에 이스라엘을 가리킨다. … 소작인들은 이스라엘의 지도자들, 특히 예루살렘의 당국자들이고, 종들은 하느님이 보낸 예언자들이며, "사랑하는 아들"은 … 최고 절정의 사자이며 종인 예수 자신이다. "다른 사람들"은 하느님의 새로운 포도원으로서 떠오르는 교회를 뜻하며 교회의 지도자들은 포도원의 새로운 소작인들이 될 것이다.4)

이어서 헤르조그는 비유들을 다르게 보도록 우리를 초대한다. 그는 "비유들은 천상의 의미를 가진 지상의 이야기들이 아니고, 무거운 의미를 지닌 지상의 이야기들"로서 "억압하고 군림하는 체제"에 빛을 비춰주는 것이라고 말한다.5) 헤르조그는 이 비유를 "농부의 반란과 폭력의 악순환"6)이라고 바꿔 부르는데, 이것은 폭력을 세 개의 수레바퀴 살과 연관시켜 설명한 해방 신학의 개념에 근거한 것이다. 첫 번째 바퀴살은 1번 폭력으로 억압이다. 두 번째 살은 2번 폭력으로 반란이다. 억압받는(1번) 사람들은 저항하기 위해 폭력적 수단(2번)을 종종 사용하며, 이것은 세 번째 살, 3번 폭력인 진압으로 이끌어 간다. 폭력의 악순환은 폭력적 수단을 사용하기 때문에, 깨어질 수 없이 계속된다. 폭력적 저항은 진압하는 폭력을 불러일으키며, 그 치명적인 폭력의 악순환은 점증되고 깊어진다고 호르조그는 말한다.

비유로 돌아가서, 농부들이 조상 대대로 물려받은 땅에서 그들을 몰아내고 그 땅을 포도원으로 바꿔버린 부유한 지주들에게 분개하는

---

4) William R. Herzog II, *Parables as Subversive Speech: Jesus as Pedagogue of the Oppressed* (Louisville: Westminster/John Knox Press, 1994), 101.
5) Ibid., 3, 7.
6) Ibid., 6장.

것은 당연했다. 쫓겨난 농부들이 새 지주의 수출용 작물을 키우는 소작인으로서 과거에 자신들의 땅에서 일하기 위해 고용되었다. 그들의 생존이 걸려 있다면, 반란은 유일한 선택으로 보였을 수도 있다. 비유가 전개됨에 따라, 우리는 억압받던 소작인들과 그 이야기를 통해 대리만족하며 살아가는 사람들의 흥분된 기분을 느끼게 된다. 능욕을 당한 자가 다른 사람을 욕보인다. 부끄러움을 당한 자가 부끄러운 일을 행한다. 종종 죽임을 당했거나 소모품처럼 여겨졌던 사람들이 살인을 하고, 소유주 아들의 시신을 처분해버린다. 토지를 정당하게 물려받을 권리가 있으나 그 상속권을 박탈당한 사람이 불법적인 상속자의 상속을 부인한다. 억압이 반란으로 치닫고, 또한 복수가 정당화되는 대리경험을 제공할 때, 사람들은 힘을 느꼈음에 틀림없다.

비유가 여기에서 끝났다면 예수의 말씀을 들은 사람들은 함께 뭉쳐서 억압자들에게 대항했을지도 모른다. 그러나 예수의 비유는 불길한 질문과 대답을 포함하고 있다. 즉 "포도원 주인은 어떻게 하겠느냐? 그는 돌아와서 그 소작인들을 죽여버리고 포도원을 다른 사람들에게 맡길 것이다." 이 비유는 폭력의 악순환을 두드러지게 하고, 폭력적 반란의 무익함을 강조하며, 항거와 저항의 대안적인 형식들을 모색하도록 한다.7)

구절 4: 창조적 비폭력 행동

'눈은 눈으로, 이는 이로.' 하신 말씀을 너희는 들었다. 그러나 나는

---

7) 이 분석의 많은 것들이 Nelson-Pallmeyer, *Jesus against Christianity* (Harrisburg, Pa.: Trinity Press International, 2001), 252-259에 들어 있다.

이렇게 말한다. 앙갚음하지 마라. 누가 오른뺨을 치거든 왼뺨마저 돌려 대고 또 재판에 걸어 속옷을 가지려고 하거든 겉옷까지도 내주어라. 누가 억지로 오 리를 가자고 하거든 십 리를 같이 가주어라. 달라는 사람에게 주고 꾸려는 사람의 청을 물리치지 마라. (마태오 5:38-42)

예수는 "폭력에 대한 두 가지 철저하게 본능적인 반응인 도망가는 것 아니면 싸우는 것"에 대한 대안을 요구한다. 그러면서 예수는 "비폭력적 직접 행동이라는 제3의 길을 제공한다"고 월터 윙크는 지적한다.8) 예수의 주장을 이해하기 위해서 우리는 한 단어를 명확하게 하고, 예수가 비폭력 직접 행동의 모델로 삼은 세 가지 경우(다른 뺨 돌려대기, 겉옷 주기, 추가로 더 걷기)를 살펴 볼 필요가 있다. 위에서 "대적하다"로 번역된 그리스 단어 '안티스테미'(*anthistemi*)는 군사적 용어로 가장 많이 사용된다. 이것은 군사적 충돌에서 폭력적 투쟁이나 저항을 뜻한다.9) 본문을 보다 더 정확하게 번역하면 "악한 자에게 폭력적으로 저항하지 말라"로 읽을 수 있다. 예수 세미나는 이 구절의 진수를 완전히 포착하고 있다. "악한 자에 대하여 폭력적으로 대응하지 말라."10)

---

8) Wink, *Engaging the Powers*, 175.
9) Ibid., 185.
10) Robert W. Funk, Roy W. Hoover, and the Jesus Seminar, *The Five Gospels: The Search for the Authentic Words of Jesus* (New York: Scribner, 1993), 143. 예수 세미나는 다양한 종교적 전통들과 학술 기관들을 대표하는 종교 학자들의 집단이다. 세미나로 연합된 학자들은 예수가 했다고 여겨지는 말들이 담긴 현존하는 고대 문헌 전체를 조사하고 목록을 만들어, 이 말들 가운데 어느 것을 진짜로 예수의 것으로 추적할 수 있는지, 어느 것이 예수보다는 복음서 저자들이나 편집자들의 관점을 반영한 것인지 판단한 것을

예수는 1세기 팔레스타인에서 착취당하는 사람들에게 억압에 대한 창조적이고 비폭력적 저항의 세 가지 예를 권하고 있다. 손바닥으로 때리는 것, 고소하는 것, 그리고 강요하는 것은 힘이 있는 누군가가 연약한 다른 사람들을 이용한다는 것을 의미한다. 모든 문제는 "억압받는 사람들이 어떻게 주도권을 회복하고, 당분간 바뀔 수 없는 상황에서 그들의 존엄성을 어떻게 주장할 수 있는가 하는 문제이다"라고 윙크는 지적한다.11) 과거부터 지금까지 치욕을 겪는 것은 억압당하는 사람들의 일상적 삶의 현실이다. 윙크는 예수의 권고에 대한 상황과 이유를 설명한다.

손등으로 때리는 것은 아랫사람을 훈계하는 일상적 방법이었다. 주인들이 종들을 손등으로 때렸고, 남편이 아내를, 부모가 자녀들을, 그리고 로마인들이 유대인들을 손등으로 때렸다. **여기 불평등한 일련의 관계들이 있는데, 각각의 관계 속에서 보복은 보복을 초래하게 마련이다.** 통상적인 반응은 오직 부들부들 떨며 복종하는 것이다. … 예수의 말을 듣고 있는 사람들 중에는 이런 모욕에 몹시 시달리며, 계급, 인종, 성, 나이, 그리고 신분의 계층적 체제에 의해, 그리고 제국의 정복의 결과로서 나타난 비인간화시키는 취급으로 인해 발생하는 모욕을 억지로 억누르도록 강요받는 사람들이 있었다. 그런데 왜 예수는 이처럼 이미 모욕을 받고 있는 사람들에게 다른 쪽 뺨을 돌려대라고 권고하는가? 왜냐하면 이런 행동이 억압자로부터 모욕을 주는 힘을 빼앗기 때문이다. … 요컨대, 다른 뺨을 돌려댄 사람이

제공해 왔다.
11) Wink, *Engaging the Powers*, 182.

"다시 때려 봐. 당신의 첫 번째 주먹은 의도했던 효과를 얻지 못했어. 나를 욕보이는 당신과 당신의 힘을 나는 부인해. 당신과 꼭 마찬가지로 나는 인간이야. 당신의 지위가 그 사실을 바꾸지는 못해. 당신은 나의 품위를 떨어뜨릴 수 없어!"라고 말하는 것이다.12)

명예와 수치의 세상에서 이러한 예기치 않은 행동은 "때린 사람에게 수없이 많은 어려움을 던져주게 마련이다"라고 윙크는 지적한다. 그는 이 갈등을 주먹싸움으로 확대시킬 수 있지만, 이것은 다른 사람을 그와 동등하게 만들 것이다. "그는 이 아랫사람이 사실 인간이라는 것에 주목하게 된다."13)

이와 비슷한 역동성이 예수가 장려한 다른 비폭력 행동들에서 작동하고 있다. 만약 그들이 고소하겠다고 협박해 당신의 겉옷을 뺏어간다면(그들은 아마 당신의 땅을 이미 가로챘을 것이다), 그러면 당신의 속옷을 주라. 법정에 알몸으로 서서, 그 체제를 부끄럽게 만들고, 당신을 쳐다보는 모든 사람들에게 창피를 주라. 만약 로마 군인이 당신에게 그의 배낭을 메고 법적으로 규정된 1마일(오 리)을 가라고 강요하면(그 이상 메고 가라고 강요하는 것은 법에 어긋난다), 그러면 계속 가서 그 억압자가 평정을 잃게 하라. 2마일(십 리)을 가는 것은 그가 법을 어기는 것이기 때문에 그를 곤경에 빠지게 할 수 있다. 이것은 극적인 승리는 아닐지 모르지만, 그러나 그것은 박해받는 사람들의 존엄성을 지키는 길이며, 윙크가 지적한대로 "로마의 군사적 정복의 정황에서 예수가 말한" 것이며, 그것은 "로마제국의 군사력에 대항하는

---

12) Ibid., 176. 강조한 것은 원문에 있는 것임.
13) Ibid.

무장봉기의 무익함"에 대해 완전히 인식하고 있는 것이다.14)

창조적 비폭력에 대한 이런 구체적인 예들은 예수가 메시아적이고 묵시종말적인 환상을 거부했음을 보여주는 강력한 증거인데, 그 환상은 유대인들의 패배나 파괴 또는 지배체제의 전복을 미래에 있을 하느님의 폭력 행위들과 연결시키고 있다. 윙크는 이러한 비폭력 행동들의 중요성을 이렇게 요약하고 있다.

> 평생 동안 그들의 주인에게 굽실거리며 살아온 사람들에게, 예수는 노예근성의 정신과 굴욕적인 행위들로부터 그들 자신을 해방시키는 방법을 제시한다. 그리고 예수는 혁명이 발발하기에 **앞서** 그들이 이런 행동을 할 수 있다고 주장한다. 로마가 패배하거나 농부들이 땅을 차지하고 종들이 자유롭게 될 때까지 기다릴 필요가 없다. 옛 질서의 변하지 않은 정황 아래 있다고 할지라도, 그들은 존엄성과 회복된 인간성을 가지고 **지금** 행동하기 시작할 수 있는 것이다. 하느님의 즉시성에 대한 예수의 감각은 사회적 의미를 갖고 있다. 하느님의 통치는 높은 곳에서부터 부과되는 것이 아니라 천천히 반죽을 부풀어 오르게 하는 누룩으로서 이미 이 세상에 침입하고 있으며, 또한 오고 있다.15)

구절 5: 전복시키는 잡초들

예수께서 또 말씀하셨다. "하느님 나라를 무엇에 견주며 무엇으로

---

14) Ibid., 181.
15) Ibid., 183. 강조한 것은 원문에 있는 것임. Nelson-Pallmeyer, *Jesus against Christianity*, 324–326 을 보라.

비유할 수 있을까? 그것은 겨자씨 한 알과 같다. 땅에 심을 때에는 세상의 어떤 씨앗보다도 더욱 작은 것이지만 심어놓으면 어떤 푸성귀보다도 더 크게 자라고 큰 가지가 뻗어서 공중의 새들이 그 그늘에 깃들일 만큼 된다."(마르코 4:30-32)

"하느님의 나라"는 가장 작은 씨앗과 같다. 이 충격적 은유는 하느님 나라의 도래가 극적이고 심지어 대격변이라고 말하는 전통적 지혜와는 날카롭게 충돌한다. 이사야는 하느님을 "새 하늘과 새 땅을 창조"(65:17)하기로 약속한 분으로 예언했다. 즉 "보아라, 야훼께서 불을 타고 오신다. 폭풍같이 병거를 타고 오신다. 노기충천, 보복하러 오시어 불길을 내뿜으며 책망하신다"(66:15). 많은 나라들의 모든 부가 이스라엘로 "넘치는 시내같이"(66:12) 흘러들 것이며, 모든 나라와 모든 왕들이 이스라엘의 영광과 신원 받음을 볼 것이기 때문이다(62:2).

복음서 저자들은 예수의 유머를 제대로 알아차리지 못했으며, 예수가 메시아적이고 묵시종말적인 주장을 거부했음을 올바로 이해하지 못했다. 그들은 예수 당시의 대부분의 사람들과 마찬가지로, 작은 겨자씨는 영광스러운 "왕국"에 대한 적절하지 못한 비유로 생각했고, 그래서 그들은 예수의 비유를 수정함으로써 영광스러운 하느님의 왕국에 대한 이미지를 보호하려고 애를 썼다. 예수 세미나의 주석이 도움이 된다.

겨자씨는 작기로 소문난 것이다. 겨자 식물은 사실 일 년생 잡초다. 그러나 겨자가 마태오복음과 루가복음에서는 나무가 되어버렸고, 반면에 마르코복음에서는 정원의 모든 식물 가운데 가장 큰 것이 되었다. 도마복음서에서만 단순히 "큰 식물"로 남아 있다. 예수의 본래 비유 속 하느님의 통치에 대한 이야기에서 겨자씨는 전혀 어울리지 않는 이미지다. 예수의 이야기를 듣는 사람들은 아마 하느님의 통치를 작고 하찮은 것이 아닌 큰 무엇에 비교하여 기대해 왔을 것이다. 전승이 전해져 내려오는 동안, 두 이미지의 영향을 받았다. 우뚝 솟은 제국에 대한 은유로서 레바논의 거대한 백향목(에제키엘 17:22-23)과 다니엘서 4:12, 20-22에 나오는 묵시종말적 나무 이미지이다. 다니엘서에서, 나무의 꼭대기는 하늘에 닿았고 그 가지는 땅을 덮었다. 그 나무의 아래에는 들짐승들이 살며 그 가지에는 하늘을 나는 새들이 둥지를 틀었다. 잘 알려진 이들 이미지는 본래 비유가 전달되고 수정되는 것에 영향을 주었다. 예수는 겨자씨라는 은유를 사용함으로써, 거대한 백향목 이미지를 깎아내려 코믹한 효과를 내고 있다. 즉 거대한 백향목이 이제는 평범한 정원 잡초라는 것이다. 이것은 패러디다. 예수에게 하느님의 통치는 새로운 세계적 제국이 아니라 수수하고 평범한 일이었다. 그것은 떠들썩하게 사람 눈을 끄는 것이라기보다는 인식하지 못한 채 퍼져나가는 것이었다.16)

겨자씨라는 은유는 신학적 기대와 역사적 기대, 그리고 신화적 기대에 정면으로 반대되는 것이다. 다니엘서에 있는 나무 이미지에 직접 반대되는 겨자씨 이미지를 사용한 것은 예수가 묵시종말적 기대와 관계를 끊었음을 다르게 암시하는 것이다. 다니엘서와 요한의 묵시록은 공통점이 많은 듯하지만 하느님과 역사에 대한 예수의 기대로부터 멀

---

16) Funk, Hoover, and the Jesus Seminar, *The Five Gospels*, 484.

리 떨어져 있다는 점에서, 다니엘서의 나무 이미지를 요한의 묵시록에서 윤색한 것을 우리는 경계해야만 한다. 크로산은 이렇게 말한다.

> 묵시종말적 종말론은 우리(우리가 누구이든 작은 집단)가 우리를 제외한 모든 사람을 하느님이 학살하리라고 믿는 것을 뜻한다. 묵시종말론이 단지 세상의 종말이 곧 오리라는 순진한 진술이 아니라는 점과 그 진술이 잘못됐다면, 그건 더할 나위 없이 좋다는 점을 당신이 매우 명확하게 듣기를 나는 원한다. 이 세상 문제에 대한 해결책으로 학살을 행하는 하느님을 상상하게 한다는 점에서 묵시종말론은 인간의 상상력을 심오하게 타락시킬 수 있다. 나는 그것을 "하느님의 인종청소"라고 부른다. 이것은 인간이 인종청소하는 것보다는 훨씬 낫다. 왜냐하면 이것이 실제로 행해지기 때문이다. … 나는 이것이 로마제국에 대해 예수가 마음에 품었던 해결책은 아니라고 생각한다.17)

1장에서 다루었던 세 개의 주요 줄거리에 깊이 새겨져 있는 하느님의 폭력 전통으로 사회화되어 있는 많은 유대인들은 하느님 나라에 대한 은유로서 겨자씨를 받아들일 수 없었다. 아브라함에게 준 하느님의 약속은 이스라엘이 별의 숫자보다도 더 많은 백성을 가진 큰 민족이 될 것이라는 것이었다. 민족적인 출애굽 신학에 따르면, 하느님은 월등한 폭력을 사용하여 이스라엘의 적들을 패퇴시키기 때문에 하느님이었다. 선택받은 백성이 대량살육을 통해 약속된 땅을 지배할 때

---

17) John Dominic Crossan, "Jesus and the Kingdom: Itinerants and Householders in Earliest Christianity," in *Jesus at 2000*, ed. Marcus Borg (Boulder, Colo.: Westview Press, 1997), 51–52.

거룩한 전사인 하느님은 그 백성과 함께 싸웠다. 하느님의 신실한 종 다윗은 다른 나라들을 정복하였고 영원한 왕권이 그의 후손들에게 약속되었다. 포로 시대의 상황에서는 하느님이 불순종한 백성을 멸망시키기 위해 제국들을 사용했지만, 전능하신 하느님은 구원을 약속했고, 어느 날 거만한 제국들을 향해 하느님의 능력을 행사할 것이다.

성서 역사의 리듬 속에서, 나쁜 시간들 뒤에는 거의 언제나 좋은 시간에 대한 거창한 약속들이 따라왔다. "새 하늘과 새 땅", 다시 새로워진 "왕국", 백성을 구원할 다윗 같은 메시아, 또는 정의를 세우고 악을 쳐부수는 가혹한 묵시종말적 심판 등을 강하게 바라고 기대했다. 이방 왕들이 하느님의 거룩한 도성에 포로로 끌려오듯이 하느님은 모든 나라를 망하게 하고, 그들의 재산을 이스라엘에게 돌려주게 할 것이라고 이사야는 반복하여 말했다. 세례자 요한은 악을 행하는 자들이 하느님 분노의 영원한 불 속에서 타버릴 것이라고 약속했다. 에세네파는 빛의 군대와 어둠의 군대 사이의 마지막 전투를 위해 준비했다.

예수가 겨자씨를 은유로 사용한 것은 이러한 과장된 기대와 망상적인 희망과는 반대되는 것이었다. 우리는 크로산이 묘사한 이 겨자씨 은유의 또 다른 급진적인 면을 종종 놓친다.

> 겨자 식물은 정원에서 키울 때조차도 위험하며, 곡물 밭에서 야생적으로 자라날 때는 치명적이다. … 달리 말해서, 요점은 겨자 식물이 널리 알려진 대로 작은 씨로 시작해서 관목으로 자란다는 점이 아니다. … 그것이 환영받지 못하는 곳에서도 널리 퍼지는 경향이 있다는 점이다. … 또한 그것은 하느님의 나라와 같은 것이라고 예수는 말했다. 하느님 나라는 얼얼한 맛을 내는 겨자처럼 널리 퍼지

3장. 예수의 비폭력, 열 가지 말씀   *83*

는 위험한 특성을 갖고 있다.[18]

예수 당시의 많은 사람들처럼, 우리들 대부분은 악과 억압 체제의 힘과 관성을 마주칠 때, 거대한 크기의 상상력을 끄집어낸다. 실낱같은 희망을 붙잡고, 우리는 하느님이 구원하는 폭력이나 묵시종말적인 폭력을 행사하실 것이라는 약속에 매달린다. 우리는 하느님의 병기고 안에 있는 어떤 새로운 무기를 하느님이 건네주시길 기다리고 있지만, 오직 씨앗 한 톨만을 받을 뿐이다. 우리에게는 이 씨앗이 거대한 백향목으로 자라나도록 기다릴 시간이 없다고 불평할 때, 예수는 우리에게 주어진 것이 겨자씨 하나라고 말씀하신다.

우리들 대부분은 이 겨자씨를 던져버린다. 우리는 그 씨를 받아서 심고 키우며 그것이 어떻게 자라는지 보는 것보다, 수천 년 동안 실현되지 못한 메시아에 대한 환각적 약속들과 묵시종말적 환상에 매달려 있다. 우리는 하느님의 구원하시는 폭력과 벌을 주시는 폭력에 대한 성서의 이야기들을 말하고 또 다시 말함으로써 성서 구절들을 계속 이상화하고 있다. 이처럼 하느님의 폭력이 정의와 완고한 악에 대한 투쟁을 위해 봉사하는 것은 마치 하느님에 대한 병적인 생각이 해방이라는 주제 아래 은폐되는 것과 같다. 성서의 이런 이야기들은 폭력의 악순환을 그대로 남겨둔 채 우리를 파괴 직전까지 이끌어감에도 불구하고, 우리는 이런 이야기들을 반복하고 있다. 우리는 성서의 옛 이야기 줄거리에 불만스러울지 모르지만, 그러나 우리는 작은 목소리로 중얼거리는 것을 들을 수 있다. "겨자씨 하나? 웬일이야?"

---

[18] John Dominic Crossan, *Jesus: A Revolutionary Biography* (New York: HarperCollins, 1995), 65.

예수는 우리로 하여금 정의를 위해 일하고, 폭력을 거부하며, 전복하는 잡초가 되라고 초대한다. 이런 사명을 받아들이는 것은 우리 자신이 폭력을 수용하기를 멈추고 하느님에게 폭력을 투사시키는 일을 그만두는 것을 뜻한다. 예수에 의하면, 하느님은 결코 폭력적으로 정의를 강요하지 않으실 것이다. 역사 속에서도 아니며, 마지막 심판에서도 폭력은 아니다. 왜 그런가? 하느님은 비폭력적이기 때문이다. 폭력을 통해 정의를 강요하는 일은 하느님이 하실 수 없는 것이라고 예수가 말하고 있는데, 그런 것을 하느님이 하시리라고 기다리는 일을 우리는 그만두어야만 한다. 폭력에 대한 대안은 비폭력을 수용하고, 겨자씨를 뿌리고, 전복하는 잡초의 공동체로서 살아가며, 하느님의 비폭력적 자비를 따르는 것이다. 그곳이 풍성한 삶이 있는 곳이다.

구절 6: 결핍이 아닌 풍성함

그러므로 나는 분명히 말한다. 너희는 무엇을 먹고 마시며 살아갈까, 또 몸에는 무엇을 걸칠까 하고 걱정하지 마라. 목숨이 음식보다 소중하지 않느냐? 또 몸이 옷보다 소중하지 않느냐? 공중의 새들을 보아라. 그것들은 씨를 뿌리거나 거두거나 곳간에 모아들이지 않아도 하늘에 계신 너희의 아버지께서 먹여주신다. 너희는 새보다 훨씬 귀하지 않느냐? 너희 가운데 누가 걱정한다고 목숨을 한 시간인들 더 늘일 수 있겠느냐? 또 너희는 어찌하여 옷 걱정을 하느냐? 들꽃이 어떻게 자라는가 살펴보아라. 그것들은 수고도 하지 않고 길쌈도 하지 않는다. 그러나 온갖 영화를 누린 솔로몬도 이 꽃 한 송이만큼 화려하게 차려 입지 못하였다. 너희는 어찌하여 그렇게도 믿음이 약하냐? 오늘 피었다가 내일 아궁이에 던져질 들꽃도 하느님께서 이처럼 입히시거든 하물며 너희야 얼마나 더 잘 입히시겠느냐? (마태오 6:25-30)

예수는 철저한 정직함으로 이 세상을 고찰하여 결핍이 아닌 풍성함을 보았다. 풍성함의 근원은 하느님, 즉 언제나 우리들을 감싸고 계시며 모든 곳에서 새로운 삶으로 우리를 초대하시는 하느님, 그리고 모든 생명 속에 깊이 들어 있는 성령이었다. 예수는 사회 변두리의 소외된 자들과 손을 잡고 걸었으며, 또한 그들이 궁핍하게 된 것에 책임이 있는 체제에 도전했다. 그러나 예수는 그렇게 행동하면서, 하느님의 풍성함에 뿌리를 둔 풍성한 삶의 가능성을 보았다. 불의가 그렇게 우리의 마음을 아프게 만드는 것은 하느님의 풍성함이란 현실이다. 불의는 하느님의 특성을 배반하는 것이며 인간과 피조물을 위한 하느님의 의도를 배반하는 것이다. 예수는 하느님의 실재를, 다른 사람들에게 해당되지 않고 몇 사람만 손에 넣을 수 있는 제한적인 행복으로서가 아니라, 풍성한 사랑으로서 경험하였다.

앞서 이미 논의한 성서의 세 가지 줄거리에 들어 있는 핵심 주제들을 포함하여 많은 성서 이야기들이 물자와 하느님의 부족함을 가정하고 있다. 부족함을 가정하는 것이 형제의 갈등에 관한 성서 이야기들의 중심을 차지하는데, 그 갈등에서는 폭력이 중요한 주제이다(가인과 아벨, 야곱과 에서, 요셉과 요셉의 형제들). 이 이야기들 속에는, "충분한 하느님의 은혜가 없고 넉넉한 축복이 없다. … 어느 한 사람이 오직 다른 사람을 희생시켜야만 잘 될 수 있다"고 레지나 슈바르츠는 쓰고 있다.19) 그녀는 "이 한 분 하느님은 무한히 주시는 분이 아니라,

이상하게도 주지 않는 분으로 상상된다. 모든 사람이 하느님의 축복을 받지 못한다. 마치 우주적으로 행복이 결핍되어 있는 것처럼, 어떤 사람들은 기근과 사망으로 저주를 받는다"고 지적한다.20)

예수는 무한히 주시는 하느님을 보고 경험한다. 복종과 맞물려 조건적인 축복으로 비가 내린다는 언약의 제한적 축복(레위기 26:4)에 맞서서, 예수는 하느님이 악한 사람이나 선한 사람 모두에게 햇빛을 비추고 의로운 사람이나 의롭지 않은 사람 모두에게 비를 내리신다고 말한다(마태오 5:45). 이것이 단순히 하느님이 존재하시는 방식이다. 하느님의 풍성함의 핵심은 우리가 억압에 저항하거나 정의를 추구할 때 원수를 사랑하고 재물을 나눠 쓰며 창조적이고 능동적인 비폭력에 참여하라고 초청하는 것이다.

하느님의 마음을 잊지 않는 예수는 하느님의 풍성함을 보고 경험하며 신뢰한다. 우리는 일용할 양식을 위해 기도하게 되고(마태오 6:11) 하느님의 관대함을 본받게 된다. "네게 구하는 자에게 주라"(마태오 5:42). 오천 명을 먹인 이야기에서는 부족함과 혼자만 챙기는 태도가 서로 나눔과 예기치 않은 풍성함에게 자리를 양보한다(마르코 6:30-44). 예수는 어느 부자의 행동, 즉 하느님의 것인 곡식을 저장하려고 곳간을 헐고 더 큰 곳간을 만든 어느 부자의 행동에 대해 슬퍼하고(루가 12:13-21), 모든 사람이 초대를 받고 아직도 자리가 남아 있는 큰 잔치의 비유를 가르친다(루가 14:15-24).

하느님의 풍성함과 우리가 풍성한 삶을 수용하는 것은 결코 부유함이나 유복함과 같은 것이 아니며(마르코 10:17-25), 마음을 모으는

---

19) Regina M. Schwartz, *The Curse of Cain: The Violent Legacy of Monotheism* (Chicago: University of Chicago Press, 1997), 4.
20) Ibid., 3.

것(mindfulness, 마음챙김)과 충분함과 같은 것이다. 새들을 먹이시고 백합화의 놀라운 아름다움을 주시는 하느님은 우리가 하느님의 그런 넉넉하심을 깨닫기를 원하시며, 또한 모두에게 충분한 풍성함을 제공하신다. "그러므로 나는 분명히 말한다. 너희는 무엇을 먹고 마시며 살아갈까, 또 몸에는 무엇을 걸칠까 하고 걱정하지 마라. 목숨이 음식보다 소중하지 않느냐? 또 몸이 옷보다 소중하지 않느냐?" 불교의 평화주의자 틱낫한 스님은 그런 마음챙김에 대해 묘사하며 예수의 통찰력을 포착해 이렇게 쓰고 있다. "현재 순간을 깊게 느끼면서 우리가 마음을 챙길 때, 우리는 깊게 보고 들을 수 있으며, 그것은 언제나 이해, 수용, 사랑이라는 열매들을 주고, 고통이 덜어지고 기쁨이 오기를 바라는 욕구가 생긴다."21)

하느님의 풍성함을 신실하게 수용하는 것은 결핍과 경쟁에 뿌리를 둔 폭력의 악순환을 종식시키기 위해 많은 것을 행하는 것이 되고, 구원하는 폭력(redemptive violence)에 대한 반전을 열망하는 것이다. 예수에 의하면, 우리가 하느님의 풍성함에 마음을 모으고, 풍성한 삶으로의 하느님 초청을 받아들인다면, 축복과 재화와 모든 사람을 위한 자비가 충분하다.

구절 7: 무한한 은혜

'어서 아버지께 돌아가, 아버지, 제가 하늘과 아버지께 죄를 지었습니다. 이제 저는 감히 아버지의 아들이라고 할 자격이 없으니 저를

---

21) Thich Nhat Hanh, *Living Buddha, Living Christ* (New York: Riverhead Books, 1995), 14.

품꾼으로라도 써주십시오 하고 사정해 보리라.' 마침내 그는 거기를 떠나 자기 아버지 집으로 발길을 돌렸다. 집으로 돌아오는 아들을 멀리서 본 아버지는 측은한 생각이 들어 달려가 아들의 목을 끌어안고 입을 맞추었다. (루가 15:18-20)

탕자의 비유(루가 15:11-32)는 하느님의 벌주시는 특성과 연관된 기대들을 극적으로 뒤집어엎는다. 아버지는 유산을 미리 달라는 둘째 아들의 요구를 받아주었고, 아들은 무책임한 생활로 그 재산을 빠르게 탕진해 버린다. 돼지가 먹는 음식을 먹을 수밖에 없을 정도로 궁핍해진 후에, 둘째 아들은 집으로 돌아가 아버지에게 용서를 구하고 품꾼으로 써달라고 빌어야겠다고 결심한다. 그러나 아버지는 그 아들을 보자마자, 또한 그 아들이 자비를 구하기 전에, 측은히 여겨 달려가 목을 안고 입을 맞추었다.

아들의 사과를 받지 않았어도, 아버지는 아들이 돌아온 것을 축하할 수 있도록 살진 송아지를 잡으라고 명령한다. 그러자 첫째 아들이 이 이야기에 등장한다. 그는 매우 화가 났다. 그의 관점에서 보면 신실한 자신이 당연히 받아야 할 것보다 더 많은 대우를 제멋대로 하는 동생에게 해 주고 있기 때문이다. 첫째 아들의 태도와 행동은 앞서 언급했던 것과 같이 초기의 형제 갈등 이야기를 반영한 것이다. 첫째 아들은 자신이 유산, 승인과 축복을 위해서 그의 동생과 경쟁하고 있다고 보았다. 그의 세계관은 분명히 아버지의 관점과 다른 것이다. 둘째 아들은 받을 자격이 없는 자비를 아버지로부터 받는다. 그것이 아버지가 행하는 방법이고, 아버지가 이 세상을 보는 방식이기 때문이다.

이 비유에서 예수는 벌하시는 하느님에 대한 기대들을 산산이 부

쉬버린다. 예수는 하느님을 무한하고 받을 자격이 없는 자비의 근원으로 묘사하고, 세상을 풍성함의 장소로 묘사한다. 용서는 하느님의 특성이다. 용서는 우리가 요청하지 않아도 우리에게 가능한 것이다. 예수는 하느님을 무한히 주시며 용서하시는 분으로 경험하고, 또한 하느님의 무제한적 용서를 닮으라고 우리를 초청하고 있다(마태오 18:22).

구절 8: 자초하는 심판, 초대하시는 능력, 비폭력적 하느님

예수께서 이렇게 말씀하셨다. "어떤 사람이 큰 잔치를 준비하고 많은 사람들을 초대하였다. 잔치 시간이 되자 초대받은 사람들에게 자기 종을 보내어 준비가 다 되었으니 어서 오라고 전하였다. 그러나 초대받은 사람들은 한결같이 못 간다는 핑계를 대었다. 첫째 사람은 '내가 밭을 샀으니 거기 가봐야 하겠소. 미안하오.' 하였고 둘째 사람은 '나는 겨릿소 다섯 쌍을 샀는데 그것들을 부려보러 가는 길이오. 미안하오.' 하였으며 또 한 사람은 '내가 지금 막 장가들었는데 어떻게 갈 수가 있겠소?' 하고 말하였다. 심부름 갔던 종이 돌아와서 주인에게 그대로 전하였다. 집주인은 대단히 노하여 그 종더러 '어서 동네로 가서 한길과 골목을 다니며 가난한 사람, 불구자, 소경, 절름발이들을 이리로 데려오너라.' 하고 명령하였다. 얼마 뒤에 종이 돌아와서 '주인님, 분부하신 대로 다 했습니다. 그러나 아직도 자리가 남았습니다.' 하고 말하니 주인은 다시 종에게 이렇게 일렀다. '그러면 어서 나가서 길거리나 울타리 곁에 서 있는 사람들을 억지로라도 데려다가 내 집을 채우도록 하여라. 잘 들어라. 처음에 초대받았던 사람들 중에는 내 잔치에 참여할 사람이 하

나도 없을 것이다.'"(루가 14:16-24)

이 이야기는 포로기 신학과 마태오복음의 많은 부분에서 묘사되었던 것과 상당히 다른 하느님의 심판과 하느님의 능력에 대한 생각을 반영하고 있다. 예언자들에 의하면, 하느님은 이스라엘의 멸망을 계획했으며, 죄에 대한 벌로 그 백성들이 서로 잡아먹도록 만들었다. 마태오가 전한 예수는 영원한 불 속에서 슬피 울며 이를 갈 것이라고 사람들을 위협한다. 요한의 묵시록은 "하느님의 분노의 포도주를 마시게 될 것이다. 그것은 하느님의 진노의 잔에 부어 넣은 순수한 포도주다. 이런 자들은 거룩한 천사들과 어린 양 앞에서 불과 유황의 구덩이에서 고통을 당하게 될 것이다"(14:10)라고 묘사한다. 하느님에 대한 이런 묘사와 뚜렷하게 대조되는 이 루가복음 구절은 하느님의 능력이 강제적이지 않다는 이해로 바뀐다. 하느님의 위협과 하느님 축복의 결핍 대신에, 우리는 누구나 포함되는 잔치에 초대받고 있다. 모두가 이 초대를 받아들이지는 않았지만, 잔치에 참석하지 않은 사람들은 다른 일에 마음이 사로잡힌 사람들이 선택한 것이었다.

하느님은 부자들을 잔치에 초대한다. 그들 대부분은 바빠서 올 수가 없다. 그러자 하느님은, 어둠의 세력과의 다가오는 마지막 대결에서 부적절한 군사가 될 것이라는 이유로 쿰란 공동체로부터 특별히 배제된 사람들, 즉 "가난한 자들과 몸 불편한 자들과 맹인들과 저는 자들"을 초대한다. 하느님은 사람들이 잔치에 오도록 만드시는 일에 너무나 확고하시기 때문에, 하인들에게 "사람들을 억지로라도 데려오라"고 말씀하신다. 이것은 사람들의 죄, 십일조를 내지 못하는 형편, 성결하지 못함, 또는 정결 의식의 다른 문제들 때문에, 그들을 공동체 바깥의 어둠 속에 살도록 강제하거나 공동체로부터 배제하는 것과는 아주 다른 것이다.

　예수 세미나는 위 인용문의 마지막 24절을 루가가 추가한 것으로 본다. "루가는 잔치 초대를 거부한 바리새인들을 배제하고 있다."22) 그러나 24절을 예수의 원래 이야기의 부분으로 포함시킨다고 할지라도, 예수가 시인한 것은 손님으로 초대받은 몇 사람들이 초대를 거절했기 때문에 잔치를 맛보지 못할 것이라는 점이다. 그들은 그들 자신이 선택한 다른 일들에 마음이 사로잡혀 있기 때문에 풍성한 삶을 놓친다. 달리 말해서, 예수는 지금 여기에서 하느님의 초대하시는 성령의 면전에서 풍성한 삶을 살고 경험하라고 모두를 초대하고 있지만, 우리의 선택이 풍성한 삶을 경험하는지 아닌지를 결정한다는 것이다.

　하느님의 심판의 본질에 관해 여기서 묘사한 것과 앞서 마태오복음에서 주목했던 것 사이보다 더 뚜렷하게 그 차이점들을 떠올리는 것은 어려울 것이다.23) 이 비유에 의하면, 심판은 능력이 있으시며 벌주시는 하느님이 실수를 한 개인이나 국가를 향해 행하는 그 무엇이 아니다. 그것은 자기 스스로를 배제시키는 것이다. 만약 우리가 성령이 손짓으로 부르는 것을 놓치고 나쁜 선택을 한다면, 우리는 풍성한 삶을 놓치는 것이다. 나는 이것을 "자초하는 심판"(invitational judgment)이라고 부른다. 왜냐하면 풍성한 삶과, 다른 사람들이 훌륭한 삶을 사는지 어떤지는 모든 사람에게 열려 있고, 언제나 가능한 초대를 받아들이거나 거부하는 데 달려 있기 때문이다. 자초하는 심판에 관해 중요

---

22) Funk, Hoover, and the Jesus Seminar, *The Five Gospels*, 352.
23) 이 비유와 유사한 마태오복음의 폭력적이고 보다 비열한 비유(마태오 22:1-14)를 흥미롭게 보기 위해서는 Nelson-Pallmeyer, *Jesus against Christianity*, 314-15 를 보라.

한 것, 그리고 많은 사람들이 받아들이기 힘든 것은 하느님의 능력이 우리를 올바르게 살도록 강제할 수 없으며, 또한 불의하다고 우리를 벌할 수 없다는 것이다. 풍성한 삶에 대한 초대를 우리가 받아들이거나 거부하는 것은 우리 자신과 다른 사람들에게 중요한 결과를 초래하지만, 하느님의 초대하시는 능력은 폭력적 하느님이 벌하도록 인가하는 것을 배제시킨다. 내가 나쁜 선택을 한 결과는 내가 풍성한 삶을 놓치고, 또한 다른 사람에게 상처를 준다는 것이다. 성령의 초대를 집단적으로 거부한 결과는 큰 재해가 될 수 있다. 왜냐하면 하느님의 벌주시는 폭력 때문이 아니라, 우리의 선택이 평화가 아니라 전쟁으로, 선물을 나누는 것이 아니라 불평등으로, 지구를 돌보는 것이 아니라 환경에 스트레스를 주는 것으로 이끌어가기 때문이다.

하느님의 초대하시는 능력은 우리가 예수의 급진적 비폭력을 진지하게 받아들이고, 하느님의 비폭력적 능력을 따르도록 초대하신다. 크로산이 쓴 것과 같이, 예수의 급진적 윤리는 "미래를 위한 희망보다는 지금을 위한 삶의 방식"을 반영한다.[24] 이것은 "구조적 폭력에 비폭력적으로 저항하는 것이다. 이것은 비폭력적 하느님에 대한 절대적 믿음이며, 그런 하느님과 연합하여 함께 살아가며 행동하려고 시도하는 것이다."[25]

구절 9: 우리를 구원할 메시아는 없다

셈을 시작하자 일만 달란트나 되는 돈을 빚진 사람이 왕 앞에 끌려

---

[24] Crossan, *Jesus*, 56.
[25] Crossan, *Birth of Christianity*, 287.

왔다. … 왕은 그를 가엾게 여겨 빚을 탕감해 주고 놓아 보냈다. 그런데 그 종은 나가서 자기에게 백 데나리온밖에 안 되는 빚을 진 동료를 만나자 달려들어 멱살을 잡으며 '내 빚을 갚아라.' 하고 호통을 쳤다. (마태오 18: 24, 27-28)

유대인들은 메시아를 기다렸는데, 그는 이스라엘의 특권과 능력이 있는 장소를 나라들 사이에서 다시 세우고, 제국주의로 더럽혀진 땅을 정화시키며, 제국에 협조하는 성전의 제사장 통치자들을 교체시킬 분이었고, 종종 그 메시아의 도래를 선포했다. 예수는 이러한 기대를 흩어버렸다. 예수가 시험받는 이야기(마태오 4:1-11; 루가 4:1- 13)는 메시아에 대한 기대와 유대인들이 간직한 하느님과 역사에 대한 암시적이고 명시적인 이해를 예수가 거부했다는 것을 보여준다. 즉 하느님이 그런 분을 보내어 굶주림을 기적적으로 없애고, 성전에서 기적을 행하여 올바른 믿음과 실행을 불러일으키고, 혹은 이스라엘과 다른 나라들을 다스리는 일은 없을 것이다.

메시아가 이스라엘을 자유롭게 해 줄 것이라는 대중적 생각에 대한 예수의 거부는 무자비한 종의 비유(마태오 18:23-35)에 깃들어 있는 것과 같은 것이다. 그 비유는 한 왕을 묘사하는데, 왕은 갚을 수 없어서 용서를 구하는 자신의 종의 많은 빚을 탕감해 준다. 이 종이 왕에게서 나와서 왕이 탕감해 준 것보다 훨씬 적은 빚을 자신에게 진 다른 사람을 만난다. 왕의 관대함에 보답하기보다는 그 종은 오히려 그 빚진 자를 가혹하게 다룬다. 왕과는 완전히 대조적으로 그 종은 빚진 자의 간구를 거절하고 감옥에 집어넣어 버린다. 왕이 이것을 듣고 "몹시 노하여 그 빚을 다 갚을 때까지 그를 형리에게 넘겼다"(34절)고 한다.

윌리엄 헤르조그는 그 종을 관료적 신하로 보았고, 그 비유를 잘못된 메시아적 기대와 약속에 대한 예수의 직접적 도전으로 이해한다. 예수는 억압받는 사람들이 비록 정의를 고대하고 필요로 하며 당연히 누려야 하지만, 메시아에 근거를 둔 희망은 잘못된 희망이라고 이해했다. 이 비유는 그 문제를 다룬다. 왜냐하면 사람들이 유대인의 메시아는 억압된 체제를 전복시킬 때 그 일환으로 빚도 탕감시켜 줄 것으로 기대하였기 때문이다. 헤르조그는 "비유의 시작 장면은 영적인 관점에서가 아니라, 세상에서 왕이 빚을 탕감하는 경제적 관점에서 메시아적 순간을 묘사한다. … 만약 상상할 수 있을 만큼 가장 많은 빚이 탕감된다면, 그때서야 메시아적 왕이 도래한 것이고, 메시아의 시대가 시작된 것이다"26)라고 말한다. 이 이야기에서 왕은 메시아적 인물로서, 그는 빚의 탕감을 선언함으로써만 메시아의 순간이 도래하게 만든다. 왕에게 오랫동안 기대했던 행동은 씁쓸한 결과로 판명된다. 왜냐하면 억압이 착취적인 관료제에 깊이 뿌리박고 있기 때문이다. 헤르조그는 이렇게 말한다.

그러나 [메시아적] 순간은 일시적이다. 빚이 탕감된 새 시대가 열리자마자 전형적이고 막강한 관료의 흉악한 전술에 의해서 소멸되었다. … 궁지에 몰리자, 왕은 바로 평상적으로 되돌아가 그 신하를 고문하는 자에게 넘겨버린다. … 대중적 왕권에 대한 전설적 얘기로 표현되었든 혹은 메시아에 대한 희망이라는 다른 형태로 표현되었든 간에, 사람들을 채무와 노예상태로부터 구해줄 미래의 왕에게 의존하는 것은 치명적이고 눈에 띄지 않는 모순을 감추고 있었다.

---

26) Herzog, *Parables as Subversive Speech*, 147.

왕권은 관료체제 속에 박혀있는 제도였다.27)

소작인들이 왕의 정당한 보복을 대신 경험함으로써 잠시 통쾌했다가, 예수의 불길한 질문("그러면 포도원 주인이 어떻게 하겠느냐?")을 통해 현실로 되돌아오게 된 것처럼, 이 비유를 듣는 사람들도 그렇다. 메시아적 순간의 도래에 대한 환호는 빠르게 사라진다. 이스라엘에서 왕권은 정의와 의로움에 대한 시편 기자의 희망(시편 72:1-4)에 거의 부응하지 못했다. 폭력의 악순환이라는 상황 속에서, 왕들과 제사장들, 신하들, 서기관들, 그리고 중간 관리들이 관련된, 잘 구축되고 고도로 관료화된 체제에 뿌리박고 있는 절박한 문제들을 해결하기 위해 대중적 왕이나 메시아가 나타날 것이라는 메시아적 약속들과 기대들을 예수는 거부했다. 그런 체제는 폭로되어야만 했지만, 메시아에 대한 거짓 약속들과 주장들 역시 폭로되어야만 했다. 메시아에 대한 그런 거짓 약속들은 절망을 은폐하지만 결코 극복할 수 없기 때문이다. 메시아에 대한 거짓 약속들과 기대들은 진정한 희망을 질식시켜버린다고 예수는 주장했다. 예수 자신의 삶, 신앙, 그리고 하느님 경험이 그로 하여금 메시아에 대한 기대를 거부하도록 이끌었지만, 복음서들이 이런 사실을 왜곡함으로써 기독교가 예수를 주로 저세상적인 메시아로 둔갑시킨 것은 엄청 크고 비극적인 아이러니다.

구절 10: 결코 묵시종말적이지 않은 하느님 나라의 현재성

하느님 나라가 언제 오겠느냐는 바리사이파 사람들의 질문을 받으

---

27) Ibid.

시고 예수께서는 이렇게 대답하셨다. "하느님 나라가 오는 것을 눈으로 볼 수는 없다. 또 '보아라, 여기 있다.' 혹은 '저기 있다.'고 말할 수도 없다. 하느님 나라는 바로 너희 가운데 있다." (루가 17:20-21)

1세기 팔레스타인에서 벌어진 역사적 대재앙은 그 사건들에 대해 묵시종말적으로 기대하고 해석할 조건들을 만들어냈다. 이것이 왜 도대체 신약성서에서 묵시종말적 전통이 예수 이야기의 다른 측면들을 대부분 압도하는지를 설명해준다. 바울로(바울)는 예수의 부활을, 종말의 시작을 표시하는 묵시종말적 사건으로 이해했다. 바울로는 자신이 살아있는 동안 일반적인 부활과 역사의 정점이 나타나기를 기대했다. 복음서 저자들은 묵시종말적 세계관이 세 가지 이유에서 도움이 된다는 것을 발견했다. 그것은 예수가 십자가에 달려죽은 것을 이해하는 렌즈로서 역할을 했다. 또 그것은 66-70년에 벌어진 로마와 유대의 전쟁 동안에 유대 성전과 예루살렘이 파괴되도록 왜 하느님이 허락하셨는지에 대한 설명을 제공했다. 그리고 그것은 기독교인들의 유대인 혐오에 대한 이데올로기적 창문 역할을 했다. 즉 히브리 경전에 계획되어 있는 하느님의 약속을 예수가 성취한 것이라는 유대 기독교인들의 주장을 거부했던 유대인들을 향한, 기독교인의 점점 커지는 혐오와 복수하고 싶은 마음을 꾸미는 이데올로기적 창문 역할을 했다.

예수의 십자가 처형은 유대인 추종자들로 하여금 도대체 왜 그가 죽음을 당했는가에 대한 실마리를 찾기 위해서 자신들의 종교적 전통으로 되돌아가도록 만들었다. 십자가에서 끔찍하게 처형당한 예수나 다른 어느 사람이 역사적 승리를 약속한 메시아 대망 전통을 성취했다는 것을 많은 유대인들에게 확신시키기는 불가능했다. 따라서 복음서 저자들은 예수의 삶과 죽음의 의미를 다니엘서에 나오는 묵시종말적 기대와 연관시켜 대부분 해석하였다. 신원(vindication)은 역사 속에서가 아니라 마지막 때에 온다고 다니엘은 말했다. 복음서 저자들은 예수의 십자가 처형을 하느님의 거룩한 계획 속에 있는 하나의 도구로 이해했고, 그의 부활은 묵시종말적인 마지막 때의 약속과 연계된 일반적 부활을 시작하는 것이었다. 우주적 심판자 예수는 조만간 묵시종말적으로 의인화된 "사람의 아들/인자"(the Son of Man)로 돌아올 것이다.

예수에 대한 묵시종말적인 해석은 초기 기독교인들의 복수하고 싶은 욕망, 즉 대다수 유대인들이 유대 기독교인들의 주장을 받아들이지 않은 후, 유대 기독교인들이 느꼈던 거부당함의 강렬한 고통으로부터 생겨난 복수하고 싶은 욕망에 부응하는 부가적인 이점이 있었다. 이런 유대인들은 복음서 이야기에서는 잘 대접받지 못했다. 그들은 예수를 살인한 자라고 비난받았고, 그들이 예수를 거부한 것은 로마가 예루살렘과 성전을 파괴한 것을 설명하기 위해 사용되었다. 이것은 하느님의 형벌을 영속하는 것으로 만들기 위한 작은 발걸음에 불과했다. 예수를 거부하는 자들은 하느님의 모든 대적자들처럼 가혹한 운명을 마주하게 될 것이다. 그들은 처형될 것이다. 이처럼 예수를 변형시킨 것 혹은, 좀 더 정확하게 말해서, 기형(deformation)으로 만든 것은 아연실색할 일이다. 원수를 사랑하라고 가르쳤고, 비폭력 하느님을 계시했으며, 역사 속에 나타난 지배체제에 대한 대안을 불러일으켰던 비폭력의 유대인 예수가 어이없게도 하느님의 살인적 묵시종말론의 협력자, 즉 역사의 마지막에 원수들과 모든 행악자들을 짓밟고 폭력적으로 심판하기 위해 곧 돌아올 인물이 되었다.

이런 묵시종말적 세계관은 예수의 행동들과 예수의 하느님 이해와 전혀 맞지 않는다. 즉 원수사랑, 원수를 통한 구원, 폭력의 악순환 저지, 비폭력적 행동 창조, 전복시키는 잡초가 되도록 불러냄, 풍성함, 무한한 은총, 초대하는 능력, 그리고 비폭력적 하느님을 포함하여 앞서 설명한 예수의 행동과 하느님 이미지들 가운데 어느 것도 묵시종말적 세계관과 맞지 않는다. 예수의 비유들은 예수가 하느님에 대한 묵시종말적 이미지와 역사에 대한 기대들을 깨뜨려버렸다는 또 다른 증거를 제공한다. 예수의 많은 비유들은 억압적인 체제를 폭로하고 그에 대한 대안을 제시함으로써, 소작농들이 자신들의 현실을 이해하고 변화시키도록 분명히 돕고 있다. 예수의 비유들은 하느님이 역사를 끝내시거나 또는 정의를 강제하기 위해 결정적으로 개입하실 것이라는 기대와는 맞지 않는다. 예수는 세상을 선과 악으로 확실히 나누고 결코 일어나지 않을 쉬운 해결책을 찾는 메시아적 주장들과 묵시종말적인 약속들 모두를 거부했다. 헤르조그는 "예수의 비유들이 묵시종말적 공상에 빠져있거나 세상의 종말을 협박했다면, 예수는 경계의 대상이 되었을 것이지만 그냥 홀로 남겨졌을 것이다"[28)라고 썼다. 그리고 로버트 펑크 또한 "아마도 예수의 것이라고 확실하게 여겨지는 20여 개의 비유들을 볼 때, 이상한 점은 그 가운데 세상의 종말이나 그 사건에 동반될 묵시종말적 트라우마에 대해 얘기하는 것이 전혀 없다는 점이다"[29)고 썼다.

예수는 억압 체제 속의 불의를 폭로했지만, 또한 그는 하느님의 풍성하심을 보고 경험하기도 하였다. 하느님의 구원하는 폭력의 결과로

---

28) Ibid., 27.
29) Robert Funk, *Honest to Jesus: Jesus for a New Millennium* (San Francisco: HarperSanFrancisco, 1996), 69; 김준우 역, ≪예수에게 솔직히≫ (한국기독교연구소, 1999).

미래 어느 때에 풍성한 삶이 올 것이라는 묵시종말적이고 메시아적인 약속들을 예수는 거부하였다. 우리의 삶이 하느님의 성령으로 향하여 있다면, 그리고 그런 때에 우리는 풍성한 삶을 경험하게 된다. 성령이 지금 여기서, 그리고 항상 우리를 초대하여 우리의 날마다의 삶 속에서와 우리의 사회체제 속에서 하느님의 깊은 연민을 본받고 실현하도록 한다. 이런 정황 속에서 하느님 "나라"에 관한 예수의 급진적이고도 반묵시종말적인(antiapocalyptic) 말씀을 이해해야만 한다(루가 17:20-21). 즉 하느님 나라는 오는 것이 아니라 이미 우리들 가운데 있다. 예수는 폭력적인 하느님이 가까운 미래, 또는 먼 미래에 억압적 체제를 파괴하거나 대체하기 위해 행동하실 것이라는 약속들 속에 희망의 뿌리를 내리지는 않았다. 예수는 자신의 삶, 자신의 희망, 그리고 자신의 비폭력을 지금 이 세상 가운데 나타나는 하느님의 비폭력적 특성 가운데 심었다. 하느님의 성령이 매일 매 순간 우리를 감싸며, 지금 이곳에서, 그리고 어디든지 언제나 우리를 하느님의 대안적인 영역 가운데 있는 풍성한 삶으로 초대한다.

토론

초점: 예수의 메시지의 비폭력적 전통에 주목하고 토론하기.

네 개로 분류된 질문들 각각에서 하나 이상을 택해 토론하시오.

객관적 질문

1. 이들 열 개의 구절로부터 떠오르는 예수의 상(그리고 그의 가르침)에는 어떤 것들이 있나?

2. 이들 구절에 나타난 하느님의 이미지들은 무엇인가?

3. (저자에 따르면) 예수가 전통, 기대들, 그리고 경전을 어려움 없이 뒤엎은 한 가지 방법은 무엇인가?

4. 당신에게 확연하게 다가오는 "하느님 나라" 이미지는 무엇인가?

5. 예수가 폭력에 대항하는 것으로 여겨지는 한 가지 방법은 무엇인가?

성찰적 질문

6. 이 글을 읽는 가운데, 적어도 있다면, 어느 부분이 당신에게 강력하게 작용하였는가?

7. 어느 부분에서 당신은 "맞아! 바로 이거야!"라는 강한 느낌을 받았나?

8. 이 장에서 당신을 놀라게 한 것은 무엇인가? 당신에게 도전이 된 것은 무엇인가?

9. 어떤 구절이 당신에게 특별히 강한 느낌을 주었는가? 어떤 느낌인가?

해석적 질문

10. 열 개의 구절 중에서 당신이 좋아하는 것은? 왜 좋아하는가?

11. 당신이 예수와 의견을 달리 하는 부분은 어디인가? 신약성서 저자들과 의견을 달리 하는 부분은?

12. "하느님 나라"에 관한 예수의 온당한 주장에 대해 당신은 편안한가?

13. 우리들이 "우리들의 원수들에 의해 구원받는" 방법들이 있다고 당

신은 생각하는가?

14. "들에 핀 백합화를 생각하라." 마음을 모으는 것의 본질은 무엇인가?
15. 예수 시대에 비폭력은 현실적이었나? 오늘날 우리들의 시대에는?
16. 복음서 저자들이 예수에 관하여 잘못 이해할 수 있었는가?
17. 이 열 구절은 네 복음서 가운데 단지 작은 부분에 지나지 않는다. 이 구절들을 집어내어 "이것이 진짜 예수의 요점이다"라고 말하는 것이 정확한가? 이렇게 하는 데서 제기되는 문제는 무엇인가?

마무리 질문

18. 진지하게 "원수를 사랑하라"는 것이 우리 회중에게 어떤 의미가 있을까?
19. 이 장에 근거해서, 예수의 메시지를 보는 관점에 대해 어떤 변화가 생길 것 같은가? 우리 회중이 씨름해야만 하는 문제는 무엇인가? 이 집단이 깊게 검토하기를 바라는 질문은 무엇인가?

활동

독창적 글쓰기

　작은 집단으로 나누어 10분에서 15분 정도의 시간을 주고 다음 제시하는 것 중 하나를 선택하여 수행하게 한다. 그 후 함께 모여 결과를 서로 나눈다. 완성이 아니라 질적으로 "대략적인 초안" 만드는 것을 목표로 함을 사람들에게 상기시키시오.

선택 1. 이 장에서 가장 강하게 느낀 메시지를 사용하여, 교회 내부에 걸어놓을 배너에 쓸 표어를 생각해 작성해보시오.

선택 2. 빈곤, 불평등 또는 세계화 등과 같은 현재의 이슈를 골라서, "예수 정신으로" 비유를 쓰시오.

선택 3. "주 은혜 놀라와"(Amazing Grace)의 곡조에 맞춰 2개 절의 가사를 쓰되, 한 절은 질문을 던지는 것으로 하고 다른 한 절은 예수의 정신으로 답하는 내용으로 한다. 그리고 집단이 함께 노래하시오.

짤막한 연극

열 개 구절 중 하나를 골라 예수의 메시지에 대하여 중요한 무엇을 표현하는 짤막한 연극을 펼치시오.

논쟁 팀

"이 세계는 오늘날 이처럼 혼란한 상태에 빠져 있으므로 삶과 문제들에 대한 해결 방법으로서 비폭력은 현실적이지 않다"라는 주제에 관한 찬반 토론을 위해 두 집단으로 나누시오. 그에 동의하는 사람들을 한 집단으로 정하고, 그에 반대하는 사람들을 다른 한 집단으로 하시오. 20분 동안 각 집단이 자체 토론을 하며 나뉘어 준비를 하고, 그 후 논쟁에 임하도록 하시오. 각 집단에게 10분간 발표하도록 하시오. 그리고 상대 집단에게 5분간 반박할 수 있도록 하시오. "이 과정을 어떻게 느끼는가?"에 대해서 의견을 나누고 마무리하시오.

4장

예수의 정신으로

역사적 예수와 직결된 비폭력의 전통은 성서와 기독교 전통의 대부분을 지배하고 있는 것들과 근본적으로 다른 하느님 이미지와 역사의 기대되는 일에 뿌리를 두고 있다. 이번 장에서는 이 전통의 빛에서 기독교 예배를 재의례화할(re-ritualize) 필요가 있다는 명백한 실상을 제시한다.

무시되어왔던 비폭력의 전통

성서의 저자들은 하느님에 대한 그들 나름의 이미지들을 예수가 거부했던 역사에 대한 설명과 기대와 연관시켜 형성했다. 1장에서 다루었던 폭력의 전통은 하느님이 역사 속에서, 혹은 마지막 때에, 해방시키는 폭력, 벌주시는 폭력, 또는 신원하시는 폭력을 행하신다고 말한다. 예수와 직결된 비폭력의 전통은, 하느님의 폭력에 뿌리를 둔 희망은 거짓 희망이라고 말한다. 예수는 비폭력적 저항을 모델로 삼았고, 하느님의 초대하시며 비폭력적인 능력을 찬양한다.

폭력적 전통의 중심에는 하느님의 해방시키는 폭력을 강조하는 출애굽 신학이 있다. 하느님은 월등한 폭력을 통해 하느님이심을 증명하고, 구원은 원수를 괴멸시키는 것을 의미한다. 비폭력의 전통은 우리로 하여금 정의를 위해 일하도록 초대하지만, 그러나 예수는 정의를 이루는 방법으로서의 인간의 폭력이나 신의 폭력 사용을 거부한다. 그는 구원을 치유와 온전함과 연관시킨다.

포로기 신학의 폭력 전통에서 핵심은, 이스라엘의 역사적 상황이 그 백성의 복종이나 죄의 직접적 결과라는 믿음이다. 복종에 대한 약속된 열매는 적당한 비, 풍성한 추수, 원수의 파멸, 그리고 안전이다. 불복종에 대한 예정된 결과는 원수들에 의해 패망하고 정복당해 포로로 잡혀가거나 도시가 파괴되는 것이다.[1] 그에 반해서 예수와 연결된 비폭력의 전통은 로마제국을 하느님의 심판으로 보지 않는다. 로마와 성전이 지배하는 체제는 하느님의 의도와 반대되는 것이고, 불행한 현실이다. 그 불행한 현실 속에서 참된 삶을 살고, 정의를 위해 일하며, 공동체를 형성하고, 자선을 행하며, 비폭력 저항에 참여하고, 또한 하느님의 자비를 구현하도록 사람들은 초대되었다. 예수는 하느님을 조건 없이 비와 햇빛을 주시며, 새 삶의 가능성을 제공하시는 분으로 묘사하고 있다.

폭력적 전통의 예언자들은 하느님의 심판을 알리고, 회개를 요구하며, 지금 억압당하는 이스라엘 백성이 그 억압자들을 억압하게 될 역사적 반전이 미래에 있음을 약속한다. 예수와 직결된 비폭력 전통은 폭력의 악순환을 깨뜨리는 것을 추구한다. 그 폭력의 악순환은 정의롭지 못한 대부분의 체제의 핵심과 그에 따른 대부분의 성서 이야기에서 곪아터져 있는 환상적 약속들 속에 명백히 드러나 있다.

---

[1] 이런 형식화에 대한 고전적 진술에 관해서는 레위기 26장을, 그리고 의견을 달리하는 목소리에 관해서는 시편 44편과 욥기를 보라.

요셉은 파라오를 대신하여 식량을 무기로 사용한다. 그 결과 모든 이집트 사람들이 돈 한 푼 없고 땅도 없는 노예로 전락하게 된다(창세기 47장). 분노가 커졌다. 새로 등극한 파라오가 통제를 하자 강했던 이스라엘 백성은 고통을 받았다. 미움이 폭발했고, 폭력이 팽배했다. 이스라엘 백성은 억압을 받아 신음하며 괴로워했고, 하느님의 도움을 받아 다시 싸워 승리를 거두었다. 파라오가 패배한 이후, 가나안 땅은 강탈당했고, 선택받은 백성은 "하느님이 허락한" 종족학살을 수행했다(출애굽기).

엘리야는 바알 제사장들과의 대결에서 이기고 난 다음 그들을 처형했다(열왕기상 18:35-40). 포로로 잡혀가 야훼의 노래를 부를 수 없었던 이스라엘 백성은 자신들을 잡아간 자들의 어린아이들 머리를 바위에 메어치게 될 행복한 날을 기대했다(시편 137:9). 이사야는 하느님이 오셔서 "보복하며" 사람들을 "구하며", 그리고 "아무도 살려두지 않을 것"이라고 알렸다(이사야 35:4; 47:3). 유대인 지도자들을 포로로 잡아간 왕들은 수치를 당하고, 그 민족들의 재산이 이스라엘로 흘러갈 것이다(이사야 49:23).

다니엘이 사자의 굴에서 걸어 나오자, 즉시 "왕은 다니엘을 참소한 자들을 처자와 함께 끌어다가 사자 우리에 처넣게 하였다. 사자들은 그들이 바닥에 채 떨어지기도 전에 달려들어 뼈까지 씹어 삼켰다"(다니엘 6:24).

마리아는 비천한 자를 높이며, 부자는 빈 손으로 보내는 구원을 알렸다(루가 1:52-54). 하느님과 결코 끝나지 않는 이런 악순환의 파괴적인 측면에 깊은 주의를 기울인 예수는 비폭력 저항을 장려하며 폭력의 악순환을 깨뜨리는 것을 추구하였다.

폭력적 전통의 묵시종말적 신학은 예언자들의 약속이 오랜 세월이 지나도 성취되지 못하자 등장했다. 그 신학은 역사 속에서 인간의 전망에 대해 아주 비관적이었다. 하느님은 하늘에서 선과 악 사이의 우주적 전투를 벌이고 계시며 그것에 몰두하고 계셔서 이스라엘을 구해 주실 수 없다는 것이다. 기쁜 소식은 하느님이 곧 그 전투에서 이기실 것이고, 하느님의 새로운 폭력적 오심이 임박했다는 것이다. 하느님이 악을 궤멸하실 것이며, 행악자들을 벌하시며, 신실한 자들을 다시 살려내어 신원하실 것이며, 역사를 끝내실 것이다. 이런 조잡한 환상들을 예수와 직결된 비폭력의 전통은 웃음거리로 만들었다. 즉 겨자씨 이야기를 포함해서 유머와 매일의 삶과 저항을 위한 실제적 제안들을 가지고 그런 환상들을 웃음거리로 만들었다. 예수는 차별 없이 사람들과 음식을 함께 나누었고, 체제를 폭로하고 체제에 대한 대안들을 제시하는 비유들을 들려주었으며, 창조적인 시민 불복종에 개입하고, 공동체를 세우고, 환대를 강조했으며, 하느님 나라가 장차 도래할 것이 아니라 이미 이곳에 나타나 있다는 것을 알려주었다.

도대체 왜 기독교는 예수의 비폭력 전통을 무시하고, 폭력 전통을 신봉하는가?

신약성서 저자들은 우리들에게 억압적인 사회 질서를 어렴풋이 알도록 보여주지만, 예수가 누구였는지, 예수가 무엇을 말하고 행하였는지, 그리고 그의 삶과 죽음이 무엇을 의미하는지에 대해서는 모순된 묘사를 하고 있다. 그 저자들은 역사적 예수의 말씀과 행동에서 가장 잘 볼 수 있는 비폭력의 전통을 포함시키고 있기는 하다. 예수의 이런 말씀과 행동들은 전통 속에 깊이 새겨져 있는 하느님의 폭력적 이미지들과 결정적으로 단절한다. 그러나 예수의 이런 비폭력 전통은, 복음서 저자들의 **신학**과 전통적 기독교 신학에 의해 대부분 무시되거나 훼손되었다. 전통적 기독교 신학은 예수가 거부했던 폭력적 전통과 연관시켜 예수를 해석하고 규정지었던 것이다. 그 결과, 폭력적 전통들의 요소들이 기독교 신학에서 중심적인 특징을 이루었고, 비폭력 전통은 전통적인 기독교 신학, 예배, 음악, 그리고 기도문에서 변두리로 밀려나게 되었다. 이것은 신약성서 저자들과 대부분의 전통 기독교가 해석을 위한 열쇠로 사용한 묵시종말적이고 희생제물에 관한 렌즈들을 통해 간략하게 살펴봄으로써 설명될 수 있다.

예수는 "종말은 결코 아니다!"
그러나 복음서 저자는 "종말은 지금이다!"

예수는 묵시종말적 세계관을 거부했지만, 신약성서 저자들은 묵시종말적 렌즈를 통해 예수의 삶과 죽음의 의미를 이해했다. 바울로는 예수를 직접 알지 못했지만, 신비적인 체험을 한 후 예수의 부활이 이 세상 종말의 시작이라고 결론을 내렸다. 복음서 중 가장 먼저 기록된 마르코복음이 묵시종말적 예언자에 의해 예수가 세례를 받는 것으로 시작하며, 요한의 묵시록에 있는 묵시종말적 심판으로서 역사를 종결짓기 위해 그리스도가 돌아오는 것으로 신약성서는 끝나고 있다. 마태오복음은 묵시종말적인 말들이 예수와 세례자 요한에서 거의 일치하는 것으로 여긴다(마태오 3:7-12, 7:19, 23: 33). 가장 중요한 것은, 복음서 저자들이 "사람과 같은 이"의 이미지를 다니엘서에서 가져왔고(다니엘 7:13-14), 그것을 변형시켜 비폭력적 예수를 묵시종말적인 "사람의 아들/인자"로 바꿔버렸다. 이 "사람의 아들"은 종종 폭력적인 심판관으로 묘사되었다. 마태오복음에서 "영원한 벌에 빠져들어가게 될" 염소로부터 "영원한 생명"으로 들어가게 되어 있는 양들을 구분하기 위해 오는 분이 바로 "사람의 아들"이다(25:31, 46). 루가복음에서는 예수가 묵시종말적인 "사람의 아들"인 것은 의심의 여지가 없다. 예수를 하느님의 폭력적 능력에 연결시키고 있는 묵시종말적 기대를 떠받치기 위해 루가복음은 예수의 입을 빌려 말하고 있다.

"사람의 아들은 이제부터 전능하신 하느님의 오른편에 앉게 될 것이다." 하고 대답하셨다. 이 말씀을 듣고 그들은 모두 "그러면 그대가 하느님의 아들이란 말인가?" 하고 물었다. 예수께서 "내가 하느님의 아들이라는 것을 너희가 말하였다." 하고 대답하시자 그들은 "이제 무슨 증언이 필요하겠습니까? 제 입으로 말하는 것을 우리가 직접 듣지 않았습니까?" 하고 말하였다. (루가 22:69-71)

그 묵시종말적인 인물과 일치하여, 이 "사람의 아들"은 예기치 못한 때에, 그러나 곧 이 세상을 끝내고 신실한 자를 신원하며 악을 짓밟기 위해 올 것이다. 마태오복음에서도 역시 볼 수 있는 것으로 마르코복음의 작은 묵시종말에 대한 구절들을 읽어보면 다음과 같다.

그러면 사람들은 사람의 아들이 구름을 타고 권능을 떨치며 영광에 싸여 오는 것을 보게 될 것이다. 그 때에 사람의 아들은 천사들을 보내어 땅 끝에서 하늘 끝까지 사방으로부터 뽑힌 사람들을 모을 것이다. … 나는 분명히 말한다. 이 세대가 지나기 전에 이 모든 일들이 일어나고야 말 것이다. (마르코 13:26-27, 30)

묵시종말적인 주제는 또한 요한의 묵시록을 지배하고 있다. 하느님이나 하느님의 천사들이 종종 어린 양(예수) 앞에서 많은 사람들을 죽이고 행악자들을 벌주면서 성도들을 신원한다. "하느님의 분노의 포도주를 마시게 될 것이다. 그것은 하느님의 진노의 잔에 부어 넣은 순수한 포도주다. 이런 자들은 거룩한 천사들과 어린 양 앞에서 불과 유황의 구덩이에서 고통을 당하게 될 것이다. 그들에게 고통을 주는 불과 유황의 연기가 그 구덩이에서 영원토록 올라올 것이며 그 짐승과 그 우상에게 절을 하고 그 이름의 낙인을 받는 자는 밤에도 낮에도 휴식을 얻지 못할 것이다"(묵시록 14:10-11). 월터 윙크가 주목한 것처럼, 묵시종말적 기대는 "구원을 위한 폭력에 대한 열망이 아니라, 심지어 더 나쁜 것, 즉 하느님에 의해 수행되는 벌을 주는 폭력에 대한 열망으로 가득 차 있다. … 우리는 지금 예수로부터 멀리, 아주 멀리 떨어진 곳에 있다."2)

예수는 "종말은 결코 아니다!"

그러나 기독교 전통은 "종말은 그때와 지금이다!"

묵시종말적 신학이 갖고 있는 하느님의 폭력적 이미지와 역사에 대한 기대들은 예수와 거리가 멀지만, 그런 이미지와 기대들은 기독교

---

2) Walter Wink, *Engaging the Powers: Discernment and Resistance in a World of Domination* (Minneapolis: Fortress Press, 1992), 136.

전통의 핵심이다. 이 모순된 사실은 2003년 대림절 첫째 주일의 성서일과를 살펴보면 알 수 있다. 교회력에서 대림절은 예수의 탄생을 기다리며 준비하는 절기다. 성서일과는 우리가 기다리는 예수가 하느님의 폭력적 이미지—예수 자신이 거부했던 이미지—와 연관되어 자리를 차지하고 있음을 보여준다. 먼저 구약성서의 예레미야서에서 보면, 다윗의 계보로부터 나온 한 사람이 이 땅에 정의와 공의를 실행할 때가 반드시 올 것이며, 그날에 유다와 예루살렘이 구원을 받을 것이라는 약속이 있다(33:14-16). 그리고 시편(25:1-9)은 원수들을 무찌르기 위해 "내 구원의 하느님"을 부른다. "야훼여, 내 영혼이 당신을 우러러 뵈옵니다. 나의 하느님, 당신만을 믿사오니, 부끄러운 꼴 당하지 않게 하시고 원수들이 으스대는 꼴 보지 않게 하소서. 당신만을 믿고 바라면 망신을 당하지 않으나, 당신을 함부로 배신하는 자 수치를 당하리이다." 뒤이어 신약의 성서일과 본문은 하느님께서 데살로니카 교인들의 마음을 굳건하게 하실 것이라는 희망을 나타내고 있다. "그리하여 여러분의 마음이 굳건해져서, 우리 주 예수께서 당신의 모든 성도들과 함께 다시 오시는 날, 우리 아버지 하느님 앞에 거룩하고 흠없는 사람으로 나설 수 있게 되기를 빕니다"(데살로니카 I, 3:13).

이런 성서일과 구절들은 예수의 비폭력 전통과 모든 면에서 충돌한다. 예레미야는 예루살렘과 유다가 다윗 가문의 메시아에 의해 곧 구원을 받을 것이라고 말한다. 유사하게 시편 기자는 구원, 즉 원수의 패배를 위해 하느님을 부르고, 데살로니카 교인들을 향한 바울로의 격려 속에 함축되어 있는 것은 예수가 심판자로 곧 돌아올 테니 그들이 경건함이나 다른 일에서 더욱 모범이 되라는 것이다. 강림절 첫째 주일의 복음서 성서일과(루가 21:25-36)는 더욱 더 문제가 있다. 그 성서

본문은 강림절 전체의 의미를 묵시종말적 빛 속에서 설정한다. 예수는 다음과 같이 말씀하신다.

"그 때가 되면 해와 달과 별에 징조가 나타날 것이다. 지상에서는 사납게 날뛰는 바다 물결에 놀라 모든 민족이 불안에 떨 것이며 사람들은 세상에 닥쳐올 무서운 일을 내다보며 공포에 떨다가 기절하고 말 것이다. 모든 천체가 흔들릴 것이기 때문이다. 그러나 그 때에 사람들은 사람의 아들이 구름을 타고 권능을 떨치며 영광에 싸여 오는 것을 볼 것이다. 이러한 일들이 일어나기 시작하거든 몸을 일으켜 머리를 들어라. 너희가 구원받을 때가 가까이 온 것이다." 그리고 예수께서는 이런 비유를 들려주셨다. "저 무화과나무와 모든 나무들을 보아라. 나무에 잎이 돋으면 그것을 보아 여름이 벌써 다가온 것을 알게 된다. 이와 같이 너희도 이런 일들이 일어나는 것을 보거든 하느님의 나라가 다가온 줄 알아라. 나는 분명히 말한다. 이 세대가 없어지기 전에 이 모든 일이 일어나고야 말 것이다. 하늘과 땅은 사라질지라도 내 말은 결코 사라지지 않을 것이다." "흥청대며 먹고 마시는 일과 쓸데없는 세상 걱정에 마음을 빼앗기지 않도록 조심하여라. 그 날이 갑자기 닥쳐올지도 모른다. 조심하여라. 그 날이 온 땅 위에 사는 모든 사람에게 덫처럼 들이닥칠 것이다. 그러므로 너희는 앞으로 닥쳐올 이 모든 일을 피하여 사람의 아들 앞에 설 수 있도록 늘 깨어 기도하여라."

루가복음의 이 구절들 바로 앞부분에서 예수는 "그 때가 바로 성서의 모든 말씀이 이루어지는 징벌의 날이다" 하시며 임박한 역사적 대

4장. 예수의 정신으로

재앙에 대해 경고한다. "이 땅에는 무서운 재난이 닥칠 것이고 이 백성에게는 하느님의 분노가 내릴 것이다."

예수에 대한 묵시종말적 해석들은 우리가 3장에서 살펴본 예수의 모든 비폭력에 대한 말씀에 담긴 정신을 모독하는 것이다. 그러나 묵시종말론은 예수가 거부했지만 복음서 저자들과 대부분의 전통적 기독교가 사용했던 유일한 해석적 열쇠만이 아니었다. 예수를 희생제물로 보는 많은 해석들 역시 예수의 가르침을 철저히 왜곡시킨 해석적 열쇠였다.

> 예수의 비폭력 전통은 "사랑하시는 하느님을 믿는다."
> 그러나 폭력의 전통은 "벌주시는 하느님을 달래고 있다."

예배와 제사는 하느님께 감사를 표현하는 방법이 될 수 있으나, 폭력의 전통에서는 예배와 제사가 폭력적 신의 형상을 떠받치는 역할을 한다. 예를 들어, 출애굽 사건에서 드러난 하느님의 월등한 폭력에 대한 두려움은 사람들의 믿음과 예배를 불러일으킨다.

> 이스라엘 사람들은 야훼께서 그 큰 팔을 펴시어 이집트인들을 치시는 것을 보고 야훼를 두려워하며 야훼와 그의 종 모세를 믿게 되었다. (출애굽기 14:31)

> 너희는 너희 하느님 야훼께서 너희를 위하여 이집트를 어떻게 치셨는지 눈으로 보지 않았느냐? 모두들 두려워 떨게 하고 온갖 표적과 기적을 행하며 억센 손으로 치고 팔을 뻗어 싸우면서 한 민족을 딴

민족의 손아귀에서 빼내어 자기 백성으로 삼으려고 나선 신이 있었느냐? 야훼께서는 너희로 하여금 당신이 바로 하느님이요 다른 신은 없다는 사실을 알게 하시려고 이 일을 보여주신 것이다. (신명기 4:34-35)

"당신들의 자녀들이 이것이 무슨 예식이냐고 묻거든 이것은 야훼께 드리는 과월절 제사라고 일러주시오. 이집트인을 치실 때 이집트에 있는 이스라엘 백성들의 집을 그냥 지나가시어 우리의 집을 건져주신 야훼께 드리는 것이라고 일러주시오." 이 말씀을 듣고 백성은 엎드려 예배를 드렸다. (출애굽기 12:26-27)

예배와 제사를 위한 성서적 동기는 흔히 폭력적이고 벌을 주는 신의 호감을 사거나 달래는 것이다. 속죄일에 희생양을 바치는 예식의 이면에는 땅에서 거룩하지 않은 것과 죄를 제거하여 하느님을 달래려고 하는 열망이 담겨있다. 욤 키푸르(Yom Kippur)라고 알려진 속죄일은 모든 유대 축제들 가운데 가장 중요한 것 중 하나였다. 속죄일에는 두 마리 염소가 사용된다. 한 마리는 "속죄제물"(sin offering)로서 도살된다(레위기 16:15). 다른 한 마리는 백성의 죄를 대신 지고 광야에 버려지는 "속죄 염소"(scapegoat)라고 불려졌다. 백성의 죄를 염소에게 전가시킨 후에 광야로 탈출하도록 허락했기 때문이었다. 염소는 백성의 죄를 거룩한 땅 바깥으로 지고 나갔다.

그는 성소와 만남의 장막과 제단을 정하게 하는 예식을 다 마치고는 살려둔 숫염소를 끌고 와야 한다. 아론은 그 살려둔 염소 머리 위에 두 손을 얹고 이스라엘 백성이 저지른 온갖 잘못과 일부러 거역한 온갖 죄악을 고백하고는 그 모든 죄를 그 염소 머리에 씌우고 대기하고 있던 사람을 시켜 그 염소를 빈들로 내보내야 한다. 그 염소는 그들의 죄를 모두 지고 황무지로 나간다. (레위기 16:20-22)

속죄일은 거룩하지 않은 것과 죄에 대한 하느님의 형벌로 여겨지는 바빌론 유배에 대한 제사장들의 반응이었다. "욤 키푸르를 매년 준수하는 것은 바빌론 유배 이후의 이스라엘에서는 매우 중요한데, 이것이 유배 이전의 문헌에서는 결코 언급되지 않는다."3) 달리 말해, 욤 키푸르는 유배 상황 속에서 벌주시는 하느님을 달래기 위한 필사적인 시도였던 것이다.

예수는 "사랑의 하느님을 포용한다."
그러나 기독교 전통은 "예수는 속죄를 위한 희생제물이다!"

예수에 대한 많은 왜곡이 비롯된 것은 복음서 저자들과 기독교 전통이 예수의 죽음을 속죄일의 상황에서 이해하려고 했기 때문이다. 그래서 예수는 궁극적인 속죄염소(scapegoat)나 희생된 하느님의 어린 양(Lamb of God)으로 이해되고 있다. 이 세상의 모든 죄는 예수에게 산더미처럼 쌓여졌다. 예수는 격노한 신과 죄 많은 인간 사이에 서 있다. 요한복음 앞부분에 등장하는 세례자 요한은 예수를 보고 이렇게 선언한다. "이 세상의 죄를 없애시는 하느님의 어린 양이 저기 오신다"(요한 1:29).

---

3) Raymond E. Brown et al, ed., *The Jerome Biblical Commentary* (Englewood Cliffs, N.J.: Prentice-Hall, 1968), 77.

많은 기독교 교파들이 그들의 성찬식 기도문 가운데에서 속죄 신학을 중점적으로 다룬다. 예를 들어, 루터교 예배서(*Lutheran Book of Worship*)의 성찬식 가운데 회중은 "죽임을 당한 어린 양, 그리스도는 귀하다. 그의 피가 우리를 자유케 하여 하느님의 백성이 되게 하네"라고 노래한다. 다른 곳에 "하느님의 어린 양, 당신이 세상의 죄를 지고 가시네"라는 가사가 있으며, 또 다른 곳에는 "예수 그리스도시여, 우리 주 하느님 아버지의 독생자이시며 하느님의 어린 양입니다. 이 세상의 죄를 지고 가시며, 우리에게 자비를 베풀어 주옵소서"4)라는 찬송이 있다. 그리스도 연합교회의 찬송가(*The New Century Hymnal*) 속의 "말씀과 성찬 예배 I"에서는, 회중이 "하느님의 독생자, 하느님의 어린 양이신 주 예수 그리스도시여, 당신은 세상의 죄를 지고가시네"라고 노래한다. 목회 기도는 "그리스도는 우리 가운데 살아계셔서 당신의 말씀의 신비를 계시하시며, 우리를 위해 십자가 위에서 고난받고 죽으십니다"고 하며 감사를 드린다. 그 후 회중은 "하느님의 어린 양, 당신은 세상의 죄를 지고 가시네"라고 찬송한다.5) 이처럼 똑같은 속죄 신학을 대부분의 개신교와 가톨릭의 예배서 내용에서 찾아볼 수 있다.

출애굽 신학의 폭력적 전통에서 비롯되어 남아 있는 또 다른 것은 온전한 제물로 드린 피의 제사(blood sacrifice)가 하느님의 벌 내리시는 폭력을 피할 수 있는 열쇠라는 개념이다. 유월절(과월절) 이야기에 따르면, 이스라엘 백성은 살려둔 반면, 모든 이집트인들의 장자들은 죽임을 당하는데, 하느님이 어떤 집은 지나가고 어떤 집은 치명적인 능력으로 쳐야 할지 아셨던 것은 유대인들이 온전하고 흠 없는 양의 피

---

4) *Lutheran Book of Worship* (Minneapolis: Augsburg Publishing House, 1978), 58, 92, 101.

5) *The New Century Hymnal* (Cleveland: Pilgrim Press, 1995), 3, 6, 9.

를 자신들의 집 문설주에 발라놓았기 때문이라는 것이다(출애굽기 12장). 많은 기독교인들은 예수가 우리를 그와 유사한 파멸로부터 구해준 온전한 피의 희생제물이라고 이해한다. 하느님이 세례 받은 자는 살려두시고, 그 외의 다른 사람들은 죽이는 것을 알고 계시다는 것이다. 아우구스티누스는 동정녀 탄생 이야기가 글자 뜻 그대로 진실이어야만 한다고 주장했다. 그렇지 않다면 마리아가 예수에게 죄를 전달해 주었을 것이며, 그 결과 예수는 하느님의 분노를 잠잠케 하는 데 필요한 온전한 희생제물이라는 하느님의 요구에 부합되지 못했을 것이기 때문이다.

이 논리에 의하면, 예수는 죄 많은 인간과 격노한 신 사이에 서 있다. 원수를 사랑하라고 가르쳤고, 하느님의 무한한 자비의 성령 안에서 살도록 우리를 부르는 예수가 격노한 하느님의 "아들"인 것이다. 더욱 기이한 점은, 많은 묵시종말적 각본에 보면 예수가 "사람의 아들/인자" 혹은 어린 양으로서, 역사의 마지막에 원수들을 쳐부수기 위해 벌을 주는 폭력적 심판자로서 돌아온다는 것이다. 하느님이 우리의 죄를 위해 죽으라고 예수를 보내셨다는 생각이 뜻이 통하는 경우는, **예수가 거부한 하느님의 벌주시는 이미지들을 우리가 받아들이는 경우뿐이다**. 용서를 구하기 전에 용서하는 탕자의 아버지와 같은 하느님, 즉 무한히 사랑하시는 하느님은 속죄의 제물을 필요로 하시지 않는다.

비폭력 전통을 진지하게 붙잡기—새롭게 예배의식 만들기

우리가 예수의 비폭력 전통을 진지하게 다룬다면, 그 다음으로는 성찬식 혹은 "주님의 만찬" 예식을 재의례화(re-ritualize)해야만 한다.

기독교 전통은 일반적으로 "이것은 너에게 주는 나의 몸이다"와 "이것은 너를 위해 흘리는 나의 피다"라는 말 속에 새겨져 있는 희생제사적이며 속죄적인 가정에 성찬식의 근거를 두고 있다. 비폭력 전통에 신실한 것은 또한 예수를 "구세주"라고 부르는 의미가 무엇인지에 대해서도 진지하게 질문하도록 한다. 무엇으로부터 예수가 우리를 구원하는가에 대한 질문을 우리는 해야만 한다. 고전적 대답은 우리 죄의 결과로부터 예수가 우리를 구한다는 것이다. 하느님이 세상을 이처럼 사랑하셔서 예수를 보내셔서 우리를 위해 죽게 하셨다. 우리가 이것을 믿으면, 우리는 형벌을 받지 않을 것이다(요한 3:16). 장밋빛 유리를 통해 우리는 자비하신 하느님을 보고 있다. 그 하느님은 자신의 독생자를 보내시어 우리를 대신해서 죽게 하심으로써 우리가 마땅히 받을 형벌을 피하고, 지옥 대신에 천국에 가도록 하시며 영생을 얻게 하실 정도로 우리를 사랑하시는 분이다. 그러나 이런 해석 뒤에는 하느님의 잔인한 이미지들, 곧 예수가 거부한 이미지들이 숨겨져 있다. 예수가 우리를 위해 죽었으므로 우리가 형벌을 받지 않는다는 것을 믿는다면, 우리는 "누구에게 형벌을 받는가?"라고 물어야만 한다. 그 대답은 하느님이다. 믿음에 관한 고전적 기독교 진술 가운데 말하지 않고 남아 있는 것은 예수가, 죄로부터가 아닌, 하느님으로부터 우리를 구하기 위해 죽는다는 것, 또는 더 정확히 말해, 예수의 희생적 죽음이 죄를 벌하시는 하느님으로부터 우리를 구한다는 것이다. 개인적 죄와 사회적 죄는 모두 종종 파괴적인 것이지만, 우리는 지옥으로 우리를 위협하시는 벌하시는 하느님으로부터 보호받으려고 하는 것이다. 하느님의 무시무시한 이미지들은 그런 견해들과 모든 희생 예식의 기초가 되며, 그런 이미지들은 우리가 3장에서 만났던 예수로부터는 멀리 떨어져 있는 것이다.

대안들

우리는 이 책의 제2부와 제3부에서 예배의식을 재의례화하는 모델을 제시하고자 한다. 우리가 제공하는 예배 세팅, 음악, 의식들, 그리고 예배문들(liturgies)은 우리가 앞에서 살펴본 비폭력적 예수의 삶과 가르침과 일치하고, 또 우리의 종교적 경험의 빛에서 보아 타당한 하느님 이미지들과 역사에 대한 기대를 반영한다. 이런 대안적 접근방법의 여섯 가지 특색을 정리하면 다음과 같다.

첫째, 예배와 성찬식의 틀을 짜는 데 사용되는 봉독(readings)에는 예수의 정신과 일치하는 성서적 본문과 비성서적 구절들이 포함된다. 진리는 성서와 다른 "거룩한" 본문에만 국한되어 있지 않지만, 흔히 그런 본문들에 국한된다. 우리는 성서가 하느님에 대해 서로 충돌하며 화해할 수 없는 모습을 제공해주고 있다고 보기 때문에, 예수와 충돌하는 하느님의 폭력적 이미지를 강화하지 않거나 언급하지 않는 구절들을 선택한다. 우리는 성서에 나오는 구절이기 때문에 참되다고 생각하지는 않는다. 우리는 마태오복음이나 루가복음에 적혀 있는 예수의 음성이 예수가 정말로 말했으며 행했거나 생각했던 것과 항상 일치한다고는 믿지 않는다. 또한 성서일과 봉독에 나오는 히브리성서 구절들, 시편, 신약성서, 복음서 구절들을 연결시킨 것이 건강한 열매를 맺는다고 생각하지도 않는다. 자주는 아니지만, 그런 구절들은 예수와 예수가 거부했던 하느님의 폭력적 이미지 사이에 연속성이 있다는 그릇된 생각을 강화시켜준다. 우리는 또한 3장에서 새롭게 만난 비폭력적 예수가 우리들 자신의 종교적 경험을 대신하지는 않더라도 예수에 대해 많은 것을 새롭게 깨닫게 한다는 사실을 믿는다. 우리는 예수와 직결된 비폭력 전통을 실천하려고 노력하는데, 우리에게 영감을 주는 현실 참여적인 기독교인들의 목소리와 비기독교인들의 목소리에 귀를 기울이며, 우리에게 도전하는 소설과 비소설, 그리고 우리를 세상과 연결시켜주는 잡지, 신문 에서 발췌한 글들을 서로 나눔으로써 비폭력 전통에 참여하려고 노력한다.

둘째, 예배 세팅, 음악, 예배문들의 초점은 일상적 시간과 장소 안에, 그리고 우리 삶의 일상적 공간 안에 하느님이 임재하심에 맞춰져 있다. 시간과 역사에 대한 직선적 개념은 기독교 전통의 많은 것을 알려준다. 성서는 혼돈으로부터 선한 창조, 비참한 멸망, 그 후 하느님과 화해하려는 인간의 필사적인 탐색이 진지하게 진행되는 것으로 움직여 나간다. 예수에 이르기까지 아무것도 작동하지 않았다. 예수의 속죄하는 희생이 하느님의 분노를 충족시켰지만, 아이러니하게도 우리는 예수의 두 번째 오심과 세상 마지막 때의 분노에 찬 심판을 기다리고 있다. 직선적 관점은 또한 이 세상 삶으로부터 천국의 영역으로 움직여 나가는 것을 포함하고 있다. 이 직선적 관점은 우리로 하여금 백합화와 겨자씨의 기적에 주의를 기울이도록 격려해 주지 못한다. 예수는 현재에 주의를 기울이고, 마음을 집중하는 것에 대해 이야기했다. 예배는 예수의 영 안에서 마음을 집중하는 일을 계발하려고 노력해야 한다.

셋째, 예배 세팅, 음악, 예식, 그리고 예배문들은 하느님에 대한 새로운 이름들과 다양한 은유를 사용하고, 폭력적 이미지는 쓰지 않는다. 예배를 통해 우리가 자주 만나게 되는 하느님에 대한 성서적 이름들과 은유, 그리고 하느님 능력에 관한 개념들은 압도적으로 가부장적이어서, 우리는 대안들을 가지고 실험하며, 독자들 또한 그렇게 하기를 권한다. 예배를 위한 이 자료들은 현재의 인간 경험으로부터 나오고, 우리의 세상에 빛을 비추며, 우리의 종교적 경험을 풍성하게 하는 하느님에 대한 이름들과 은유를 사용한다.

넷째, 예배 세팅과 예문들은 청원기도를 포함하지 않는다. 왜냐하면 예수는 하느님이 모든 사건을 통제하는, 꼭두각시 부리는 자(divine puppeteer)가 아니라는 것을 보여주었기 때문이다. 우리는 하느님 능력을 강압적이라기보다는 초대하는 능력으로 파악한 예수의 비전을 지지하며 찬양한다. 예수가 초대한 것처럼 정의를 위해 일하고, 비폭력을 껴안으며, 평화를 이루고, 치유하고, 환대하고, 섬기며, 참된 삶을 구현하는 상황 속에서, 우리의 기도들은 우리의 기쁨, 슬픔, 고통, 관심, 그리고 세상의 형편을 공동체에 올려놓는 것으로 이루어져 있다.

다섯째, 예배 세팅과 예배문들은 죄의 고백이 사죄의 공표 앞에 나오는 일반적 예배 순서를 따르지 않는다. 예수는 하느님이 한없이 자비하시며, 우리가 용서를 구하기 전에, 또한 용서를 구하지 않아도, 우리를 용서하신다고 가르쳤다. 따라서 용서를 구하는 대신에 용서를 받은 우리는 하느님의 은총에 마음을 집중하는 것을 경축하며, 그런 마음 챙김의 열매는 기쁨, 연민, 용서, 그리고 정의를 위해 일하는 것임을 믿는다.

마지막으로, 이제까지 성찬식을 재의례화했던 방법들은 공동체가 실제 음식을 가지고 (누구나 참여할 수 있는 개방된) 식탁에서 함께 축하하며, 정의를 위한 행동을 결단하고, 피조세계의 많은 선물에 대해 마음을 집중하고, 기존질서를 뒤집어엎는 잡초로서의 우리 사명을 받아들이는 방법이었다.

창조적 의심을 얼싸안기

몇몇 사람들에게는 이렇게 예식을 재구성하는 노력이 불편할지도 모른다. 왜냐하면 이런 노력이 전통의 매우 많은 부분에 대해 의심하고 도전하는 것처럼 보이기 때문이다. 그러나 우리는 성서의 폭력적 전통들로부터 계속 받아온 하느님의 폭력적 이미지들에 대해 의심하고 도전하는 것이 중요하며 필요하다고 믿고 있다. 예수는 분명히 그렇게 하였다. 우리가 공부해 온 성서 구절들을 기초로 하여, 여기서 "의심하는 예수"와 그 당시 전통 사이에 오가는 비공식 대화를 상상하여 보자.

* 우리의 "거룩한" 경전은 비가 내리는 것이 조건적인 축복이라고 하지만, 나는 나의 경험을 기초로 너희에게 말한다. 하느님은 햇빛과 비를 악한 사람이든 선한 사람이든, 의로운 사람이든 의롭지 않은 사람이든 모든 사람에게 내려주신다. (마태오 5:45)
* 우리의 "거룩한" 경전은 "아버지나 어머니를 저주한 사람 모두"를 죽이라고 하느님이 명령하셨다고 주장하지만, 나는 나의 경험을 기초로 너희에게 말한다. 하느님은 어느 곳에서든, 가족들 내부에서 일어나는 것을 포함하여, 우리가 목격한 억압하는 힘에 도전하기를 원하신다. (루가 12:51- 53; 마르코 3:31-35)
* 우리의 "거룩한" 경전은 안식일 규정을 어긴 자들은 우리 민족에게 하느님의 분노를 초래할 우려가 있으니 죽여야만 한다고 말하지만, 나는 나의 경험을 기초로 너희에게 말한다. 안식일은 자비하신 하느님이 주신 선물이고, 시민의 불복종은 흔히 믿음을 위해 요구되는

것이다. (마르코 2:27; 3:1-6)

* 우리의 "거룩한" 경전은 월등한 폭력 때문에 하느님은 하느님이시고 구원은 원수들의 멸망을 의미한다고 말하지만, 나는 나의 경험에 기초하여 너희에게 말한다. 불의에 저항하기 위해 폭력을 사용하는 것은 단지 폭력의 악순환을 먹여 살리는 것에 지나지 않는다. (마르코 12:1-9)

* 우리의 "거룩한" 경전은 우리가 하느님께서 선호하시는 폭력의 수혜자가 될 것이라고 약속하지만, 나는 하느님과 역사를 경험한 것에 기초하여 너희에게 말한다. 이것은 무모하고 위험한 환상에 지나지 않는다. 너희가 하느님 나라를 경험하기를 원한다면, 겨자씨를 심고 키우며, 뒤집어엎는 잡초들의 공동체가 되고, 그리고 하느님의 비폭력적이고 초대하는 능력을 껴안으라. (마르코 4:30-32)

* 우리의 "거룩한" 경전은 하느님이 폭력으로써 정의를 세우시거나 신실한 자들을 신원하시기 위해 가깝거나 먼 미래의 어느 때에 오실 것이라고 말하지만, 나는 너희에게 말한다. 하느님은 하늘의 저쪽에 계시지 않고, 하느님 나라는 멀리 있거나 저 세상에 맡겨진 것이 아니다. 하느님은 삶의 중심에서 우리를 새로운 삶으로 초대하시고 있는 성령이며, 하느님의 나라는 이미 이곳 우리의 가운데에 있다. (루가 17:20-21)

* 우리의 "거룩한" 경전은 우리에게 원수를 미워하라고 강력하게 요구하지만, 나는 나의 경험을 기초로 하여 너희에게 말한다. 하느님은 원수를 사랑하고 우리를 박해하는 자들을 위해 기도하라고 용기를 북돋아 주신다. 왜냐하면 이것이 폭력의 악순환을 끊고, 하느님의 성품이 어떤지를 가장 잘 반영하기 때문이다. (마태오 5:43-45)

* 우리의 "거룩한" 경전은 구원이란 원수를 쳐부수어 멸망시키는 것이

라고 말하지만, 나는 나의 경험을 기초로 너희에게 말한다. 구원은 공동체에서 배척당한 모든 사람을 치유하고 회복시키는 것이다. 우리는 원수를 사랑한다. 왜냐하면 그것이 하느님께서 원하시는 일이며, 또 우리의 원수들은 우리들 자신의 치유를 위해 중요하기 때문이다. (루가 10:30-37)

* 우리의 "거룩한" 경전은 내가 마지막 심판을 감독하기 위해 묵시종말적 "사람의 아들/인자"나 "어린 양"으로 어느 날 돌아오며, 그 마지막 심판을 통해 선한 자는 지켜지고 영원한 삶을 얻는 반면, 악한 자는 벌을 받아 지옥에 떨어질 것이라고 말하지만, 나는 나의 경험을 기초로 너희에게 말한다. 이것은 내가 삶과 하느님에 대하여 너희에게 가르치려고 노력했던 모든 것을 배반하는 행위다. (루가 15:11-32)

결론

평생 기독교인으로서 브레트와 나는 세 가지 이유에서 예수 이야기의 비폭력 전통을 (제2부와 제3부에서 다룰) 기독교 예배를 재구성하는 작업의 핵심으로 삼고자 한다. 첫째, 최근 몇 년 동안 예수, 비폭력, 그리고 각자의 경험에서 기독교의 신학, 예배, 예배문, 음악, 그리고 행동을 새로운 방향으로 발전시키려는 데 참여해 온 많은 사람들과 우리의 목소리를 연결시키고자 한다. 크고 작은, 우리에게 알려지거나 알려지지 않은 수많은 노력이 있으며, 그것은 중요한 방향을 잡는 데서 우리에게 유익했다.

둘째로, 예수의 비폭력 전통은 우리에게 영적인 양분을 공급했으며, 우리의 종교적 경험과 세상에 대한 우리의 관심의 수준에서 우리에게 이야기를 건네고 있다. 예수의 영에 근거를 둔 예배 세팅, 신학, 음악, 그리고 예배문들은 우리에게 영감을 불어넣어 주며, 놀라움과 기쁨, 결단, 연민으로 우리를 가득 채워준다. 상상할 수 없을 정도로 아름답지만, 빈곤, 불평등, 불의, 폭력, 왜곡된 종교, 군국화, 전쟁, 그리고 국가적 오만의 집합적 무게로 인해 깨어진 이 세상에서 우리가 참다운 삶을 살아가고자 할 때, 예수의 영에 근거한 예배의 요소들은 우리들에게 영적으로, 감성적으로, 그리고 실제적으로 이야기를 걸어 온다.

셋째로, 대체로 예수의 비폭력 전통을 무시한 전통적인 기독교 신학, 예배, 음악, 예배문들은 하느님의 폭력적 이미지와 역사에 대한 기대를 강화하고 있는데, 그 이미지와 기대는 예수가 거부했던 것이고, 우리에게도 별로 의미가 없는 것이다. 우리는 우리를 구원해 줄 메시아나 묵시종말적 마지막을 기다리고 있지 않다. 우리는 인간의 억압을 하느님으로부터 오는 형벌로 이해하지 않으며, 또는 억압받는 사람들이 하느님의 구원하시는 폭력에 희망을 두어야만 한다고 믿지도 않는다. 우리는 하느님이 우리의 죄를 위해 죽도록 예수를 보내셨다는 것을 믿지 않고, 예수가 우리에게 어떻게 살아야 할지 보여준 것을 믿는다. 우리는 예수가 받아들인 무한히 사랑하시는 하느님을 믿는다. 그리고 벌주는 신에 대해 추정한 분노로부터 우리를 구원한 예수의 피 흘린 희생에 대해 감사를 표시하는 그런 신학, 음악, 예식, 예문에 지쳐 있다. 우리는 풍성한 삶을 향한 하느님의 초대를 받아들이며, 그 하느님은 모든 일을 통제하고 우리의 청원기도의 수와 공적에 의거하여 개입하는 꼭두각시를 부리는 신과 전혀 상관이 없다. 우리는 내세의 천국을 준비하고 있지 않거나, 예수의 두 번째 오심을 기다리고 있지 않지만, 우리 가운데 하느님이 살아 계심을 찬양한다. 우리는 우리의 원수들이 폭력을 받아 망하거나 지옥에서 영원한 형벌을 받는 것을 기대하지 않는다. 차라리 우리는 원수를 사랑하고 폭력의 악순환을 끊기 위해 싸운다. 우리는 하느님을 평범한 장소와 평범한 시간 가운데 발견한다. 우리는 초대하시는 하느님의 능력을 경험한다. 정의를 위한 우리의 열정, 폭력에 대한 우리의 관심, 빈곤에 대한 우리의 고통과 슬픔, 불평등, 전쟁과 파괴, 아름다움에 우리의 마음을 기울이는 것, 공동체를 껴안는 것, 영감을 주는 음악에 대한 우리의 감사, 우리가 함께 나누는 식사, 우리의 깊은 바람, 평화를 위한 우리의 작업, 창조에 깃들인 신비에 대한 우리의 분별력, 비폭력 실험을 통하여 경험하며, 그리고 모든 삶의 중심에서 우리를 어느 곳에서든 언제나 풍성한 삶으로 초대하시는 자비로운 성령으로서의 하느님에 대한 우리의 종교적 경험을 통해 우리는 하느님의 능력을 경험한다.

토론

초점: 우리의 예배 생활을 위한 이 재료가 어떤 의미가 있는지를 평가하고 대안들을 시도하기 위해 생각과 힘을 모으는 것.

객관적 질문
1. 예수가 당시의 전통에 대해 의심을 품었던 것들은 무엇인가?
2. 이 글에서 기독교 전통과 예배에 대해 도전하는 것은 어떤 것인가?
3. 저자가 제안한 예배의 대안적 요소들에 대해서 당신이 받아들이기 힘든 것은 무엇인가?

성찰적 질문

4. 예배가 도전받거나 의심받는 것에 대해 당신은 어떻게 느끼는가?

5. 예배에 대해 옛날에 이해하였던 것들 가운데 다소 포기해야 할 가능성이 있는 것에 대해 당신은 어떻게 생각하는가?

6. 제안된 대안들 가운데 어떤 점이 당신으로 하여금 "아멘, 그렇지!"라고 말하고 싶게 만드는가?

7. 제안된 대안들 가운데 어떤 점이 당신으로 하여금 "그만 해!"라고 말하고 싶게 만드는가?

해석적 질문

8. 신약성서에서 우리가 파악한 "예수에 대한 다른 관점들"은 어떤 것인가? 저자는 예수에 대한 이런 상반되는 관점들을 어떻게 풀어가고 있는가? 당신은 이러한 상반되는 관점들을 어떻게 해결하는가?

9. 저자는 예수가 당시의 종교적 전통의 중요한 요소들에 대해 의심했었다고 지적하고 있다. 당신 자신이 기독교 전통에 대해 의심하는 것은 어떤 것들인가? 당신이 당신의 기독교를 이해하는 데서 기본적인 생각은 무엇인가?

10. 하느님을 하나의 **동사**로 표현한다면 당신에게 그것은 무엇인가? 명사는? 형용사는? 이미지는? 상황은?

마무리 질문

11. 만약 당신이 "우리 근처에서 우리가 일하는 방식"에서 작은 것 하나를 바꿀 수 있다면, 그것은 무엇인가?

12. 제2부에 실려 있는 예배문들을 전부 읽어보시오. 당신이나 당신

집단이 이 예배들과 연관하여 취할 수 있는 행위는 무엇인가?

활동

성서일과 분석

당신의 교회가 성서일과를 사용하고 있다면, 다가오는 주일에 봉독할 성서 구절들을 살펴보시오. 종교적인 폭력에 대한 다양한 주제들이 나타나는 모든 곳을 적으시오. 성서와 폭력에 대해 당신이 새롭게 이해한 관점에서, 그 구절들이 당신과 당신의 회중에게 어떤 의미가 있을지에 대해 이야기를 나누시오.

대안적 예배 만들기

하나의 대안 예배를 만들고, 당신이 현재 예배하는 것에 견주어 다른 요소들을 집어넣거나 삭제하였다면 그 요소들의 명칭을 적으시오. 이 장에서 저자가 제안한 "대안들"을 사용하기로 했다면 어떤 것인지 적으시오.

다른 만화에 대화 추가하기

신문이나 잡지에서 시사만화를 하나 선택하여, 작은 집단으로 나누어 그것을 살펴보고, 당신 개인적으로 생기거나 당신의 회중에서 제기되는 문제들에 대해 이야기를 나누시오. 등장인물들이 대사를 나누는 약간의 "말 풍선"들을 만드시오. 또는 당신의 생각에 맞게 그 내용을 바꾸시오.

제2부

예수의 비폭력적 정신으로 드리는 예배와 찬송

제2부 서론

나의 동기

　나(브레트)는 이 새로운 예배자료를 만드는 나의 동기를 살펴보는 것으로 시작하고자 한다. 나는 2년 전 교회 총회에서 옛 친구를 만났다. 그 회의는 3일 동안 모든 회원이 모여 진행되는 전형적인 것으로 기조연설, 본회의, 많은 예배들과 워크숍들로 이루어져 있었다. 친구와 나는 커피 잔을 들고 거대한 강당 뒤쪽에 서 있었다. 나는 그녀에게 "어때?"라고 물었다. "지금 이 순간, 나는 그(He), 그, 그, 피(Blood), 피, 피, 왕(King), 왕, 왕이란 말을 듣는 거 정말 지겨워!"라고 그녀가 말했다. 그것은 내가 느끼고 있는 것을 한마디로 정리한 말이었다. 나 역시 지겨웠다. 나는 교묘하거나 뻔뻔스러운 종교적 폭력에 지쳐 있었다. 나는 종교적인 남성 특권의 문화적 폭력에 지쳐 있었다. 그리고 예배에서는 내가 믿는 것에 적합하게 만들어내려고 할 때, 나의 머릿속에서 계속 일어나는 번역과 편집 작업에 지쳐 있었다. 무언가가 귓가에 스치며 지나가는데, 그 메시지를 어린아이들이 듣지 않거나 받아들이지 않기를 바라는, 그런 약간 비굴한 순간들이 나는 지겨웠다. 당신이 이 책을 여기까지 읽었다면, 아마도 당신 역시 지겨웠을 것이다.

폭력 없는 예배

우리들—예배학자, 예배 인도자, 목회자, 작곡가, 그리고 평신도들—의 대부분은 여러 해 동안 성서적 폭력에 대해 불쾌함을 느껴왔고, 이들 이미지들이 더욱 뻔뻔해지는 것을 피하기 위한 별도의 예배와 기도문들을 구상해왔다. 우리는 이미 사랑과 비폭력의 전통에 호감을 가져왔으며, 폭력과 속죄라는 주제보다는 사랑과 비폭력의 주제들을 강렬하게 지지하는 노래와 예배를 만들어왔다. 내가 보기에, 아직 진행되지 않은 작업은 이 불쾌함을 크게 소리 내어 명명하는 것과 예배의 더욱 미묘하고 핵심적인 부분에 이르기까지 여러 가지로 그 불쾌함을 고려하는 작업이었다. 이 책의 제1부에서는 폭력 없는 예배에 초점을 맞추는 렌즈를 제공했다.

그러나 내가 이 렌즈를 통해 살펴볼 때, 다음 단계로 넘어가는 예배는 많지 않았다. 영적인 폭력의 이미지들이나 단어들을 포함하지 않는 기초에 근거하여 예배를 만들어 온 사람들을 거의 없다. 이처럼 비폭력 예배가 부족한 이유는 그러한 노력과 시도들이 전통적 예배의 크고 중심적인 덩어리들을 생략해야만 하기 때문이라고 나는 생각한다. 여기서 우리는 영적인 폭력의 이미지들이나 말들이 없는 예배를 만드는 다음 단계를 시도하고자 한다. 그렇게 하기 위해 우리는 다음과 같은 전통적 기독교 예배의 요소들을 생략하고자 한다.

1. 출발점으로서의 "죄의 고백(Confession)." 우리들의 죄를 서로 고백하고 서로 용서해 주는 일은 확실하게 필요한 반면, 예수는 하느님께서 우리가 요청하기 전에 우리를 용서하신다고 말하고 있다. 우리

의 예배에는 다른 출발점이 필요하다.
2. 키리에(Kyrie, "주여 자비를 베푸소서"). 이 기도는 주님이 자비를 베풀지 않을 수 있고, 그 대신 폭력적 형벌을 내리기로 작정할지도 모른다는 것을 암시한다. 예수는 그런 하느님을 가르치지 않았다.
3. 봉독을 위한 성서의 독점적 사용. 성서만을 배타적으로 봉독하는 것은 하느님의 계시와 영감이 기원 후 100년에 끝났다는 것을 함축하고 있다. 이것은 하느님이 지금 이곳에 존재하신다는 예수의 관점에 위배된다. 하느님이 지금 여기에 계시다는 것은 현재를 살아가는 사람들의 삶과 생각을 통해서 하느님이 끊임없이 계시된다는 의미이다.
4. 성서의 모든 단어들이 각각의 진리를 담고 있다는 좁은 인식으로 보는 "하느님의 말씀"으로서의 성서. 성서의 몇몇 구절들은 아주 사리에 맞지 않는다. 예수는 잘못 해석되어 왔던 히브리성서의 구절들을 뒤집어엎는 데에 상당히 많은 시간을 썼다. 예수를 따라서, 우리도 "거룩한 본문들"에 담겨 있는 폭력을 기꺼이 거부하고, 또한 그 폭력을 "하느님의 말씀"이라고 선포하지 않을 필요가 있다.
5. 신조(Creeds). 신조가 의도했던 통합의 기능보다는 신조가 오히려 강제적인 것처럼 느껴질 수 있다. 전능하신 하느님과 예수의 희생적 죽음에 초점이 맞추어져 있는 전통적 신조들은 예수의 삶, 예수의 가르침, 그리고 예수가 행한 일을 생략하고 있다. 우리에게는 예수의 영을 반영한 믿음과 신앙의 새로운 서술들을 정교하게 만들 자유가 필요하다.
6. 청원기도 유형. 이 기도 유형은 하느님이 어떤 사람들의 기도에는 은혜를 베푸시고, 다른 사람들의 기도에는 그렇지 않으신다는 것을

암시한다. 이것은 행운과 손상이 하느님에 의해 주어지는 것을 의미한다. 이것은 예수가 가르친 하느님의 모습이 확실히 아니다.
7. 속죄의 언어, 형상, 그리고 의식. 속죄를 위한 신적인 폭력을 거부한다는 것은 "어린 양", "너희를 위해 흘리는 피", "너희 죄를 위해 죽으심", 그리고 "개인을 위한 구세주"와 같은 이미지를 사용하지 않는다는 뜻이다. 그 대신에 우리는 예수의 삶과 가르침을 기억하기 위한 시간으로서의 성찬식에 집중해 왔다.

이렇게 생략하는 것에는 손해가 따른다. 잭과 내가 만든 예배들은 식탁에서 유서 깊은 안락한 음식들을 제거하는 것이다. 대부분의 사람들처럼, 나는 예배의 부분들을 빼거나 바꾼다는 생각에 대해 약간 슬픔을 느끼기도 한다. 이들 예배의 형태들은 우리 조상들이 사용해왔고, 그것들을 계속 사용함으로써 우리는 과거의 구름처럼 수많은 증인들과 결합되어 있는 것이다. 지금 그것들을 제거하려고 할 때, 나는 강한 상실감을 느낀다. 그러나 나의 안도감은 그보다 더 크다. 앞을 향해 발걸음을 내딛자.

새로운 예배로 초대

예배(liturgies)가 "사람들의 일"이라면,1) 예배는 사람들이 "다시 만들" 수 있다. 저자로서, 여기서 우리의 목표는 단순하다. 우리의 전통 안에서 비폭력 전통으로부터 솟아나는 예배, 우리 자신의 신앙 여정이

---

1) 역자주: 예배의 어원인 '레이투르기아, *leitourgia*'는 '사람들의 일'이라는 의미이다.

예수의 급진적 증언과 결합되는 예배, 우리 머릿속에서 어떤 "번역"도 할 필요가 없는 예배, 우리가 자녀들을 보호하기 위해 신학적으로 "굽실거리는" 순간이 없는 예배를 만드는 것이다.

그렇다면 신적인 폭력의 요소들이 없는 예배는 어떤 모습과 같을 것인가? 독자들은 자신에게 필요한 많은 것을 충족시켜주는 현재의 예배에 대해 알고 있을 것이다. 4장에서 설명한 것처럼, 우리는 기독교 전통의 비폭력 전통뿐 아니라 우리 자신의 신앙 여정으로부터 나온 중요한 주제들(비폭력의 자비하신 하느님, 하느님의 평범한 나라, 평등한 나눔, 누구나 차별 없이 포용하는 공동체, 억압에 저항하기, 그리고 치유함)을 분명히 드높이는 예배 순서를 만드는 중이다.

"여기 평범한 이곳에서"(Here in This Ordinary Place)라는 예배 순서는 다섯 개의 만남의 지점들, 장소들을 갖고 있는데, 그 지점들에서 우리는 앞서 말한 중요한 주제들 속으로 더 깊게 들어가 사랑하시는 성령의 초대를 경험할 것이다. 새로운 예배를 위한 틀로서 우리는 다음과 같은 요소들을 제안한다.

1. **현재 순간.** 우리가 모일 때, 우리는 현재 순간에 주의를 기울이면서 내재하시는 성령을 인식하는 것에 초점을 맞춘다.
2. **차별 없이 포용하는 공동체.** 우리는 모인 사람들 모두가 지닌 평범한 훌륭함, 공동체의 은사, 누구나 차별 없이 더욱 넓은 포용함으로 부르심 받은 것을 찬양한다.
3. **현실 세상.** 우리는 지금 있는 그대로의 세상에 대해 인식하는 것에 초점을 맞춘다. 이것이 우리를 자비와 비폭력과 단순한 즐거움의 삶으로 인도한다.

4. **헌신.** 우리는 우리의 하나 됨의 근원이 종교적 교리를 공유하는 것이 아니라, 정의를 위한 우리의 헌신이며, 또한 억압과 대면하고 누구나 차별 없이 포용하며 치유하기 위해 예수의 모범을 따르는 것이라고 이해한다.
5. **나누는 음식.** 우리는 예수를 기억한다. 예수의 식탁 습관은 아무도 차별하지 않았으며 급진적이었다. 우리는 나눔과 평등을 간절히 바란다.

제2부에 담겨 있는 여덟 개의 예배문들은 하나 혹은 그 이상의 이런 요소들을 사용하고 있다. 첫 번째 예배인 "여기 평범한 이곳에서"는 생략된 것이 없는 표준적인 예배로서, 위에 서술된 모든 요소들을 담아 다시 계획하여 만든 예배 순서이다. 나머지 일곱 개의 짧은 예배들은 위의 요소들 가운데 오직 하나의 요소를 가장 잘 담고 있으며, 공동체의 생활 가운데 발생하는 여러 가지 경우에 어울리는 것이다.

1. **여기 평범한 이곳에서**
2. **초대** (3번 요소: 현실 세상)
3. **창조의 동녘** (3번 요소: 현실 세상)
4. **하느님의 평범한 나라** (1번 요소: 현재 순간)
5. **풍성한 삶의 식사** (5번 요소: 나누는 음식)
6. **공동체를 찬양하며 개방하기** (2번 요소: 포용하는 공동체)
7. **예수의 비폭력 가르침** (3번 요소: 현실 세상)
8. **개방된 식탁** (5번 요소: 나누는 음식)

뒤를 이어 제3부에 담겨 있는 여러 예배 자료들은 토론을 인도하는 데(자료 A), 예배를 만드는 데(자료 B-F, H), 회중에게 그 예배들을 소개시키는 데(자료 G)에 도움이 된다. 예배를 기획하는 사람들은 인쇄된 주보가 있는 예배를 설계하기 위해 CD-ROM에 들어 있는 파일을 사용할 수 있다.

대화를 계속 나누자

이 책을 위한 나의 희망 사항들은 다음과 같다. 나는 제1부에서 사람들이 이야기를 나눌 기회나 편안한 마음으로 말하지 못했던 어떤 것들에 대해서 분명히 소리 내어 대화할 수 있도록 허용되기를 (그리고 그런 구조가 만들어지기를) 희망한다. 그리고 나는 제2부와 제3부에 실려 있는 예배와 찬송가들 속에 **없는 것**(absent) 때문이 아니라 **나타나 있는 것**(present) 때문에 의미 있게 되기를 바란다. 마지막으로, 여기에 소개된 예배들이 정의와 평화를 위해 일하도록 촉구하는 신앙을 가진 사람들을 위해서 도움이 되는 모델이 되고, 또한 의미 있는 예배가 될 수 있기를 희망한다. 신앙의 사람들은 포용성, 평등, 그리고 기쁨의 풍성한 삶으로 정중하게 초대받음을 알고 있는 사람들이며, 또한 폭력 없는 세상을 바라는 그들의 희망을 더욱 분명하게 반영하는 예배를 찾고 있는 사람들이다.

예배 1

여기 평범한 이곳에서

평화를 위한 비폭력과 기쁨의 예배

현재 순간에, 공동체 안에, 현실 세계 속에, 그리고 음식을 나누는 가운데 계신 하느님의 임재를 찬양하는 것.
우리가 관대함, 평등, 마음챙김, 자비, 그리고 평화의 성취를 위해 부르심 받았음을 찬양하는 것.

환영 인사

    이곳에 예배하기 위해 모인 모든 분들을 환영합니다. 이 예배는 우리들에게 색다르고 무엇인가 새로울 것입니다. 기독교 예배들은 성서에서 두드러지게 나타난 하느님의 폭력적 이미지들을 자주 드러내고 있습니다. 그와는 정반대인 예수님과 하느님 모습을 성서 속에서 찾을 수 있으며, 우리는 그런 모습들을 인식하면서 이 예배를 정교하게 만들어 왔습니다. 이 예배는 예수님이 증거한 비폭력 하느님과 조화를 이루며 우리 자신들의 종교적 경험과도 어울리는 언어와 형식으로 구성되어 있습니다. 우리는 아주 가까이 계신 하느님을 높이 받들어 모십니다. 하느님은 이미 우리들 가운데 계시며, 장엄한 제왕적 궁전 안이 아니라 평범한 장소에 계십니다. 우리는 하느님의 초대하시는 능력을 향해 우리 자신을 열어놓습니다. 그것은 날마다의 신비에 깊게 마음을 기울이며, 평화를 성취하는 사람들이 되게 하고, 희망을 실현하며, 기쁨으로 가득 차 있으면서도 고통을 겪고 있는 우리 세상 한가운데서 참된 삶을 살라고, 우리를 부르는 초대의 능력입니다.

모임을 위한 찬송

"열망하며 모인 우리"(자료 H), 또는 다른 적절한 찬송.

현재 순간 껴안기

종을 세 번 친 후 잠시 침묵한다.

여는 기원(Litany)1)

인도자: 우리는 창조주의 포옹 속에, 예수님을 기억하며, 사랑을 베푸시는 성령님의 자비 가운데 모여 있습니다.

회중: 모두 함께 하는 것이 참으로 좋습니다.

인도자: 모든 사람이 이곳에 있는 것을 환영합니다.

회중: 아멘.

인도자: 이것은 희망이 모인 것입니다.

회중: 모두 함께 하는 것이 참으로 좋습니다.

인도자: 우리는 절망의 저수지에 있는 물을 빼 버리기 위해 오늘 이곳에 왔습니다.

회중: 아멘.

인도자: 우리는 평화의 사람들입니다.

---

1) 역자주: 리타니(litany)는 사제가 외우는 기원에 대하여 회중이 짧은 문구로 일일이 응답하는 형식의 기도로 호칭기도로 번역된다.

회중: 모두 함께 하는 것이 참으로 좋습니다.

인도자: 우리는 전쟁 무기의 엔진에 구멍을 내기 위해 여기에 있습니다.

회중: 아멘.

인도자: 이것이 창조의 동녘입니다.

회중: 모두 함께 하는 것이 참으로 좋습니다.

인도자: 우리는 깨어나고 있으며, 꿈을 꾸고 있습니다.

회중: 아멘.

인도자: 하느님은 우리들 가운데 계십니다.

회중: 모두 함께 하는 것이 참으로 좋습니다.

인도자: 모든 분들을 환영합니다.

회중: 아멘.

인도자: 기도하겠습니다. 자비로우신 성령님, 이 시간 우리가 함께 모일 수 있게 하심에 감사드립니다. 우리가 "현재 순간을 위한 초"에 불을 밝힐 때, 간소하며 낡고 평범한 세상을 멋지게 꾸며주는 모든 기적들에 대해 우리가 깊게 관심을 기울이게 하옵소서. 우리 눈에 드리운 베일을 걷어주셔서, 우리 가운데 계신 주님의 임재를 알게 하시고, 지금 이 순간의 아름다움과 가능성을 보게 하옵소서. 아멘.

현재 순간을 위한 초에 불을 붙이고, 잠시 침묵한다.

현재 순간을 위한 찬송

"여기 평범한 이곳에서"(자료 H).

또는 다음과 같은 말을 주고받을 수 있다.

인도자: 우리가 하느님의 임재를 깨닫게 하여 주옵소서.

회중: 여기 평범한 이곳에서.

인도자: 사랑의 능력을 깨닫게 하여 주옵소서.

회중: 여기 이 평범한 군중들 속에서.

인도자: 모두를 위한 정의로운 이웃 사람들을 세우게 하여 주옵소서.

회중: 지금 이 평범한 때에.

인도자: 세상을 평화롭게 만들어 나가도록 날마다 힘쓰게 하여 주옵소서.

회중: 지금 이 평범한 사람들과 함께.

차별 없이 포용하는 공동체를 찬양하기

인도자: 지금 잠시 서로를 축하하는 시간을 가집시다. 이것은 우리의 공동체입니다. 훌륭한 공동체이고, 또 평범한 공동체입니다. 우리는 또한 지금 잠깐 멈추어 여기에 있지 않는 사람들, 우리가 소외시켰을지도 모르는 사람들을 기억해야 합니다. 우리가 "공동체의 초"를 켤 때, 모든 사람을 차별 없이 포용하는 예수님의 포용적 방법에 전념할 것을 다짐합시다. 예수님은 식탁에서 모든 사람을 따뜻하게 받아들였으며, 그렇게 하심으로써 장벽을 무너뜨렸고, 제왕의 지배권에 위협을 주었으며, 삶을 새롭게 바꿔버렸습니다.

공동체의 초에 불을 붙이고 잠시 침묵한다.

공동체의 기도

첫 번째 기도를 드릴 때, 음악 반주로 "자비의 꽃 #1"(자료 H)을 연주한다.

인도자: 우리 공동체와 전체 가족을 위해 기도합시다. 우리는 자비의 마음을 간구합니다. 그래서 서로의 얼굴을 바라보게 되고 옆의 동무가 존중받을 만하다는 것을 알게 하옵소서.

1절을 세 번 부른다. 선창자가 첫 소절을 부르고 회중은 나머지 두 소절을 함께 부른다.

1. 자비의 꽃 모든 가슴에 피었네
2. 사랑의 꽃 함께 하라고 부르네
3. 우아한 향기 모든 장벽을 허무네

인도자: 용서와 상호간의 양육을 통해서 이 공동체가 날마다 강건해지는, 사랑의 결속을 위해 기도합니다.

2절을 세 번 부른다.

인도자: 장벽들을 가로질러 모든 사람들을 포함시키는 것에 다다르는 평화의 문화를 위하여 기도합니다.

3절을 세 번 부른다.

포용의 찬송

"와서 이곳에 그대의 아름다움을 더하여 주시오"(자료 H), 혹은 다른 적절한 찬송.

현실 세계 주목하기

인도자: 이제 우리 마음을 우리를 둘러싸고 있는 이 세상으로 돌립니다. 이것은 참으로 아름다운 세상입니다.
회중: 또한 고통의 세상입니다.
인도자: 이것은 관대함의 세상입니다.
회중: 또한 불공평하고 치유가 필요한 세상입니다.
인도자: 하느님은 공적에 따라 아름다운 것을 나누어 주시지 않습니다.
회중: 하느님은 폭력으로 획득한 승리를 통해 부서진 것을 고치지 않습니다.
인도자: 그러나 우리의 마음을 열어놓을 때, 우리가 자비심을 갖도록 초대받는 곳은 이 세상입니다.

현실 세계를 위한 초를 켜고 잠시 침묵한다.

마음챙김의 기도

선창자가 부른 후 회중 모두가 반복한다.

우리 마음 모아, 마음 모아, 열려 있길 기도하네

한.사람 혹은 여러 낭독자가, 군데군데, 그리고 후렴 전에 침묵하며, 다음의 문장들을 읽는다. 문장들을 읽을 때 후렴("주의 깊은 우리가 되기를", 자료 H)의 화음을 사용하면서 악기 반주가 부드럽게 소리를 낮춘 채 연주를 계속할 수 있다. 문장들 사이는 시간을 충분히 가지고 천천히 읽는다.

없는 것이 무수히 많을지라도 우리는 부를 축적하지 않게 하소서.
다른 사람들을 배척하는 회원을 우리가 받아들이지 않게 하소서.
오직 몇몇 사람에게만 주어지는 특권을 우리가 누리지 않게 하소서.
도움이 필요한 사람들의 외침에 우리의 귀를 열어놓게 하소서.
우리가 가지고 있는 것에 감사하고 다른 사람들과 나누게 하소서.
　　(후렴)
기적에 눈이 먼 채로 걷지 않게 하소서.
우리 발밑의 땅을 주목하게 하소서.
우리의 나날들을 당연한 것이라고 여기지 않게 하소서.
새들이 노래하는 것을 듣게 하소서.

우리가 속력을 늦추어 … 천천히 … 느리게 가게 하소서.
(후렴)

불의에 응하여 냉소적으로 되지 않게 하소서.
발전을 위한 비용이라 여기며 굶주림을 묵인하지 않게 하소서.
우리가 먹는 것의 맛을 알게 하소서.
이 시대의 징조에 대해 우리의 눈이 열리게 하소서.
예수의 비폭력을 우리가 껴안을 수 있게 하소서.
(후렴)

인도자: 평화를 갈망하시는 하느님, 있는 그대로의 이 세상, 기쁨과 슬픔으로 가득 찬 이 세상에 우리가 진심으로 주의를 기울이게 하소서. 우리가 아름다움을 찬양하고 고통의 원인들과 싸우고 있는 곳에서, 우리를 삶의 풍성함으로 손짓해 부르는, 당신의 초대에 잔잔히 가라 앉은 마음으로 우리가 열려지게 하소서.
회중: 아멘.

마지막 후렴은 허밍으로 노래한다.

낭독, 성찰, 그리고 찬송
앞의 3장에 포함된 본문들이나 자료 F에 있는 글들을 택하여 읽을 수 있다. 낭독 후에 성찰의 시간을 갖고 찬송을 부를 수 있다.

헌신의 서약
인도자: 형제자매 여러분, 우리는 예수의 영으로 살아가면서 평화의

일꾼들의 공동체가 되기 위해 노력하고 있습니다. 우리가 "헌신의 초"에 불을 밝힐 때, 우리가 서로에게 다짐한 것들과 이전에 돌아가신 수없이 많은 훌륭하신 증인들과 다짐했던 것들을 확인합시다.

헌신의 초에 불을 붙이고 잠시 침묵한다.
다음과 같은 헌신의 서약을 모두 함께 말한다.

　　예수의 길을 배워 깨우치는 데 전념하기
우리는 믿음으로 하나가 되어 있으며, 우리의 신앙이 이 세상에서 올바르게 행하도록 우리를 부르고 있습니다. 그러므로 우리는 배워 깨우치는 데 전념하는 공동체입니다. 풍성한 삶으로 부르는 예수의 초대가 무엇을 의미하는지 배워 깨우치는 공동체입니다.

- 우리는 결핍과 공포라는 시끄러운 낙서를 무시하도록 배워 깨우치고 있습니다.
- 우리는 충분함이 시작이 아니라 결과임을 깨우치고 있습니다.
- 우리는 우리가 가진 모든 것에 대해 감사하고 필요로 하는 누구와도 같이 나누도록 배워 깨우치고 있습니다.
- 우리는 이 세상 속에서 우리의 위치를 깨닫고 각자가 능력대로 기여하도록 배워 깨치고 있습니다.
- 우리는 지구상의 불공평한 풍요로부터 제외된 많은 사람들을 향상시키도록 배워 깨우치고 있습니다.
- 우리는 잘못된 권력과 특권을 가지고 축적해 놓은 것을 원상태로 되

돌리도록 배워 깨우치고 있습니다.
- 우리는 군국주의와 그로 인한 민족 문화의 부패에 저항하도록 배워 깨우치고 있습니다.
- 우리는 먹는 것보다 맛을 내는 것에서 기쁨을 발견하도록 배워 깨우치고 있습니다.

우리가 개인적으로, 그리고 공동으로 이러한 길들을 배워 깨우치려고 노력할 때, 우리는 상호간의 기도와 대화로 서로 서로를 지지하게 될 것입니다.

헌신의 서약을 위한 다른 착상은 자료 E를 참고하시오.

기도

기도는 모든 사람들이 인쇄된 기도문을 함께 읽거나(자료 C 참조), 모든 사람들의 환희와 관심(자료 B 참조)을 나타내도록 시간을 가질 수 있다. 후자의 경우, 다음과 같이 진행한다.

선창자가 "자비의 주"를 부르고 회중이 반복하여 부른다.

자비의 주, 자비의 주, 당신 안에 우리가 사네

인도자: 오늘 기도 시간에는 탄원이나 "요청하는 기도"가 아닌 것으로, 우리 삶 속에 깃들여 있는 이름들과 사건들, 기쁨과 관심거리들을 나타내십시오. 각 사람이 말한 후에, 인도자가 "자비로우신 주님"이라고 말하면 여러분 모두는 "당신의 사랑 안에 우리가 살고 있습니다"라고 응답하시기 바랍니다. 이제 우리는 마음과 뜻을 다하여 기도합시다.

모든 사람이 참여할 수 있도록 넉넉한 시간을 주고 나서 다음의 기도로 마무리한다.

마무리 기도
인도자: 자비로우신 주님, 고요한 중에 우리는 당신의 초대에 귀를 기울입니다. 고요한 가운데 당신의 길을 향해 우리의 마음을 열어놓습니다. 고요한 가운데 우리들의 영혼이 서로에게로 녹아들어 갑니다. 삶에 대한 우리의 기도를 당신이 에워싸고 계실 때, 말씀드리지 않은 것도 당신께서 역시 듣고 계시다는 것을 우리는 압니다. 그리고 우리도 또한 서로를 위해서 들을 수 있게 되기를 기도합니다.
회중: 아멘.

마지막 후렴: "자비의 주"

나누는 음식(성찬식)
찬송 "열린 초대", 또는 다른 적절한 찬송.

성찬 감사의 말: 예수의 삶을 기억하기

인도자: 음식을 나누는 것은 공동체를 세우기 위해 날마다 행하는 자연스러운 방법입니다. 예수님께서 우리에게 보여주었던 것과 같이, 음식을 나누는 것이 굶주림은 견딜 수 있는 것이라고 판단하는 모든 체제를 향한 도전이 되고 뒤엎는 행위가 또한 될 수 있습니다. 이 식사를 통해서,

- 우리는 헐벗은 자를 입히고 굶주린 자에게 먹을 것을 주라고 제자들에게 가르치셨던 예수님의 증언을 기억하며,
- 우리는 오천 명을 먹이심으로써 축적하는 것을 뛰어넘어 나눔의 능력을 보여주셨던 예수님을 기억하고,
- 우리는 소외된 자와 함께 먹고 모든 사람이 그의 식탁에 앉는 것을 환영함으로써 종교적 가르침에 도전했던 예수님을 기억합니다.

나눔의 초를 켜고 잠시 침묵한다.

음식을 축복하기

인도자는 두 손을 들어 회중을 "껴안는" 동작을 취한다.
인도자: 이곳에 있는 모든 분들을 환영합니다.
회중: 이렇게 하여서, 우리는 모든 사람이 존경받고 품위를 갖고 살아가는 세상, 아무도 차별받지 않는 포용적인 세상을 떠받듭니다.

인도자는 회중이 볼 수 있도록 빵을 들어 올린다.
인도자: 이 자리에 있는 모든 분들은 나누어진 빵을 받을 것입니다.
회중: 이렇게 하여서, 우리는 예수님께서 본을 보여주셨던 것처럼 풍

성함이 결핍을 극복하여 모든 사람들이 먹게 되는 그런 세상, 풍성한 세상을 떠받듭니다.

인도자는 회중이 볼 수 있게 포도주를 들어 올린다.
인도자: 여러분 모두는 지금 각자의 것을 취하고 계속해서 전달하기 위해 초대되었습니다.
회중: 이렇게 하여서, 우리는 특권이 고착된 체제는 도전을 받으며, 부는 평등하게 분배되고, 모든 사람이 충분하게 만족할 수 있는 세상, 넉넉한 세상을 떠받듭니다.
인도자: 기도하시겠습니다. 풍성하신 하느님, 지금, 그리고 집에서 우리가 음식을 함께 나눌 때, 이 음식이 비폭력과 사랑이라는 변화시키는 정신으로 우리의 굳건한 믿음을 유지시키게 하옵소서. 우리가 정의와 평화에 대한 주님의 뜻을 향하여 움직여 나갈 때 이 음식이 우리로 하여금 예수님의 가르침을 생각하게 하며 우리를 강건하게 만들도록 하소서.
회중: 아멘.

음식 분배하기

분배를 위한 예식의 말:
분급자: 우리는 한 덩어리 빵을 같이 먹습니다. (빵)
　　　　우리는 한 잔에 담긴 것을 나눕니다. (포도주)

분급 찬송
"우리에게 일용할 양식을 주시옵소서"와 다른 적절한 찬송.

2. May we be satisfied (3x)
   With only what we need.
3. Never be satisfied (3x)
   If any be denied.
4. Passing the gift along (3x)
   Each adding as we can.

1. 우리에게 일용할 양식을 주시옵소서
   양식을 주시옵소서 만족하게 하소서
2. 만족하게 하소서 만족하게 하소서
   오직 우리가 필요한 것으로
3. 만족할 수 없네 만족할 수 없네
   누군가가 만일 거절당한다면
4. 건네주네 선물을 건네주네 선물을
   할 수 있는 만큼 우리가 더해서

성찬 후 기원(선택 사항)

인도자: 예수님은 우리에게 이 진리들을 가르치셨습니다:
  이 세상은 좋은 것들로 가득 차 있습니다.
회중: 우리 모두가 그것들을 동등하게 나누게 하소서.
인도자: 충분한 음식이 풍성한 삶의 비결입니다.
회중: 원하는 만큼 먹고 계속 건네주게 하소서.
인도자: 음식은 풍성한 성령님께서 주시는 선물입니다.
회중: 선물을 주신 분께 감사를 드립니다.

인도자: 우리는 한 덩어리의 빵을 함께 나누어 먹습니다.
회중: 식탁에 다른 사람을 위한 자리를 비워놓게 하소서.

성찬 후 기도

인도자: 기도합시다. 풍성한 성령님,
다같이: 이 음식을 주시니 고맙습니다. 또한 함께 먹는 즐거움을 주심에 감사를 드립니다. 이 식사를 통해서 당신께서는 우리에게 강건함과 갈급함 모두를 주셨습니다. 우리 몸과 우리 공동체를 위한 힘을 주셨으며, 정의로운 세상을 위해서 갈급함을 주셨습니다. 우리가 식사 때마다 이와 같이 똑같은 선물들을 맛보게 하소서. 아멘.

성찬 후 찬송

"성령이시여, 지금입니다"

축복 기도

인도자: 형제자매 여러분, 기쁨으로 섬기기 위해 지금 나가십시오.
　　　　작은 씨앗들처럼 흩어지십시오.
　　　　올바른 곳에 있음을 확신하십시오.
　　　　한없는 사랑의 흙이 되시는 분께 뿌리를 내리십시오.
　　　　벗어나라고 부르시는 그 분의 초대를 받아들이십시오.
　　　　전쟁과 억압으로 가는 통로를 부숴뜨리십시오.
　　　　그리고 기쁨의 꽃다발로 활짝 피어나십시오.
회중: 우리는 평화를 바라는 억누를 수 없는 잡초들입니다. 아멘.

파송 찬송

"조금씩", 혹은 다른 적절한 찬송.

추가 사항: 이 예배와 다른 설정을 위해 다음 찬송으로 바꿀 수 있다.

모임을 위한 찬송: "우리는 열망하여 모입니다" 대신 "모두 마음을 하나로"

현재 순간을 위한 찬송: "여기 평범한 이곳에서" 대신 "깨어나게 하소서"

공동체의 기도: "자비의 꽃 #1" 대신 "자비의 꽃 #2"

포용의 찬송: "와서 이곳에 그대의 아름다움을 더하여 주시오" 대신 "결코 마르지 않는 자비의 강물" 또는 "눈부신 꽃다발"

마음챙김의 기도: "주의 깊은 우리가 되기를" 대신 "들으시오", "오 자비여"

분급 찬송: "우리에게 일용할 양식을 주옵소서" 대신 "오늘 우리에게 주옵소서"

파송 찬송: "조금씩" 대신 "오 하느님, 삶의 길을 우리에게 보이시길"

예배 2

초대

사회적 관심과 행동을 위한 짧은 예배(20-30분)

예배 요소 3: 현실 세상

예배 기획자가 주목해야 할 사항: 이 예배에서는 여러 명의 낭독자가 있는 것이 가장 바람직하다. 낭독자들은 기원문뿐 아니라 헤드라인과 짧은 글을 바꿔가며 읽을 수 있다. 또 미리 마을 신문과 지역 신문의 헤드라인을 수집해 놓아야 한다(자세한 것은 자료 D를 참조하시오). 이 예배에 인용되어 사용된 각각의 자료들은 자료 D의 끝부분에 있다.

인사

    환영합니다. 오늘 우리들의 예배는 예수님의 길을 따라가고자 하는 우리의 열망을 높이 드러내는 것입니다. 예수님은 불의에 도전하시며, 당시의 문제들에 개입하셨고, 함께 아파하시는 자비심을 갖고 행동하는 삶을 사셨습니다. 우리의 기도와 낭독, 우리의 찬송과 침묵을 통하여, 자비의 삶으로 세상에 응답하라는 성령님의 초대를 더욱 깊게 생각하기 위해 우리는 부름받고 있습니다. 이제 침묵을 하며 예배를 시작하겠습니다.

    잠시 동안 침묵한 후 다음과 같이 진행한다.

찬송

"우리는 열망하여 모입니다" 2절이나 3절.

여는 기원

인도자: 소망 가운데, 그리고 열망하는 가운데,
회중: 우리가 함께 하는 것이 참으로 기쁩니다.
인도자: 용서하는 가운데, 그리고 공동체 안에서,
회중: 우리가 함께 하는 것이 참으로 기쁩니다.
인도자: 다양한 분위기 속에서, 그리고 많은 모양으로,
회중: 우리가 함께 하는 것이 참으로 기쁩니다.
인도자: 다양한 크기와 많은 색깔들로,
회중: 우리가 함께 하는 것이 참으로 기쁩니다.
인도자: 평화 속에서, 그리고 기쁨으로,
회중: 우리가 함께 하는 것이 참으로 기쁩니다.
인도자: 신뢰 가운데, 그리고 사랑스러움으로,
회중: 우리가 함께 하는 것이 참으로 기쁩니다.
인도자: 투쟁하는 사람들과 연대하여,
회중: 우리가 함께 하는 것이 참으로 기쁩니다.
인도자: 지배하는 자들에게 저항하는 것으로,
회중: 우리가 함께 하는 것이 참으로 기쁩니다.
인도자: 자비심을 갖고 사셨던 예수님을 기억하며,
회중: 우리가 함께 하는 것이 참으로 기쁩니다.
인도자: 용기를 갖고 행동하는 모든 사람들을 기억하며,
회중: 우리가 함께 하는 것이 참으로 기쁩니다.

인도자: 우리가 이곳에 속해 있음을 확신하며,
회중: 우리가 함께 하는 것이 참으로 기쁩니다.
인도자: 무한히 자비로우신 주님의 면전에서,
회중: 우리가 함께 하는 것이 참으로 기쁩니다.
인도자: 기도하겠습니다.

성령님이시여, 삶은 살만한 가치가 있다는 것을 우리에게 상기시켜 주소서. 창조주시여, 정의를 위한 투쟁은 떠맡을 만한 가치가 있다는 것을 깨닫게 하소서. 자비의 주님, 사랑은 행동으로 나타나야 한다는 것을 생각하게 하소서. 예수님의 삶에 의해 우리가 이끌림을 받아, 냉소적인 것들을 던져버리고 기쁨과 결단으로 걸어가며 우리 손을 펼쳐 기꺼이 더러운 것을 만지게 하옵소서.

회중: 아멘.

찬송

"증오가 있는 곳에" 1절을 두 번 부른다.

초대에 귀를 기울임

다음을 본보기 형태로 사용하면서, 짧은 글들을 낭독하는 사이에 군데군데 후렴을 부르고 성찰하는 침묵의 시간을 넣는다. 기타나 키보드로 가볍게 반주를 하며 뒷받침해줄 수 있다. 낭독하는 글의 수는 시간에 따라 조절할 수 있다. 낭독하는 속도는 충분한 시간을 주어 전체적으로 천천히 부드럽게 진행한다.

인도자: 예수님은 하느님께서 자비하신 것과 같이 자비하라고 말씀하셨습니다. 예수님은 가난하고 소외된 사람들에게 능력을 주셨고 권력자들에게는 도전하셨습니다. 예수님은 하느님의 나라가 우리들 가운데 있음을 보여주셨고, 우리가 오로지 주의를 기울인다면 풍성한 삶이 가능하다는 것을 보여주셨습니다. 이제 자비로의 요청을 깊게 생각하기 위해, 그리고 기도와 침묵을 통해 들리는 성령님의 초대에 귀 기울이기 위해 잠시 멈춰 섭시다.

침묵한다.

후렴: *"자비의 주님"*
　　자비의 주님. 마음 깊이 계시니 나를 깨워주소서.

종교를 말하는 사람이 정치적인 것에 대해 아무 일도 하지 않는다면 그 사람은 종교가 무엇을 의미하는지 모르는 것이다. —마하트마 간디

　헤드라인: 하나 혹은 두 개의 신문 헤드라인을 읽는다.

두루마리 경전을 펼치고 예수는 이렇게 적혀 있는 곳을 찾았다: 하느님이 나에게 기름을 부으셨다. 이는 가난한 사람들에게 복음을 전하고, 포로들이 풀려나고 소경들이 다시 보게 되는 것을 선포하며, 억눌린 사람들이 자유롭게 되고, 야훼의 은혜로운 해를 선포하게 하기 위함이다. – 루가 4:17-19를 의역한 것

158　예수의 정신으로 드리는 예배

헤드라인: 하나 혹은 두 개의 신문 헤드라인을 읽는다.

만약 1400년 전에 마리아가 예수를 낳았고, 만약 나 또한 내 시대와 문화 속에서 예수를 낳지 않는다면 나에게 무엇이 좋겠는가?
—마이스터 에크하르트

헤드라인: 하나 혹은 두 개의 신문 헤드라인을 읽는다.

침묵한다.

후렴: *"자비의 주님"*
   자비의 주님. 마음 깊이 계시니 나를 깨워주소서.

그러나 길을 가던 한 사마리아 사람은 그 피해자를 보자 측은한 마음이 생겼다. 사마리아 사람은 그에게 다가가 상처에 올리브기름과 포도주를 붓고는 그 상처를 싸맸다. 그러고는 그를 자신의 나귀에 태워 여관으로 데려가 돌보아 주었다. … 가서 당신도 똑같이 행하시오.   —루가 10:33-35, 37을 의역한 것.

고통을 직면하여, 우리에게는 회피할 권리가 없다. … 불의를 대면하면, 다른 길을 찾을 수는 없을 것이다. 슬퍼하는 사람을 지키는 것이 하느님을 생각하는 것보다 더욱 긴급한 의무이다.
   —엘리 위젤(Elie Wiesel)

헤드라인: 하나 혹은 두 개의 신문 헤드라인을 읽는다.

나는 개인 구원에 관한 복음을 보충하기 위해서 사회적 복음이 필요하다는 것을 강조했습니다. 오직 "먼지처럼 메마른" 종교만이, 사람들로 하여금 지옥 같은 세상을 살도록 만든 사회적 환경은 무시한 채 천국의 영광을 극찬하라고 목회자를 부추기고 있다고 나는 말했습니다. … 나는 물었습니다. 어떻게 우리들이 그들의 영적 지도자들의 지도와 지원, 영감 없이 그들이 누렸던 자유를 얻겠느냐고. ―마틴 루터 킹 주니어, '목회자 집단을 향한 발언에 관해'를 의역한 것.

헤드라인: 하나 혹은 두 개의 신문 헤드라인을 읽는다.

후렴: *"자비의 주님"*
  자비의 주님. 마음 깊이 계시니 나를 깨워주소서.

우리가 현재 순간에 깊게 관여하면서 주의를 기울일 때, 우리는 깊게 보고 들을 수 있게 되며, 그 결과 우리는 언제나 이해하고, 받아들이고, 사랑하며, 고통으로부터 구해내는 것과 기쁨 주는 것을 열망하게 된다.   ―틱낫한(Thich Nhat Hanh)

헤드라인: 하나 혹은 두 개의 신문 헤드라인을 읽는다.

침묵한다.

후렴: *"자비의 주님"*
 자비의 주님. 마음 깊이 계시니 나를 깨워주소서.

기도로 마무리한다.
인도자: 무한히 자비로우신 주님,
회중: 우리 마음을 깨워주셔서, 고통의 원인들과 싸워나가 작은 기적을 이루게 하소서. 아멘.

찬송

"증오가 있는 곳에" 2절과 3절을 부른다.

마무리 기도

인도자: 기도하겠습니다.
 성령님이시여, 삶은 살만한 가치가 있다는 것을 우리에게 상기시켜주소서. 창조주시여, 정의를 위한 투쟁은 떠맡을 만한 가치가 있다는 것을 깨닫게 하소서. 자비의 주님, 사랑은 행동으로 나타나야 한다는 것을 생각하게 하소서. 예수님의 삶에 의해 우리가 이끌림을 받아, 냉소적인 것들을 던져버리고 기쁨과 결단으로 걸어가며 우리 손을 펼쳐 기꺼이 더러운 것을 만지게 하소서.
회중: 아멘.

마무리 찬송

"평화로다"

예배 3

창조의 동녘

아침 예배(20-30분)

예배 요소 3: 현실 세상

예배 기획자가 주목해야 할 사항: 예배에는 여러 명의 낭독자가 있는 것이 좋을 것이다. 낭독자들은 기원문만 아니라 피조물의 목록을 부분적으로 겹쳐 읽는 것 또한 바꿔가며 할 수 있다. 이에 앞서서, 지역의 식물과 동물 혹은 다른 자연의 놀랄 만한 것들의 목록을 하나 이상 만들 필요가 있다. (자세한 것은 자료 D를 참조하라) 예배 전에, 목록을 여섯 개에서 여덟 개의 부분으로 나누고, 각 부분에는 약 25개의 이름이 담기도록 나눈다. 이들 부분을 여섯에서 여덟 명의 낭독자들에게 나누어 주고 언제, 어떻게 소리 내어 읽을 것인지에 대해 지시한다. 낭독은 순서에 따라 조직적으로 진행하는 것이 아니라 임의로 사이를 두고 서로 중복되기도 하면서 3분간 진행되어야 한다.

인사

이 예배에 참석하신 것을 환영합니다. 오늘 우리는 모든 피조물의 아름다움과 장엄함, 그리고 하느님의 계속되며 항상 피어오르고 있는 창조의 영을 찬양하려고 합니다. 예배는 짧은 찬송과 낭독, 그리고 기도로 이루어져 있습니다. 낭독은 때로는 나뉘어져 있기도 하고 때로는 서로 중복되기도 합니다. 우리의 침묵은 우리의 기도가 될 것이며, 오늘의 기적에 대해 깊게 마음을 모으는 기도가 될 것입니다. 이제 예배와 기도를 시작하겠습니다.

여는 찬송

"여기 평범한 이곳에서" 1절과 합창.

여는 기원

인도자: 형제자매 여러분, 우리가 깨어나 함께 모일 때,
회중: 우리의 눈이 열리게 하소서.
인도자: 여기 평범한 이 방 안에서,
회중: 우리의 눈이 열리게 하소서.
인도자: 여기 이 경건한 순간에,
회중: 우리의 눈이 열리게 하소서.
인도자: 여기 창조의 동녘에,
회중: 우리의 눈이 열리게 하소서.
인도자: 창조주께서는 지금 바로 활동하고 계시니,
회중: 우리의 눈이 열리게 하소서.
인도자: 이곳이 좋은 일로 가득 차 있습니다.
회중: 우리의 눈이 열리게 하소서.

기도

인도자: 하루가 지나가고 한해씩 사라지건만,
저희는 기적들 사이를 장님처럼 걸어갑니다.

창조주시여, 저희의 눈을 볼 것들로 채우시고
저희의 마음을 알 것들로 채우소서.
당신의 현존이 마치 촛불처럼
저희가 걸어가는 어둠을 비추는 순간들이 있게 하소서.
—'기도의 문'(유대인의 안식일 기도)을 의역한 것

회중: 매일 매일 태양이 완전히 새롭게 떠오르는 것처럼,
찬란함과 기대로 우리가 날마다 새로운 날을 열어가게 하소서.
비추어진 광채와 더러운 손톱에
만족해하는 새로워진 피조물들이 되게 하소서. 아멘.

잠시 침묵한다.

찬송

"여기 평범한 이곳에서" 1절과 합창.

하느님의 창조적 말씀

다음을 본보기 형태로 사용하면서, 창조된 생명체의 목록을 크게 낭독하는 사이에 군데군데 후렴을 부르고 성찰하는 침묵의 시간을 갖는다. 우리는 아래에 제시된 조류, 식물, 그리고 사람의 세 가지 목록을 사용한다. 낭독하는 목록의 수는 시간에 따라 조절할 수 있다. 낭독하는 속도는 충분한 시간을 주어 전체적으로 천천히 부드럽게 진행한다.

인도자: 이 세상에는 경외심을 가질 만한 것이 얼마나 많은가요!
회중: 그리고 우리는 그것을 모른 채 살아왔습니다.
세 번 반복하는데 각각의 사이에서 잠시 멈춘다.

목록 1: 조류 (우리가 사는 지역의 조류, 특히 멸종 위기종이 된 조류)

후렴

"잘 짜여진 아름다움"

짧은 낭독

인도자: 빙엔의 힐데가르트의 글을 읽습니다.

　태양을 향해 눈길을 주고, 달과 별을 바라보라.

　지상의 푸르른 아름다움을 응시하라. 이제 생각하라.

　이 모든 것과 함께 하느님께서 인간에게 주신 기쁨이 무엇인지.

공표

인도자: 하느님의 입으로부터 말씀이 나옵니다.
회중: 그 말씀은 헛되이 되돌아오지 않습니다.
인도자: 모든 피조물은 하느님의 말씀입니다.
회중: 삼라만상은 하느님에 대해 일러주는 책입니다.

― 이사야 55:11과 마이스터 에크하르트

창조적 말씀 #1: "우리가 사는 지역의 조류를 적은 목록 낭독"

낭독자들은 주어진 순서 없이 서로 다소 중복되는 대로 각종 새들의 이름을 큰 소리로 부른다. 다음과 같은 주고받는 말로 마무리하며 침묵은 삽입하거나 생략할 수 있다.

인도자: 이것은 창조주의 말씀입니다.
회중: 하느님께 감사를 드립니다.

목록 2: 야생화들

후렴 *"잘 짜여진 아름다움"*

짧은 낭독

야생의 백합화들이 어떻게 자라는지 보라. 그들은 노예를 부리지도 않고 결코 실을 잣지도 않는다. 그러나 너희들에게 말한다. 영광스러운 높은 자리에 있는 솔로몬조차도 결코 그들처럼 잘 차려입고 있지 못하였다.   - 마태오 6:28-29를 의역한 것

참으로 당신이 이 신성한 탄생을 겪으며 받아온 검사는 무엇인가? 주의 깊게 귀 기울여 보라. 만약 이 탄생이 진정으로 당신 안에서 일어났다면, 모든 피조물 하나하나가 당신으로 하여금 하느님을 향하게 한다.   - 마이스터 에크하르트

공표

인도자: 하느님의 입으로부터 말씀이 나옵니다.
회중: 그 말씀은 헛되이 되돌아오지 않습니다.
인도자: 모든 피조물은 하느님의 말씀입니다.
회중: 삼라만상은 하느님에 대해 일러주는 책입니다.

창조적 말씀 #2: "야생화 목록 낭독"

앞에서와 같이, 각각 25종의 이름을 적은 목록을 가지고 있는 사람들 여섯에서 여덟 명을 사전에 약속해 놓고, 그 이름들을 3분 동안 임의로 중복되는 대로 크게 소리내어 읽는다. 다음과 같은 주고받는 말로

마무리하며 침묵은 삽입하거나 생략할 수 있다.

인도자: 이것은 창조주의 말씀입니다.
회중: 하느님께 감사를 드립니다.

목록 3: 사람들

후렴 *"잘 짜여진 아름다움"*

짧은 낭독

인도자: 마이스터 에크하르트의 글입니다.
　　　하느님은 전 우주를 창조하고 계십니다.
　　　완전하게, 그리고 전적으로 이 순간 지금에.
　　　처음에 하느님께서 모든 것을 창조하셨습니다.
　　　그리고 심지어 그전에도.
　　　하느님은 지금 바로 창조하십니다.

공표

인도자: 하느님의 입으로부터 말씀이 나옵니다.
회중: 그 말씀은 헛되이 되돌아오지 않습니다.
인도자: 모든 피조물은 하느님의 말씀입니다.
회중: 삼라만상은 하느님에 대해 일러주는 책입니다.

창조적 말씀 #3: "이곳에 있는 사람들 이름이 적힌 목록 낭독"
앞에서와 같이, 가능하면 참석하고 있는 사람들의 이름 목록을 읽을

사람들 여섯에서 여덟 명을 사전에 배치해 놓는다. 다음과 같은 주고 받는 말로 마무리하며 침묵은 삽입하거나 생략할 수 있다.

인도자: 이것은 창조주의 말씀입니다.
회중: 하느님께 감사를 드립니다.

침묵

찬송   *"오 하느님 그래요"*

마무리 기도

인도자: 하루가 지나가고 한해씩 사라지건만,
저희는 기적들 사이를 장님처럼 걸어갑니다.
창조주시여, 저희의 눈을 볼 것들로 채우시고
저희의 마음을 알 것들로 채우소서.
당신의 현존이 마치 촛불처럼
저희가 걸어가는 어둠을 비추는 순간들이 있게 하소서.
회중: 매일 매일 태양이 완전히 새롭게 떠오르는 것처럼,
찬란함과 기대로 우리가 날마다 새로운 날을 열어가게 하소서.
비추어진 광채와 더러운 손톱에
만족해하는 새로워진 피조물들이 되게 하소서. 아멘.

파송 찬송

"오 하느님 그래요," 반복한다.

예배 4

하느님의 평범한 나라

우리의 기대를 조정하기(25분)

예배 요소 1: 현재 순간

인사

오늘 예배에 오신 것을 환영합니다. 이 예배는 하느님 나라에 관한 예수님의 가르침에 초점을 맞추고 있습니다. 사람들은 강력한 승리를 기대하고 있었지만, 예수님은 하느님 나라가 아주 다른 것이고 평범한 곳에 있으며, 사실 이미 존재하고 있는 것이라고 말씀하셨습니다. 우리가 드리는 기도, 찬송, 낭독, 그리고 침묵을 통해서, 우리는 우리의 정신과 마음이 언제나 현존하는 하느님 나라를 향해 열려져 있기를 기도합니다. 침묵으로 예배를 시작하겠습니다.

여는 찬송

"열망하며 모인 우리"

여는 기원

인도자: 환영합니다.
　　우리는 오늘 여러 가지 바쁜 생활 속에서 여기에 모였습니다.
회중: 우리가 속도를 낮추어 천천히 가며 주의를 기울이게 하소서.

인도자: 우리의 생각은 해야 할 일들로 가득 차 있습니다.
회중: 우리가 속도를 낮추어 천천히 가며 주의를 기울이게 하소서.
인도자: 우리의 삶은 갖가지 좋은 것들로 넘쳐나고 있습니다.
회중: 우리가 속도를 낮추어 천천히 가며 주의를 기울이게 하소서.
인도자: 우리 가운데 몇 사람은 자극적인 뉴스에 매몰되어 있습니다.
회중: 우리가 속도를 낮추어 천천히 가며 주의를 기울이게 하소서.
인도자: 우리들 가운데 어떤 사람은 슬픔으로 힘들어 하고 있습니다.
회중: 우리가 속도를 낮추어 천천히 가며 주의를 기울이게 하소서.
인도자: 우리는 희망의 공동체를 추구하며 세우고 있습니다.
회중: 우리가 속도를 낮추어 천천히 가며 주의를 기울이게 하소서.
인도자: 우리가 추구하는 것이 우리의 생각보다 더 가까이 있을 것입니다.
회중: 우리가 속도를 낮추어 천천히 가며 주의를 기울이게 하소서.
인도자: 사랑의 영이 언제나 우리들 가운데 있습니다.
회중: 우리가 속도를 낮추어 천천히 가며 주의를 기울이게 하소서.
인도자: 기도하겠습니다. 언제나 우리와 함께 하시는 하느님, 의심의 여지 없이 아름다움 자체이신 하느님,
회중: 우리가 종종 간과하는 것에 우리 감각을 맞춰 조율하게 하소서. 우리가 매 순간에 주의를 기울이고, 존재하는 것에 주목하며, 평범한 장소를 중요하게 여기고, 주님의 초대에 응답하게 하소서. 아멘.

찬송

"깨어나게 하소서" 1절을 선창자 혼자 부른다.

하느님의 나라는 우리들의 장소

여러 명의 낭독자가 다음의 글들을 찬송과 침묵과 더불어 번갈아 읽는다. 낭독하는 글의 수효는 시간에 따라 조정할 수 있다.

인도자: 우리 주변 세상을 볼 때, 넘쳐나는 악과 억압으로 인해 우리는 종종 고통을 느끼며 좌절하기도 합니다. 그런 것에 반대하는 우리의 수고가 헛된 것처럼 보이기도 합니다. 역사를 통하여, 사람들은 하느님의 개입을 갈망해 왔고 잘못된 것을 곧바로 끝내는 강력한 승리를 확신해왔습니다. 그러나 예수님은 매우 다른 방향을 가리키셨습니다.

후렴: *"깨어나게 하소서" 1절을 모두 함께 부른다.*

하느님 나라를 무엇과 비교할 수 있을까, 혹은 어떤 비유를 사용할 수 있을까? 그것은 겨자씨와 같다. 그것이 땅에 뿌려질 때에는 지구상에 있는 모든 씨앗들 중에서 가장 작은 것이다. 그러나 뿌려진 후 자라나면, 관목들 중 가장 크게 되어 큰 가지들을 뻗치게 되고, 그 가지들 그늘 속에 새들이 둥지를 틀 수 있게 된다.
—마르코 4:30-32 의역.

겨자 식물은 심지어 마당에 심어 관리를 잘해도 위험한 작물이며 들판에 뿌려져 야생으로 자라나면 치명적이다. 그리고 새들이 둥지를 틀고 있는 나무들은, 우리에게는 매력적인 인상을 줄 수 있지만, 고대 농부들에게는 씨앗과 알곡에 끝없는 위험이 되는 대표적인 것이었다. 달리 말해서, 핵심은 겨자 식물이 널리 알려진 대로 작은 씨앗으로 시작해 1미터 혹은 그 이상 크기의 관목으로 자라난다는 것이 정말 아니다. 핵심은, 겨자 식물이 있지 않았으면 하는 곳을 그 식물이 접수하는 경향이 있다는 것이고, 통제를 벗어나는 경향이 있으며, 새들이 특별히 오지 않기를 바라는 경작지 안으로 새들을 끌어들이는 경향이 있다는 것이다. 그리고 예수가 말했듯이 그것이 하느님 나라와 같은 것이었다. 마치 소유지를 접수하는 위험스럽고 날카로운 관목과 같은 것이다.　—존 도미닉 크로산

어느 날 예수는 하느님 나라가 언제 오고 있었냐는 바리새인들의 질문을 받고 대답하길, "하느님 나라는 관찰할 수 있는 물건처럼 오고 있는 것이 아니다. 혹은 '보라, 여기 있다' 또는 '저기 있다'고 말할 수도 없다. 왜냐하면 사실 하느님 나라는 이미 너희들 가운데 있기 때문이다" – 루가 17:20-21을 의역한 것.

후렴: *"깨어나게 하소서" 2절을 모두 함께 부른다.*

하느님의 나라는 "이미 세상 안으로 들어오고 있으며, 그것은 높은 곳으로부터 부과되는 것처럼 오는 것이 아니라 반죽을 천천히 부풀어 오르게 하는 누룩처럼 오는 것이다."　—월터 윙크

바르게 행할 때가 언제나 무르익고 있다. 지금이 바로 민주주의에 대한 약속을 실현하고 현재 국가적으로 널려있는 우리의 비참한 노래를 인간을 위한 창조적 성가로 바꿀 때다. 지금이 바로 인종 차별

의 위험한 상태로부터 인간 존엄을 위한 굳건한 토대 위로 우리의 국가적 정책을 들어올려야 할 때다.   ─마틴 루터 킹 주니어

후렴: *"깨어나게 하소서" 3절을 모두 함께 부른다.*

친구여, 그대가 살아있는 동안 손님 같은 신에 대한 희망을 잃지 마시오.
그대가 살아 있는 동안 경험 속으로 뛰어드시오!
생각하시오 … 그리고 생각하시오 … 그대가 살아 있는 동안.
그대가 "구원"이라고 부르는 것은 죽기 전의 시간에 속해 있다네.
그대가 살아있는 동안 그대가 그대의 밧줄을 끊지 않는다면,
죽은 후에 유령 같은 신이 무엇인가 할 것이라고 생각하오?
육체는 썩어 없어지기 때문에
영혼이 무아지경에 빠지게 될 것이라는 생각 --
그것은 모두 환상이오.
지금 발견한 것은 그때 가서 발견한 것과 같은 것이오.
그대가 지금 아무것도 발견하지 못했다면,
그대는 죽음의 도시에 있는 집에서 그냥 끝나게 될 것이오.
그대가 지금 신과 사랑을 나누고 있다면, 다음 생에서
그대는 갈망한 것이 이루어진 만족스러운 얼굴을 하고 있을 것이오. ─ 카비르(KABIR)

때가 찼다.
하느님 나라가 가까이 있다.   ─마르코 1:15를 의역한 것.

음악에서, 바다에서, 한 송이에서, 낙엽에서, 친절한 행동에서. … 이 모든 것들 속에서 나는 사람들이 하느님이라고 부르는 것을 본다. —파블로 카잘스

참으로 아무도 꽃을 보지 못한다. 꽃은 작아서 보려면 시간을 들여야 한다. 우리는 시간이 없다. 보기 위해선 시간이 필요하다. 마치 친구를 사귀는 데 시간이 드는 것처럼. —조지아 오키페

침묵

대화

인도자: 이제 몸을 돌려 다른 사람과 이 성찰의 시간에 떠오른 생각을 서로 이야기하고, 이곳에 앉아 있을 때 여러분의 주의를 끌어왔던 것에 대해 대화를 나누시길 바랍니다.

찬송

"오 하느님, 당신은 살아가는 길을 보여주실 것입니다" 1절과 2절.

축복

인도자: 이제 헤어지면서 하느님의 나라는 평범하고 두드러지지 않는 모습으로 우리들 가운데 있음을 확신합시다. 하느님 나라는 원하든 원하지 않든 어느 곳에나 나타나고 있습니다. 앞으로의 시간들 속에서 하느님의 나라를 바라보고 그 안에서 살며 하느님 나라가 있게 하기를 우리 서로 격려합시다. 갈라진 틈바구니에서 자라는 잡초처럼, 우리가 단단한 벽을 즐겁게 무너뜨리게 하소서.

회중: 아멘.

마무리 찬송
"오 하느님, 당신은 살아가는 길을 보여주실 것입니다" *3절과 4절.*

예배 5

풍성한 생명의 공동식사

매우 짧은 예배(10분)와 뒤이은 긴 공동식사

예배 요소 5: 나누는 음식

예배 참고 사항: 한 사람 혹은 집단 전체가 이 예배의 여러 글들 가운데 어느 글이나 읽을 수 있다.

인사 여러분 모두를 환영합니다. 공동식사를 하기 전 약 10 분에 걸쳐 우리는 음식을 위한 찬송과 기도, 그리고 봉헌을 하려고 합니다. 함께 준비한 식사를 같이 나누는 것은 음식을 먹는 훌륭한 방법일 뿐 아니라 우리가 살면서 가치 있게 여기는 것들, 즉 평등, 모든 사람을 포용함, 자비, 관대함을 구체적으로 보여주는 것입니다. 이제 우리 함께 하느님께 대한 감사와 예수님의 가르침에 헌신한다는 것을 나타내시기 바랍니다.

선창 *"열린 초대" 1 절을 느리게 독창한다.*

공표

인도자: 동트기 전부터 해가 진 뒤까지,
　　　　창조하시는 성령은 저녁 식사 종과 같이,
　　　　존재의 만찬으로 모든 것을 부르시면서 울리고 있습니다.

그리고 이 순간 모든 순간과 마찬가지로 종이 울리고 있습니다.
이것은 풍성한 삶의 식사에 동참하라는 환영의 부르심입니다.
오늘 우리는 그 종소리를 들었기 때문에
이곳에 모여 기쁜 마음으로 초대를 받아들입니다.

찬송 *"열린 초대" 1 절과 4-6 절을 약간 빠르게 부른다.*

기억하기

인도자: 예수님이 우리를 가르치셨던 것과 같이, 풍성한 삶은 모든 사람을 위한 것입니다. 우리가 평등, 자비와 비폭력, 관대함, 그리고 아무도 차별하지 않는 포용적인 공동체를 실천할 때 풍성한 삶은 널리 퍼집니다. 이 식사가 우리로 하여금 이런 실천 사항들에 헌신해야 함을 상기시켜 주길 바랍니다. 오늘 우리는 _____ 을 특별히 실천하기를 마음을 다해 간구합니다. *[포용적 공동체, 관대함, 평등, 혹은 자비/비폭력] 중 하나를 _____ 부분에 사용한다. 그리고 촛불을 켜고 아래의 상응하는 글을 크게 읽는다.*

포용적 공동체: 함께 먹는 것이 우리의 공동체를 세우고 있습니다. 우리는 주위를 둘러보고 패션모델이나 수퍼스타들의 세계가 아닌 우리 모두 평범하게 빛나고 있는 평범한 사람들인 우리의 공동체의 모습에 즐거워합니다. 우리는 친구들뿐만 아니라 소외된 사람들과 함께 음식을 먹었던 예수님을 기억합니다. 예수님에게는 음식을 먹는 것이 포용하는 행동이었습니다. 이곳에 있지 않은 사람들, 그리고 우리가 환영하기를 거부해왔던 사람들을 기억하며 우리 잠깐 침묵하겠습니다.

(침묵)

지금 여기서 우리는 포용적 공동체를 세울 것을 약속합니다. 이런 다짐은 피부색, 수입 정도, 감정의 지향, 외모 등을 이유로 어떤 사람들을 배제시키고자 하는 강한 힘에 저항하는 것임을 우리는 알고 있습니다. 우리는 비폭력으로 저항하려고 노력하고 있습니다. 모든 사람들이 환영을 받는 이 식사를 통해, 모든 사람들을 포용하는 세상을 세우는 데 헌신하는 우리의 다짐을 새롭게 합시다.

관대함: 우리는 각자가 이 식탁에서 나눌 수 있는 것들을 가져왔습니다. 이것은 모든 삶의 근저에 계신 무한히 관대하신 분에 대한 작은 응답입니다. 불충분하고 우리의 행위에 따라 유보되는 것이 아니라, 성령에 의해 공짜로, 그리고 자연스럽게 주어진 이 땅의 풍성함에 대해 우리는 감사를 드립니다. 우리의 생활을 인도하는 것이 바로 똑같은 관대함입니다. 우리는 이기주의와 앙갚음의 세력들에 의해 감사와 용서가 가려질 수 있다는 것을 알고 있습니다. 우리는 예수님이 하셨던 것처럼 이러한 세력들에게 비폭력으로 저항하기 위해 애쓰고 있습니다. 오늘 저녁 이 자리에 참석하신 모든 분들은 음식을 가지고 오셨든 안가지고 오셨든 상관없이 먹을 수 있습니다. 이 작은 행동을 통하여, 우리는 탐욕보다는 관대함에 근거한 사회를 세우고자 하는 우리의 사명을 새롭게 합니다.

평등: 우리가 줄을 서서 접시에 음식을 담을 때, 우리는 우리 뒤에 서 있는 사람들을 계속 생각합니다. 다른 사람들은 아직 음식을 받지 못하고 있음을 알고 우리는 그에 따라 적절하게 음식을 담아갑니다.

이렇게 하여 세상의 자원은 평등하게 나누어지고 모든 사람들이 버젓한 삶을 살아가는 충만한 삶을 바라는 우리의 열망에 주목하게 됩니다. 모든 사람들에게 충분하게 분배하는 것을 근본으로 하는 풍성함으로 예수님께서 초대한 것을 우리는 주목합니다. 이런 공정한 세상을 세우는 것은 부와 권력을 지키려는 강력한 세력들에 저항하는 것과 관련된 일임을 우리는 알고 있습니다. 우리는 이런 세력들에 대항해 끈덕짐과 비폭력적 기술로 저항하기 위해 애쓰고 있습니다. 이 식사를 통해 우리는 평등과 정의의 세상을 세워나가는 데 헌신하는 우리의 사명을 실행합니다.

　　자비: 함께 먹는 것은 식탁에 둘러앉아 대화하는 것과 관련됩니다. 우리의 대화는 공동체 안에서 일어나는 일들에 대해 정보를 나누는 것입니다. 어떤 소식은 매우 기쁘고, 어떤 소식은 비극적입니다. 우리는 서로 알고 있는 것을 이야기함으로써 듣고 배우게 됩니다. 우리가 나누는 잡담 속에서도 무시할 것은 하나도 없습니다. 예수님께서는 우리의 삶, 우리의 시간, 현재 우리 세상이 중요하다는 것, 그리고 우리를 둘러싸고 있는 모든 것에 마음을 모으고 살아야 한다는 것을 상기시켜 주셨습니다. 우리 삶 속에서 무슨 일이 벌어지는지 잊게 만들고, 우리 몸이 우리에게 말하고 있는 것을 무시하며, 이 세상에서 벌어지는 일에 대한 거짓을 믿게 하는 강한 세력들이 있음을 우리는 알고 있습니다. 이 세력들은 모든 것이 행복하고 편한 듯 보이는 세계, 어려운 문제들을 폭력으로 해결하는 가장된 세계로 도망가라고 우리를 이끕니다. 우리는 정직하게 수다를 떨며 이런 세력들에게 저항하고 있습니다. 이 식사 속에서, 우리의 대화는 우리의 마음을 깨우며, 동시에 우

리를 정직과 기쁨, 그리고 자비로운 행동으로 이끌어갑니다.

초대

인도자: 모든 분들을 환영합니다. 여러분이 무엇을 가져오셨든지 염려하지 마십시오. 모두가 넉넉하게 드실 수 있을 만큼 풍성하게 있습니다.

회중: 아멘.

식탁의 은총

익숙한 찬송을 부르거나 "일용할 양식을 주소서"를 부를 수 있다.

예배 6

공동체를 찬양하며 개방하기

제약없는 환영의 예배(30분)

예배 요소 2: 포괄하는 공동체

인사말

여러분 모두를 환영합니다. 오늘 우리가 드리는 예배는 찬송, 기도, 낭독과 침묵으로 이루어져 있습니다. 하느님의 많은 목소리와 많은 이미지들을 통해서, 우리들은 낯선 사람들과 소외된 사람들을 환영하라는 예수님의 가르침을 높이 떠받듭니다. 누구나에게 열려있는 예수님의 식탁은 우리도 그렇게 하도록 초대합니다. 이제 우리가 예수님을 따르는 것을 배우게 되기를 함께 기도합니다.

모임 찬송

"한 마음이 되어", 1-3절.

공동체 기원

인도자: 형제자매 여러분,
　　　　우리가 지금 이곳에 모일 때,
회중: 우리의 마음이 사랑으로 하나가 되게 하소서.
인도자: 이 평범한 사람들이 모여 있는 이곳에서,

회중: 우리의 마음이 사랑으로 하나가 되게 하소서.

인도자: 이 평범한 시간 속에서,

회중: 우리의 마음이 사랑으로 하나가 되게 하소서.

인도자: 이곳에 있지 않는 사람들을 우리는 기억합니다.

회중: 우리의 마음이 사랑으로 하나가 되게 하소서.

인도자: 배제된 사람들을 우리는 기억합니다.

회중: 우리의 마음이 사랑으로 하나가 되게 하소서.

인도자: 모든 사람에게 열려있는 예수님의 초대를 우리는 기억합니다.

회중: 우리의 마음이 사랑으로 하나가 되게 하소서.

인도자: 우리는 공동체로 태어났습니다.

회중: 우리의 마음이 사랑으로 하나가 되게 하소서.

인도자: 우리는 화해해야만 합니다.

회중: 우리의 마음이 사랑으로 하나가 되게 하소서.

인도자: 사랑하시는 성령께서 우리 가운데 계십니다.

회중: 우리의 마음이 사랑으로 하나가 되게 하소서.

인도자: 기도하겠습니다. 자비의 꽃이신 하느님, 모든 사람들의 마음 속에 활짝 피어나소서. 우리들 한 사람 한 사람을 친절함과 서로 용서하도록 이끌어 주옵소서. 우정의 기쁨으로 우리를 뜨겁게 태워주소서. 버림받은 사람들을 받아들이지 못한 우리의 잘못을 용서하소서. 이제 안락함과 편안함의 장벽을 넘어, 우리 자신과 매우 다른 지역과 환경에서 살아가는 사람들과 연합하는 참된 공동체로 우리를 인도하소서.

회중: 아멘.

찬송 *"끝없는 자비의 강", 1절과 2절, 혹은 "눈부신 꽃다발".*

더욱 깊고 넓은 공동체로 열어감

다음을 기본 형태로 삼아, 글의 낭독을 침묵과 "자비의 꽃 #2" 후렴과 함께 군데군데 집어넣는다. 길이와 낭독의 수는 시간이 허락하는 대로 조절한다.

인도자: 이제 자비로운 마음을 위해 기도합니다. 우리로 하여금 각각의 사람들의 얼굴을 바라보고 옆에 있는 동료들이 존중할 만한 충분한 가치를 지니고 있음을 알게 하소서. …

선창자: 자비의 꽃이신 주님,

회중: 우리들 속에 활짝 피어나소서, 우리들 속에 활짝 피어나소서, 각 사람의 마음속에 활짝 피어나소서.

하느님이 무엇을 하시든지, 가장 먼저 터져 나온 것은 언제나 자비이다. —마이스터 에크하르트

너희를 창조하신 분이 자비로우신 것같이 너희도 자비롭게 되라. —예수, 루가복음 6:36을 의역한 것

그 크기가 아무리 작더라도 사랑의 모든 행위는 평화의 일이다. 사랑의 열매는 봉사다. 봉사의 열매는 평화다. —마더 테레사

하느님은 사랑이시다. —요한1서 4:8

인도자: 용서와 상호 발전을 통하여 이 공동체를 강하게 만드는 사랑의 유대를 위해 기도합니다.
선창자: 사랑을 꽃 피우신 주님,
회중: 더욱 가깝게, 더욱 가깝게, 우리 모두를 더욱 가깝게 끌어당겨 주소서.

나의 외로움을 더 이상 감당할 수 없을 때, 나는 그 외로움을 나의 친구들에게 넘겨준다. 왜냐하면 나는 그것을 하느님의 친구들 모두와 함께 나누어야만 하기 때문이다. "너는 고통스럽니?" "나도 그래!" —마그데부르그의 메흐틸트

기쁨은 사실 가난한 사람들과 억눌린 사람들 가운데에서 행한 예수의 모든 활동의 가장 특징적인 결과였다. —알버트 놀란

나는 인간이다. 인간적이지 않은 것들은 나에게 낯설다.
—기원전 2세기 로마의 극작가 테렌스(Terence)

인도자: 장벽을 넘어 모든 사람들을 감싸는 평화와 포용의 문화를 위해 기도합니다.
선창자: 부드러운 향기여,
회중: 모든 경계를 넘어서 널리 퍼져나가라, 널리 퍼져나가라.

공기는 어느 곳에나 날아가며 모든 피조물에게 봉사한다.
—빙엔의 힐데가르트(Hildegard of Bingen)

"너의 이웃을 사랑하고 너의 원수를 미워해야 한다"는 말을 너는 들어왔다. 그러나 나는 너의 원수를 사랑하고 너를 박해하는 자들을 위해 기도하라고 말한다. 그렇게 하면 너는 천국에 계신 하느님의 자녀가 될 수 있을 것이다. 왜냐하면 하느님은 악한 자들과 선한 자들 위로 해가 떠오르게 하시며, 의로운 자들과 불의한 자들에게 비를 내리게 하시기 때문이다. —마태오 5:43–45를 의역한 것

한 사람이 예루살렘에서 여리고로 내려가다가 강도들의 손에 잡히게 되었다. 강도들은 그의 옷을 벗기고 그를 때린 후, 반죽음 상태에 이른 그를 길가에 둔 채 가버렸다. 그 때 우연히도 한 제사장이 그 길을 따라 내려가고 있었다. 제사장이 그 남자를 보았을 때, 그를 회피하기 위해 자신의 길을 벗어나 가버렸다. 똑같이 한 레위인이 그 장소에 왔을 때, 그를 한번 흘깃 보고 그를 피하기 위해 길을 가로질러 갔다. 그러나 그 길을 지나가던 이 사마리아인은 그 사람이 있는 곳에 와서 그의 모습을 보고 불쌍히 여겼다. 사마리아인은 그에게로 다가가서 올리브기름과 포도주를 그의 상처에 부으면서 상처를 싸매주었다. 사마리아인은 자신의 가축 위에 그를 들어 올려서 여관으로 데려가고 그를 돌봐주었다. … 가서 그와 같이 하라.
—예수, 루가 10:30–34, 37을 의역한 것

나는 이념과 주의에 흥미가 없다. 가톨릭의 달과 침례교의 태양이 있는 것은 아니다. 우주적 하느님은 보편적이라는 것을 나는 안다. … 교황의 어머니와 아버지에게 미치는 하느님의 영향력은 지구상에 있는 가장 외로운 술꾼의 어머니와 아버지에게도 똑같이 전해진

다고 나는 느낀다. ―딕 그레고리(Dick Gregory)

선창자: 자비의 꽃이신 주님,
회중: 우리들 속에 활짝 피어나소서, 우리들 안에 활짝 피어나소서, 각 사람의 마음속에 활짝 피어나소서.

우리의 경계를 넘어서: 포용적 공동체 이름 부르기

인도자: 우리가 포용적인 공동체를 열망하기 때문에, 이제 우리는 잠시 멈추어 배척받은 사람들을 기억합니다. 그들은 우리 사회에서 권력으로부터, 특권으로부터, 편안함으로부터 제외된 사람들입니다. 우리의 행위와 다른 사람들의 행위에 의해서 배척받은 사람들입니다. 환영받지 못한 사람들입니다. 그들의 이름을 진정으로 크게 불러봅니다.

잠시 시간을 준 후 기도로 마무리한다.

인도자: 자비의 꽃이신 하느님, 모든 사람들의 마음속에 활짝 피어나옵소서. 우리들 한 사람 한 사람을 친절함과 서로 용서하도록 이끌어 주소서. 우정의 기쁨으로 우리를 뜨겁게 태워주소서. 우리의 실수를 용서하셔서 버림받은 사람들을 받아들이게 하소서. 이제 안락함과 편안함의 장벽을 넘어, 우리 자신과 매우 다른 지역과 환경에서 살아가는 사람들과 연합하는 참된 공동체로 우리를 인도하소서.
회중: 아멘.

찬송

"*끝없는 자비의 강*" *3절과 4절.*

축복

인도자: 이제 누구나 환영받고 평등이 가득한 공동체를 세우고 그 안에서 살아가며 즐기면서 기쁨으로 나가십시오.

회중: 하느님 고맙습니다.

마무리 찬송

"*한 마음이 되어*", *1, 4, 5, 6절.*

늦은 저녁이라면, "*마음 평화롭게*"*를 사용한다.*

예배 7

예수의 비폭력 가르침

낭독과 성찰의 짧은 예배(25분)

예배 요소 3: 현실 세상

인사

예배에 오신 것을 환영합니다. 오늘의 주제는 예수님과 우리들 자신을 위한 비폭력입니다. 하느님과 하느님의 나라 믿는 사람들 대부분이 기대하고 있는 것과 매우 다르다는 것을 예수님께서 가르치셨습니다. 하느님은 비폭력적이고 함께 아파하시는 자비로운 분이시며, 이 현실 세상의 기쁨과 슬픔 속에서 이미 우리 가운데 계신다고 가르치셨습니다. 이 짧은 예배 가운데, 우리는 예수님의 말씀을 듣고 그 말씀의 의미를 깊이 생각하는 시간을 가질 것입니다. 이제 조용히 침묵하면서 시작하겠습니다.

찬송

"한 마음이 되어" 1-4절을 부른다.

여는 기원

인도자: 여러분 모두를 환영합니다.
　　　　기도와 자비심으로 하나가 됩시다.

회중: 이곳에 있는 것이 참으로 좋습니다.

인도자: 예수님께서 지금 우리를 초대하십니다. 우리 주변에 있는 이 세상에 깊은 주의를 기울이라고 초대하십니다.

회중: 우리의 눈을 떠서 기도합니다.

인도자: 피조물의 소리를 들으라고 초대하십니다.

회중: 우리의 귀를 열어 기도합니다.

인도자: 우리 이웃의 고통을 느끼라고 초대하십니다.

회중: 우리의 마음을 기울여 기도합니다.

인도자: 새로운 삶의 기쁨을 맛보라고 초대하십니다.

회중: 우리 모두 미소지으며 기도합니다.

인도자: 모든 사람을 위한 풍성한 잔치의 냄새를 맡으라고 초대하십니다.

회중: 우리가 좋은 식욕을 느끼며 기도합니다.

인도자: 이 세상은 우리의 가정입니다.

회중: 우리의 삶을 다 바쳐 기도합니다.

인도자: 기도하겠습니다.

사랑으로 만발한 꽃과 같으신 하느님, 우리가 예수님의 삶과 가르침을 받아들이려 할 때, 우리에게 용기와 활짝 열려진 영을 주소서. 우리의 기도 속에서, 우리의 침묵 속에서, 그리고 우리의 대화를 통하여, 우리가 아름다움을 찬양하며 고통의 극복에 동참하는 현장인 삶 가운데에서, 풍성하게 살라고 손짓해 부르시는 주님의 초대에 안기는 것을 느끼게 하소서. 아멘.

응답송 *"들어 보라". 5~6번 반복하여 부른다.*

낭독과 성찰

  제1부 3장에 있는 구절들 가운데 하나를 크게 읽고, 회중의 한 사람이 그에 대한 생각을 발표하도록 하라.

찬송

  "두려움 떨쳐 버리고", 또는 낭독한 구절에 적합한 다른 노래.

마무리 기원

인도자: 기도하며 함께 아파하는 마음을 품고 세상으로 나아갑시다.

회중: 우리의 일상생활로 돌아가는 것이 참으로 좋습니다.

인도자: 예수님께서 지금 우리를 초대하십니다. 우리 주변에 있는 이 세상에 깊은 주의를 기울이라고 초대하십니다.

회중: 우리의 눈을 떠서 기도합니다.

인도자: 피조물의 소리를 들으라고 초대하십니다.

회중: 우리의 귀를 열어 기도합니다.

인도자: 우리 이웃의 고통을 느끼라고 초대하십니다.

회중: 우리의 마음을 기울여 기도합니다.

인도자: 새로운 삶의 기쁨을 맛보라고 초대하십니다.

회중: 우리 모두 미소 지으며 기도합니다.

인도자: 모든 사람을 위한 풍성한 잔치의 냄새를 맡으라고 초대하십니다.

회중: 우리가 좋은 식욕을 느끼며 기도합니다.

인도자: 이 세상은 우리의 가정입니다.

회중: 우리의 삶을 다 바쳐 기도합니다.

인도자: 기도하겠습니다.

　　사랑으로 만발한 꽃과 같으신 하느님, 우리가 예수님의 삶과 가르침을 받아들이려 할 때, 우리에게 용기와 활짝 열려진 영을 주옵소서. 우리의 기도 속에서, 우리의 침묵 속에서, 그리고 우리의 대화를 통하여, 우리가 아름다움을 찬양하며 고통의 극복에 동참하는 현장인 삶 가운데에서, 풍성하게 살라고 손짓해 부르시는 주님의 초대에 안기는 것을 느끼게 하옵소서.

회중: 아멘.

마무리 찬송
　　"생명의 길 보여주신 하느님"

예배 8

누구에게나 개방된 식탁

성찬식이 있는 짧은 예배(25분)

예배 요소 5: 나누는 음식

인사

오늘 성찬 예배에 오신 것을 환영합니다. 이 성찬식은 전통적인 것과는 다른 점을 강조할 것입니다. 우리는 예수님의 죽음을 기억하기보다 이 식사를 예수님의 삶과 가르침을 기억하는 기회로 삼고자 합니다. 예수님은 소외된 사람들과 이방인들을 품었으며, 결핍보다는 풍성함을 강조하였고, 너그러움을 요구했으며, 탐욕의 체제에 도전하였습니다. 찬송과 기도, 그리고 음식을 나누는 가운데, 이제 우리는 예수의 길을 찬양합시다.

모임 찬송 *"여기 평범한 이곳에서" 1 절만. 혹은 다른 모임 찬송.*

여는 기원 (*"저를 따라 반복해 주십시오"라는 말로 시작한다.*)
인도자: 예수님의 이름으로
회중: 예수님의 이름으로
인도자: 우리는 함께 모였습니다.
회중: 우리는 함께 모였습니다.

인도자: 예수님은 원수를 사랑하신 분입니다.

회중: 예수님은 원수를 사랑하신 분입니다.

인도자: 예수님은 낯선 사람을 환대하신 분입니다.

회중: 예수님은 낯선 사람을 환대하신 분입니다.

인도자: 예수님은 버림받은 사람들과 함께 식사를 하신 분입니다.

회중: 예수님은 버림받은 사람들과 함께 식사를 하신 분입니다.

인도자: 예수님은 병든 자들을 고치신 분입니다.

회중: 예수님은 병든 자들을 고치신 분입니다.

인도자: 예수님은 권력자들에게 도전하신 분입니다.

회중: 예수님은 권력자들에게 도전하신 분입니다.

인도자: 예수님은 자비를 요청하신 분입니다.

회중: 예수님은 자비를 요청하신 분입니다.

인도자: 예수님은 하느님이 사랑이심을 보여주신 분입니다.

회중: 예수님은 하느님이 사랑이심을 보여주신 분입니다.

인도자: 우리는 지금 이곳에 모여 있습니다.

회중: 우리는 지금 이곳에 모여 있습니다.

인도자: 예수님의 이름으로.

회중: 예수님의 이름으로.

인도자: 기도하겠습니다. 자비로우신 성령님이시여,

회중: 이 시각 우리가 함께 할 수 있으니 감사를 드립니다. 우리가 모일 때, 우리 눈을 가리고 있는 장막을 걷어주셔서, 우리 가운데 당신이 현존하고 계심을 알게 하시고, 또한 나눔, 관대함, 정의와 환대라는 즐거운 습관으로 풍성함을 발견하면서 예수님의 가르침을 따라 살게 하옵소서. 아멘.

나누는 음식(성찬식)

찬송

"열린 초대", 또는 다른 적절한 찬송.

성찬 감사의 말: 예수의 삶 기억하기

인도자: 음식을 나누는 것은 공동체를 세우기 위해 날마다 행하는 자연스러운 방법입니다. 예수님께서 우리에게 보여주었던 것과 같이, 음식을 나누는 것이, 굶주림은 견딜 수 있는 것이라고 판단하는 모든 체제를 향한 도전이 되고 뒤엎는 행위가 또한 될 수 있습니다. 이 식사를 통해서, 우리는 헐벗은 자를 입히고 굶주린 자에게 먹을 것을 주라고 제자들에게 가르치셨던 예수님의 증언을 기억하며 … 오천 명을 먹이심으로써 축적하는 것을 뛰어넘어 나눔의 능력을 보여주셨던 예수님을 기억하고 … 소외된 자와 함께 먹고 모든 사람이 그의 식탁에 앉는 것을 환영함으로써 종교적 가르침에 도전했던 예수님을 기억합니다.

나눔의 초를 켜고 잠시 침묵한다.

음식을 축복하기

인도자는 두 손을 들어 회중을 "껴안는" 동작을 취한다.

인도자: 이곳에 있는 모든 분들을 환영합니다.

회중: 이렇게 하여서, 우리는 모든 사람이 존경받고 품위를 갖고 살아가는 세상, 아무도 차별받지 않는 포용적인 세상을 떠받듭니다.

인도자는 회중이 볼 수 있도록 빵을 들어 올린다.
인도자: 이 자리에 있는 모든 분들은 나누어진 빵을 받을 것입니다.
회중: 이렇게 하여서, 우리는 예수님께서 본을 보여주셨던 것처럼 풍성함이 결핍을 극복하여 모든 사람들이 먹게 되는 그런 세상, 풍성한 세상을 떠받듭니다.

인도자는 회중이 볼 수 있게 포도주를 들어 올린다.
인도자: 여러분 모두는 지금 각자의 것을 취하고 계속해서 전달하기 위해 초대되었습니다.
회중: 이렇게 하여서, 우리는 특권이 고착된 체제는 도전을 받으며, 재물은 평등하게 분배가 되고, 모든 사람이 충분하게 만족할 수 있는 세상, 넉넉한 세상을 떠받듭니다.
인도자: 기도하겠습니다. 풍성하신 하느님, 지금, 그리고 집에서 우리가 음식을 함께 나눌 때, 이 음식이 비폭력과 사랑이라는 변화시키는 정신으로 우리의 굳건한 믿음을 유지시키게 하소서. 우리가 정의와 평화에 대한 주님의 뜻을 향하여 움직여 나갈 때 이 음식이 우리로 하여금 예수님의 가르침을 생각하게 하며 우리를 강건하게 만들게 하소서.
회중: 아멘.

음식 분배하기 (*분배를 위한 예식의 말*)
분급자: 우리는 한 덩어리 빵을 같이 먹습니다. (빵)
　　　　우리는 한 잔에 담긴 것을 나눕니다. (포도주)

분급 찬송

"우리에게 일용할 양식을 주옵소서"와 다른 적절한 찬송을 분급하는 동안 부를 수 있다.

성찬 후 기원(선택 사항)

인도자: 예수님은 우리에게 이 진리들을 가르치셨습니다:
　　　이 세상은 좋은 것들로 가득 차 있습니다.
회중: 우리 모두가 그것들을 동등하게 나누게 하소서.
인도자: 충분한 음식이 풍성한 삶의 비결입니다.
회중: 원하는 만큼 먹고 계속 건네주게 하소서.
인도자: 음식은 풍성한 성령님께서 주시는 선물입니다.
회중: 선물을 주신 분께 감사를 드립니다.
인도자: 우리는 한 덩어리의 빵을 함께 나누어 먹습니다.
회중: 식탁에 다른 사람을 위한 자리를 비워놓게 하소서.

성찬 후 기도

인도자: 기도합시다. 풍성한 성령님,
다같이: 이 음식을 주시니 고맙습니다. 또한 함께 먹는 즐거움을 주심에 감사를 드립니다. 이 식사를 통해서 당신께서는 우리에게 강건함과 갈급함 모두를 주셨습니다. 우리 몸과 우리 공동체를 위한 힘을 주셨으며, 정의로운 세상을 위해서 갈급함을 주셨습니다. 우리가 식사 때마다 이와 같이 똑같은 선물들을 맛보게 하소서. 아멘.

성찬 후 찬송 ("*성령이시여, 지금입니다*")

축복 기도

인도자: 기쁨으로 섬기기 위해 지금 나가십시오.
　　　작은 씨앗들처럼 흩어지십시오.
　　　올바른 곳에 있음을 확신하십시오.
　　　한없는 사랑의 흙이 되시는 분께 뿌리를 내리십시오.
　　　줄기를 뻗어 나오라고 부르시는 그 분의 초대를 받아들이십시오.
　　　전쟁과 억압으로 가는 통로를 부숴뜨리십시오.
　　　그리고 기쁨의 꽃다발로 활짝 피어나십시오.
회중: 우리는 평화를 바라는 억누를 수 없는 잡초들입니다. 아멘.

파송 찬송

　　"*조금씩*", 혹은 다른 적절한 찬송.

제3부

대화, 기도, 예배를 위한 자료들

자료 A

이 책에 대해 함께 이야기하기

토론을 위한 지침

이 책이 제기하는 문제들에 대해 진전된 토론을 장려할 수 있게 한다면 이 책은 가장 값진 것이 될 것이다. 제1부는 회중이 다섯 주 동안의 학습 시리즈로 사용하고, 제2부와 제3부는 예배 인도자와 회중이 무엇인가 다른 것을 시도하고자 생각하며 받아들이면 좋겠다. 우리가 원하는 것은 사람들이 우리가 대안으로 제시한 것들을 시도하고, 어떻게 느껴지는지를 알아보며, 또한 오늘날 세상에서 의미 있는 예배와 기도문을 만들어 가면서 그들 자신의 여행을 계속하는 것이다. 우리가 제기한 이 문제들에 대해 각각의 집단이 서로 다른 입장을 취할 것이며, 또한 많은 집단들이 우리가 끄집어 낸 문제들과 우리가 제안한 대안들에 대해 불편해 할 것을 우리는 잘 알고 있다. 우리는 이 책을 개방되고 정직한 대화의 정신으로 제시하며, 어렵지만 중요한 주제에 말을 걸기 위한 초청장으로서 내 놓는다. 정직하자. 창의적이 되자. 기꺼이 받아들이자. 담대하자. 그리고 즐기자.

토론 질문들

서론과 1~4장의 끝부분에 우리가 제시한 질문들은 개인적인 느낌들과 반응들과 제기된 문제와의 개인적 연관성들을 자세히 살피는 것에 강조점을 두고, 솔직하게 토론하는 것을 북돋우기 위해 고안되었다. 질문들은 우리들 경험을 통해 잘 작동하는 네 개의 범주에 꼭 맞는 것들이다.1) **객관적 질문들**(Objective questions)은 저자가 말하고 있는 것의 핵심들을 살펴봄으로써 내용을 파악하려는 것이다. **성찰적 질문들**(Reflective questions)은 언급되고 있는 것에 대한 참여자들의 느낌과 반응을 얻기 위한 것이다. **해석적 질문들**(Interpretive questions)은 문제의 의미를 탐구하고 이 문제들이 왜 중요한지 또는 개인에게나 교회에게 왜 중요하지 않은지를 알아보는 것이다. **마무리 질문들**(Decisional questions)은 참여자들로 하여금 개인적으로나 집단적으로 제기된 문제에 대해 그들의 대답을 찾도록 하기 위한 것이다.

토론 전술

이 토론은 융통성 있게 접근할 수 있다. 객관적 질문들은 모든 사람이 같은 내용을 보고 각 장을 복습하도록 도와줄 수 있다. 집단들은 미리 결정해 놓은 어떤 결말도 없이 필요로 할 때는 어디서든 토론할 수 있다. *우리는 집단이 네 개의 범주 각각에서 최소 하나 이상의 질문을 택하기를 추천한다.*

우리는 소집단과 대집단 토론을 섞어서 사용하기를 제안한다. 모든 것이 큰 집단 안에서만 행해진다면, 모든 사람이 중요한 무엇인가를 말할 수 있다고 할지라도 집단의 몇몇 사람만이 기여하게 된다. 다

---

1) R. Brian Stanfield, ed., *The Art of Focused Conversation: 100 Ways to Access Group Wisdom in the Workplace* (Philadelphia: New Society Publishers, 2000).

음과 같은 것이 평상적으로 사용되는 방법이다:
- 참여자들을 세 개나 네 개의 집단으로 나눈다.
- 각 집단이 같은 질문에 대해 토론하는 데에 몇 분을 사용하게 한다. 각자가 말할 기회를 갖도록 분명하게 해야 한다.
- 전체 집단을 함께 불러 모은 후 작은 집단의 참여자들로 하여금 그들의 토론에서 나온 구절과 가장 중요한 부분을 발표하게 한다.
- 작은 집단으로 다시 구성하고 질문의 각 범주에 대해 이 과정을 반복한다.

우리는 또한 각 장을 위한 활동들을 제안한다. 이것은 다른 학습 형태를 품고 있는 자료들을 캐내기 위한 대안이다. 활동은 집단으로 하여금 새로운 방법으로 생각하기에 뛰어들도록 도울 수 있다. 우리는 미술, 음악, 역할극과 촌극을 포함하여 다른 여러 활동들을 사용하고 발전시킬 것을 권유한다. 염려를 버리고 자유롭게 새로운 것을 시도하라.

분노, 공포, 기쁨, 후회, 혹은 감사와 같은 강한 감정들이 토론할 때 일어날 수 있다. 토론을 시작하기 전에 집단이 그들 모두를 이끌 둘이나 세 개의 근본 규칙을 마련하도록 하라. 그런 근본 규칙은 다음과 같은 것이 될 수 있다: (1) 우리는 우리의 진실된 생각과 느낌을 나눌 것이다. (2) 우리는 존중하고 열린 마음으로 서로의 말을 들을 것이다. (3) 우리는 돌아가며 모든 사람이 말할 수 있도록 북돋아 줄 것이다.

자료 B

사람들의 기도

마더 테레사는 어느 인터뷰에서 기도할 때 무슨 말을 했는지 질문을 받았다. 아무 말도 하지 않았다고 그녀는 대답했다. 그녀는 듣는다고만 했다. 그래서 그녀가 들을 때 하느님은 무슨 말씀을 하셨는지 질문을 받았다. 그녀의 대답은 하느님 역시 아무것도 말씀하지 않으셨다는 것이었다. 하느님은 그저 듣고 있으시다는 것이었다.

우리는 많은 집단들이 즐겨 사용하는 기도 형태와 다른 것을 권면하고자 한다. 청원 형태의 기도(청원의 내용을 통하여 하느님의 개입을 요청하는 것)보다는 듣는 형태의 기도, 즉 마음챙김의 시간을 통해 우리를 자비 속으로 이끌어 가는 기도를 하고 싶다. 청원 형태의 기도가 (우리들에게) 함축하는 신은, 때로는 존재하고 때로는 존재하지 않으면서 누구의 기도를 들어줄까 결정하며 제한적이거나 조건적인 축복을 주는 그런 신이다. 우리는 차라리 함께 침묵하며, 모든 것을 열어 놓는 기도를 선호한다. 현실 세계를 간략하지만 구체적으로 설명한 것을 통해서 우리는 항상 존재하는 초청의 음성을 들을 수 있을 것이다.

그런 마음으로, 우리는 기도하는 사람들에게 각각의 기쁨과 관심을 솔직히 드러내는 시간을 가질 것을 제안한다:

- "존이 이번 주에 병원에 입원했어요. 위로와 도움이 필요합니다."

- "지저귀는 새들이 돌아왔어요. 나는 어제 남색빛깔의 멧새들을 보았습니다."
- "이번 주 이란에서 발생한 지진으로 2만 5천명의 사람들이 죽었습니다."
- "어머니와 나는 어제 3년 만에 처음으로 전화 통화를 했습니다."

각 기도 후에 침묵을 할 수 있고, 혹은 다음과 같은 네 가지 표본적 대귀 가운데 하나를 선택할 수 있다:

인도자: 자비의 꽃이신 주님,
회중: 우리 가운데 활짝 피어나소서.
　　　－ 혹은 －
인도자: 자비의 샘이신 주님,
회중: 우리 가운데 넘치도록 솟아나소서.
　　　－ 혹은 －
인도자: 무한하신 사랑의 주님,
회중: 우리는 주님 안에서 살아가고 있습니다.
　　　－ 혹은 －
인도자: 자비로우신 하느님,
회중: 우리의 기도를 들어주시옵소서.

자료 C

프린트하여 함께 읽을 기도들

당신이 집단에서 소리내어 기도하기를 택한다면, 다음의 기도문들이 이 책의 주제들을 어느 정도 반영시킬 수 있다.

1. 헌신의 기도(카나안 바나나, Canaan Banana)[1)]

나의 눈을 열어 내 이웃들의 간절한 요구를 볼 수 있게 하소서.
나의 손을 움직여 굶주린 사람들을 먹일 수 있게 하소서.
나의 마음을 만져주어 절망적인 사람들에게 따뜻함을 전할 수 있게 하소서.
나에게 이방인들을 기꺼이 받아들이는 관대함을 가르쳐 주소서.
나로 하여금 헐벗은 사람들을 입히도록 나의 소유를 나누게 하소서.
나로 하여금 아픈 사람들이 건강해지도록 그들을 돌보게 하소서.
나로 하여금 갇힌 사람들을 자유케 하도록 추구하는 일에 함께 할 수 있게 하소서.
우리의 염려와 우리의 사랑,
우리의 가난과 우리의 부유함을 함께 나누는 가운데,
우리는 당신의 거룩한 현존에 동참하고 있습니다. 아멘.

---

1) 이 기도는 짐바브웨의 카나안 바나나에 의한 것이다. 이 기도는 John Carden 이 편집한 *With All God's People: The Ecumenical Prayer Cycle* (Geneva: WCC Publication, 1989), p. 344 에 수록되어 있다.

2. 비폭력 세대를 바라는 기도(베네딕트 수사 메리 로 코우나키)[2]

나는 모든 창조물 가운데 계신 신께 머리를 조아려 기도합니다.

나의 영이 아름다움과 경이로움으로 이 세상을 바라보며 그득 차게 하소서.

나의 마음이 겸손함과 열린 자세로 진리를 찾게 하소서.

나의 심장이 무제한으로 용서하게 하소서.

친구와 원수, 그리고 이방인을 향한 나의 사랑이 계산되지 않게 하소서.

내가 필요로 하는 것은 아주 적고 나의 생활이 단순해지게 하소서.

나의 발걸음들이 정의를 위한 여정 위에 있게 하소서.

나의 입이 권력자를 두려워하지 않은 채 가난한 사람들을 위해 말할 수 있게 하소서.

굶주리는 어린아이가 하나도 없을 때까지 나의 기도를 만족하지 않고 끈기 있게 드리게 하소서.

평화와 비폭력을 위한 열정으로 내 삶의 일을 하게 하소서.

나의 영혼이 현재의 순간에 기뻐하게 하소서.

나의 상상력이 새로운 가능성으로 죽음과 절망을 정복하게 하소서.

그리고 어린아이들을 향한 이 희망을 간직하기 위해 나의 명성과 안락함, 안전이 위태롭게 되는 것을 감내하게 하소서.

---

[2] 이 기도는 베네딕트 수사인 Mary Lou Kownacki 가 쓴 것이고 Pax Christi USA 의 허락을 받아 사용하였다. 이 기도는 폭력을 줄이기 위한 기도와 연구와 행동을 북돋우기 위해서 3 인치 x5 인치 크기의 카드에 인쇄되어 배포되었다. 이 카드는 100 장당 10 불로 Pax Christi 에서 주문할 수 있다.

3. 주님이 가르치신 기도(브레트 헤슬라 각색)

어머니처럼 우리를 사랑하시는,
자비로우신 성령님,
당신의 나라는 우리들 사이에서 지금 피어나고 있습니다.
그리고 우리들 속에서도.
당신의 자비가 우리들을 모든 활동 속에서 인도해 주시기를 기도합니다.
날마다 우리가 필요로 하는 것을 주시고,
그것만의 기적으로 만족하도록 우리를 도와주소서.
용서해주시는 주님, 우리의 요청이 없어도 우리를 온전함으로 이끌어 품어주시는 주님,
우리들 서로 서로가 겸손한 가운데 화해하게 하소서.
또한 우리 이웃을 감옥에 가둬버리는 살인적인 빚들을 탕감시키게 하시며
그래서 기쁘고 건강한 공동체로 번성하게 하소서.
우리가 악으로부터 이득을 취하거나 악을 무시하지 않게 하소서.
하지만 악을 방해하기 위해 비폭력으로 더욱 움직이게 하시어
이 세상에서 평화의 나라를 우리가 함께 만들게 하소서.
지금 그리고 날마다.
아멘.

자료 D

묵상과 기도를 인도하기 위한 자료들

듣는 것으로서의 기도에 관한 주제를 연장하여, 우리는 많은 예배에서 기도하는 것 같은 듣기로 이끌어주는 역할을 할 수 있는 일련의 짧은 글들과 단순한 목록들을 사용해 왔다. 인용, 뉴스의 주요 제목, 동식물의 이름과 같은 이러한 항목들은 큰 소리로 읽을 수 있고, 우리 기도에 초점을 맞추기 위해서, 있는 그대로의 세상을 보기 위해서, 그리고 넉넉하고 자비로운 삶으로의 초대를 듣기 위한 방법으로서 침묵과 찬송과 함께 중간에 들어갈 수 있다. 아래에서 보듯 우리는 이들 "목록"을 세 집단으로 나누어 놓았다. (예배에서 짧은 글들, 찬송과 침묵을 사용함에 있어 도움이 되는 지침은, 수잔 브리엘과 톰 위트가 쓴 책 *Prayer around the Cross*를 보면 된다.[1])

1. 우리를 둘러싼 세상에 주의를 기울이게 하는 신문 주요 제목들

기도의 지침으로 뉴스의 주요 제목을 사용하는 일은 잠시 동안 여러 가지 경험을 쌓게 한다. 한 차례 이 제목들을 크게 읽고, 그에 대해 침묵 속에서 반추하면, 이 제목들이 우리를 자비의 삶으로, 섬기는 삶으로, 현재 순간과 세상이 연관된 삶으로 초대할 수 있다(예배 2, "초

---

[1] Susan Briehl and Tom Witt, *Prayer around the Cross: A Guide to the Liturgy* (Chelan, Wash.: Holden Village Press, 1999). 또한 www.holdenvillage.org/ bookstore/hvpress.html에서도 볼 수 있다.

대"를 보라). 당신이 드리는 기도의 초점에 따라, 당신이 수집한 뉴스의 제목들이 특정한 주제(희망의 표식, 지역의 관심, 국제적 분쟁, 자연 세계)로 한정되거나 넓은 범위를 포괄할 수 있다. 물론 당신이 수집한 것들이 의심의 여지없이 당신의 성향을 어느 정도 반영한다고 할지라도, 아마도 개인의 견해가 실린 페이지 속의 제목들보다는 "사실적으로 보도하는" 제목들을 찾는 것이 최상일 것이다.

세계/국내의 정치적 제목들의 선발 목록
　　미국 병사들 수니 이슬람 사원을 샅샅이 뒤지다
　　미국이 외국 방문객에게 지문채취와 사진찍기 시작
　　치한에 대한 새로운 접근이 필요하다
　　소말리아 법무장관의 전언
　　람지 카운티의 새 교도소가 벌써 거의 다 찼다
　　인도, 파키스탄과 평화 협상 계속
　　영국 군인들 "이라크 재소자를 죽음으로 몰아넣었다"
　　국제 뉴스에 관한 온라인의 좋은 자료는 www.commondreams. org.

사회와 시민들에 관한 제목들의 선발 목록
　　직업의 문이 넓어졌다: 여성과 소수자들 의사와 변호사 숫자 증가
　　얼음 궁전 쇼가 춤추는 것을 거부할 수 없는 강한 충동을 주었다.
　　몇몇 상점들이 소년 학대 상품 판매를 거부
　　두 여성이 혼인신고 제출: 카운티 서기는 법이 허락하지 않을 것이라고
　　침묵의 소리: 교육가들은 방해받지 않는 침묵의 시간의 가치를 강조

프로젝트는 가난한 사람들이 자신의 집을 구매하도록 돕는다
어린이에게 고함을 쳐 준 상처는 오래 간다는 연구결과가 나왔다
이 제목들은 신문, 소식지, 마을 신문에서 발췌한 것.

환경에 관한 제목들의 선발 목록
알라스카 석유 탐사 승인
공중의 오존이 산림 토양을 바꿀 수 있다
100년 안에 북극곰의 거주지가 파괴될 것
화학적 처리가 된 나무는 어린이에게 암 발생 위험이 있다.
유전 경보 시계는 식물들이 언제 꽃 피울지를 알려준다
과학자들은 블랙홀이 확장되어 별을 빨아들이고 있다고 말한다

2. 생물의 종 목록: "창조의 책" 내용 읽기

우리의 경제와 우리의 "번영"은 엄청나게도 피조물에 대한 폭력에 근거하고 있다. 신학자 메튜 폭스(Matthew Fox)는 말하길 우리들의 전체 영성이 오그라들었는데 그 이유는 우리가 예배 안에 우주를 포함시키는 것을 경시해왔기 때문이라고 하였다. 우리 모두는 그런 부족함을 회복할 방법을 생각할 필요가 있다. 아마도 13세기 기독교 신비주의자인 마이스터 에크하르트가 "창조 전체는 하느님에 대한 책이고, 모든 피조물은 하느님의 말씀이다"[1]라고 말한 것이 회복시키는 한 방법을 우리에게 일러주고 있다. 예배 속에서 창조와 피조물을 말씀읽기로서 사용하자.

---

1) Matthew Fox, *Original Blessing: A Primer in Creation Spirituality* (Santa Fe, N.Mex.: Bear and Company, 1983)에서 인용.

"창조의 동녘" 예배에서 우리는 지역의 식물과 동물의 목록을 조사하여 "하느님의 말씀"을 함께 읽기를 요구했다. 이 읽기는 다섯이나 여섯 명이 겹치지 않는 목록을, 동시에 또한 무계획으로, 크게 읽는 것으로 진행할 수 있다. 읽는 사람들에게 3분이나 그 비슷하게 각자의 목록을 읽어나가면서 시간을 넉넉히 가지도록 한다. (이 이름들이 크게 읽혀졌을 때 나는 그 이름들 대부분이 나에게 얼마나 생소하고 익숙하지 않은가를 알게 되었다. 그 후 나는 약간의 상실감과 더불어 이처럼 가까이 있는 이웃들과 창조의 경이로움 모두와 연결되고 싶은 희망을 가졌다.) 국립공원, 지역 자연보호 클럽, 야외 지침서는 목록을 만드는 데 좋은 자료들이다.

3. 크게 읽기 위해, 그리고 찬송, 침묵과 번갈아 사용하기 위한 인용문들

여러 예배들이 신앙적인 명상을 도와주기 위해 짧은 글들을 사용한다. 우리는 짧은 인용문들을 여기에 다시 적어 한 곳에 모아두었다. 이렇게 모아놓은 글들이 다음과 같이 사용되길 바란다.

- 당신 집단의 기도와 명상에 초점을 맞추기 위해 사용하려는 글들을 선택하는 데 도움을 준다.
- 당신이 모으고 사용하기 위해 중요하게 애용하는 것들과 유사한 것을 생각나게 해준다.

종교를 말하는 사람이 정치적인 것에 대해 아무 일도 하지 않는다면 그는 종교가 무엇을 의미하는지 모르고 있는 것이다.
—마하트마 간디[2])

두루마리 경전을 펼치고 예수는 이렇게 적혀 있는 곳을 찾았다: 하느님이 나에게 기름을 부으셨다. 이는 가난한 사람들에게 복음을 전하고, 포로들이 풀려나고 소경들이 다시 보게되는 것을 선포하며, 억눌린 사람들이 자유롭게 되고, 야훼의 은혜로운 해를 선포하게 하기 위함이다.　　— 루가복음 4:17-19를 의역한 것

1400년 전에 마리아가 예수를 낳았는데, 만약 나 또한 내 시대와 문화 속에서 예수를 낳지 않는다면 나에게 무엇이 좋겠는가?
　　　　　　　　　　　　— 마이스터 에크하르트, 13세기[3]

그러나 길을 가던 한 사마리아 사람은 그 피해자를 보자 측은한 마음이 생겼다. 사마리아 사람은 그에게 다가가 상처에 올리브기름과 포도주를 붓고는 그 상처를 싸맸다. 그러고는 그를 자신의 나귀에 태워 여관으로 데려가 돌보아 주었다. … 가서 당신도 똑같이 행하시오.　　— 루가복음 10:33-35, 37을 의역한 것.

고통을 직면하여, 회피할 권리를 아무도 갖고 있지 않다. … 불의를 대면하고서, 다른 길을 찾을 수는 없을 것이다. 슬퍼하는 사람을 지키는 것이 하느님을 생각하는 것보다 더욱 긴급한 의무이다.
— 엘리 위젤(Elie Wiesel), 노벨상 수상자이며 홀로코스트 생존자[4]

---

2) Mohandas K. Gandhi, *An Autobiography: The Story of My Experiments with the Truth*, trans. M. Desai (Boston: Beacon Press, 1986), 504.
3) Fox, *Original Blessing*, 221.
4) Harry James Cargas, *Harry James Cargas in Conversation with Elie Wiesel* (New York: Paulist Press, 1976), 3.

나는 개인 구원에 관한 복음을 보충하기 위해서 사회적 복음이 필요하다는 것을 강조했습니다. 오직 "먼지처럼 메마른" 종교만이, 사람들로 하여금 지옥 같은 세상을 살도록 만든 사회적 환경은 무시한 채 천국의 영광을 극찬하라고 목회자를 부추기고 있다고 나는 말했습니다. … 나는 물었습니다. 어떻게 **우리들**이 **그들의** 영적 지도자들의 지도와 지원, 영감 없이 그들이 누렸던 자유를 얻겠느냐고.
— 마틴 루터 킹 주니어, '목회자 집단을 향한 발언에 관해'5)

얼마나 이 장소가 경외심으로 가득 차 있는지 우리는 알지 못했다.
— 기도의 문6)

태양을 향해 눈길을 주고, 달과 별을 바라보라.
지상의 푸르름의 아름다움을 응시하라. 이제, 생각하라.
이 모든 것들과 함께 하느님께서 인간에게 주신 기쁨이 무엇인지를. — 빙엔의 힐데가르트(Hildegard of Bingen), 12세기7)

하느님의 입으로부터 나온 말씀은 헛되이 돌아가지 않는다.
— 이사야 55:11을 의역한 것

야생의 백합화들이 어떻게 자라는지 보라. 그들은 노예를 부리지도

---

5) Martin Luther King Jr., *Why We Can't Wait* (New York: HarperCollins, 1964), 67.
6) *Gates of Prayer: The New Union Prayer Book* (New York: Central Conference of American Rabbis, 1975)에서 발췌. 허락을 받고 사용.
7) Fox, *Original Blessing*, 68.

않고 결코 실을 잣지도 않는다. 그러나 너희들에게 말한다. 영광스러운 높은 자리에 있는 솔로몬조차도 결코 그들처럼 잘 차려입지 못하였다. — 마태오복음 6:28-29를 의역한 것

모든 피조물은 하느님의 말씀이며, 삼라만상은 하느님에 대한 책이다.　　　　　— 마이스터 에크하르트, 13세기[8]

참으로 당신이 이 신성한 탄생을 겪으며 받아온 검사는 무엇인가? 조심스럽게 귀 기울여 보라. 만약 이 탄생이 진정으로 당신 안에서 일어났다면, 모든 피조물 하나하나가 당신으로 하여금 하느님을 향하게 한다.　　— 마이스터 에크하르트[9]

하느님은 전 우주를 창조하고 계십니다.
완전하게, 그리고 전적으로 이 순간 지금에.
처음에 하느님께서 모든 것을 창조하셨습니다.
그리고 심지어 그 전에도
하느님은 지금 즉시 창조하십니다.　　— 마이스터 에크하르트[10]

하루가 지나가고 한해씩 사라지건만,
저희는 기적들 사이를 장님처럼 걸어갑니다.
창조주시여, 저희의 눈을 볼 것들로 채워주시고
저희의 마음을 알 것들로 채우소서.

---

8) Ibid., 35.
9) Ibid., 108.
10) Ibid., 68.

당신의 현존이 마치 촛불처럼
저희가 걸어가는 어둠을 비추는 순간들이 있게 하소서.
— 기도의 문에서 인용11)

우리는 하느님 나라를 무엇과 비교할 수 있을까, 혹은 어떤 비유를 사용할 수 있을까? 그것은 겨자씨와 같다. 그것이 땅에 뿌려질 때에는 지구상에 있는 모든 씨앗들 중에서 가장 작다. 그러나 뿌려진 후 자라나면, 관목들 중 가장 크게 되어 큰 가지들을 뻗치게 되고, 그리하여 그 가지들 그늘 속에 새들이 둥지를 틀 수 있게 된다.
— 마르코복음 4:30-32를 의역한 것.

겨자 식물은 심지어 정원에 심어 관리를 잘해도 위험한 작물이며 들판에 뿌려져 야생으로 자라나면 치명적이다. 그리고 새들이 둥지를 틀고 있는 나무들은, 우리에게는 매력적인 인상을 줄 수 있지만, 고대 농부들에게는 씨앗과 알곡에 끝없는 위험이 되는 대표적인 것이었다. 달리 말해서, 핵심은 겨자 식물이 널리 알려진 대로 작은 씨앗으로 시작해 1미터 정도 혹은 그 이상 크기의 관목으로 자라난다는 것이 정말 아니다. 핵심은, 겨자 식물이 있지 않았으면 하는 곳을 그 식물이 접수하는 경향이 있다는 것이고, 통제를 벗어나는 경향이 있으며, 새들이 특별히 오지 않기를 바라는 경작지 안으로 새들을 끌어들이는 경향이 있다는 것이다. 그리고 예수가 말했듯이 그것이 하느님 나라와 같은 것이었다. 마치 소유지를 접수하는 위

---

11) *Gates of Prayer: The New Union Prayer Book* (New York: Central Conference of American Rabbis, 1975)에서 발췌. 허락을 받고 사용.

험스럽고 날카로운 관목과 같은 것이다.
- 존 도미닉 크로산, 겨자씨의 이미지에 관하여12)

하느님의 나라는 "이미 세상 안으로 들어오고 있으며, 그것은 높은 곳으로부터 부과되는 것처럼 오는 것이 아니라 반죽을 천천히 부풀어 오르게 하는 누룩처럼 오는 것이다." — 월터 윙크13)

바르게 행할 때가 언제나 무르익고 있다. 지금이 바로 민주주의에 대한 약속을 실현하고 현재 국가적으로 널려있는 우리의 비참한 노래를 인간을 위한 창조적 성가로 바꿀 때이다. 지금이 바로 인종 차별의 위험한 상태로부터 인간 존엄을 위한 굳건한 토대 위로 우리의 국가적 정책을 들어올려야 할 때이다. — 마틴 루터 킹14)

친구여, 그대가 살아있는 동안 손님 같은 신에 대한 희망을 잃지 마시오.
그대가 살아 있는 동안 경험 속으로 뛰어드시오!
생각하시오 … 그리고 생각하시오 … 그대가 살아 있는 동안.
그대가 "구원"이라고 부르는 것은 죽기 전의 시간에 속해 있다네.
그대가 살아있는 동안 그대가 그대의 밧줄을 끊지 않는다면,
죽은 후에 유령 같은 신이 무엇인가 할 것이라고 생각하오?

---

12) John Dominic Crossan, *Jesus: A Revolutionary Biography* (New York: HarperCollins, 1995), 65.
13) Walter Wink, *Engaging the Powers: Discernment and Resistance in a World of Domination* (Minneapolis: Fortress Press, 1992).
14) King, *Why We Can't Wait*, 86.

육체는 썩어 없어지기 때문에
영혼이 무아지경에 빠지게 될 것이라는 생각 —
그것은 모두 환상이오.
지금 발견한 것이 그때 가서 발견할 것과 같은 것이오.
그대가 지금 아무것도 발견하지 못했다면,
그대는 죽음의 도시에 있는 집에서 단순히 끝나게 될 것이오.
그대가 지금 신과 사랑을 나누고 있다면, 다음 생에서
그대는 갈망한 것이 이루어진 만족스러운 얼굴을 하고 있을 것이오. — 카비르(Kabir), 15세기, 인도15)

때가 찼다.
하느님 나라가 가까이 있다.   — 마르코복음 1:15를 의역한 것.

음악에서, 바다에서, 한 송이 꽃에서, 낙엽에서, 친절한 행동에서. … 이 모든 것들에서 나는 사람들이 하느님이라고 부르는 것을 본다.   — 파블로 카잘스(Pablo Casals), 음악가16)

참으로, 아무도 꽃을 보지 못한다. 꽃은 작아서 보려면 시간을 들여야 한다. 우리에게는 시간이 없다. 그리고 보기 위해서 시간이 필요하다. 마치 친구를 사귀는 데 시간이 드는 것처럼.
— 조지아 오키페(Georgia O'keeffe), 미국 화가17)

---

15) Robert Bly, *The Kabir Book*, 103. Copyright © 1971, 1977 by Robert Bly; © 1977 by the Seventies Press. Beacon Press, Boston 의 허락을 받고 재사용.
16) David Blum, *Casals and the Art of Interpretation* (Berkeley: University of California Press, 1980), 280 에서 인용.

하느님이 무엇을 하시든지, 가장 먼저 터져 나온 것은 언제나 자비이다. 　　　　　　　　　　　　　　— 마이스터 에크하르트18)

너를 창조하신 분이 자비로우신 것같이 너도 자비롭게 되라.
　　　　　　　　　　— 예수, 루가복음 6:36을 의역한 것

한 사람이 예루살렘에서 여리고로 내려가다가 강도들의 손에 잡히게 되었다. 강도들은 그의 옷을 벗기고 그를 때린 후, 반죽음 상태에 이른 그를 길가에 둔 채 가버렸다. 그 때 우연히도 한 제사장이 그 길을 따라 내려가고 있었다. 제사장이 그 남자를 보았을 때, 그를 회피하기 위해 자신의 길을 벗어나 가버렸다. 똑같이 한 레위인이 그 장소에 왔을 때, 그를 한번 흘깃 보고 그를 피하기 위해 길을 가로질러 갔다. 그러나 그 길을 지나가던 이 사마리아인은 그 사람이 있는 곳에 와서 그의 모습을 보고 불쌍히 여겼다. 사마리아인은 그에게로 다가가서 올리브 기름과 포도주를 그의 상처에 부으면서 상처를 싸매주었다. 사마리아인은 자신의 가축 위에 그를 들어올려서 여관으로 데려가고 그를 돌봐주었다. … 가서 그와 같이 하라.
　　　　　　　　— 예수, 루가복음 10:30-34, 37을 의역한 것

그 크기가 아무리 작더라도 사랑의 모든 행위는 평화의 일이다. 사랑의 열매는 봉사다. 봉사의 열매는 평화다. — 마더 테레사19)

---

17) Julia Cameron, *The Artist's Way* (New York: G.P.Putnam's Sons, 1992), 22 에서 인용.
18) Fox, *Original Blessing*, 277.
19) Mother Teresa, *A Simple Path*, Lucinda Vardey 에 의해 편집 (New York:

하느님은 사랑이시다.　　　　　— 요한1서 4:8

나의 외로움을 더 이상 감당할 수 없을 때, 나는 그 외로움을 나의 친구들에게 넘겨준다. 왜냐하면 나는 그것을 하느님의 친구들 모두와 함께 나누어야만 하기 때문이다. "너는 고통스럽니?" "나도 그래!" — 마그데부르그의 메흐틸트(Mechtild of Magdeburg), 13세기20)

기쁨은 사실 가난한 사람들과 억눌린 사람들 가운데에서 행한 예수의 모든 활동의 가장 특징적인 결과였다. — 알버트 놀란21)

나는 인간이다. 인간적이지 않은 것들은 나에게 낯설다.
　　　　　　— 기원전 2세기 로마의 극작가 테렌스(Terence)

공기는 어느 곳에나 날아가며 모든 피조물에게 봉사한다.
　　　　　— 빙엔의 힐데가르트(Hildegard of Bingen), 12세기22)

"너의 이웃을 사랑하고 너의 원수를 미워해야만 한다"는 말을 너는 들어왔다. 그러나 나는 너의 원수를 사랑하고 너를 박해하는 자들을 위해 기도하라고 너에게 말한다. 그렇게 하면 너는 천국에 계신 하느님의 자녀가 될 수 있을 것이다. 왜냐하면 하느님은 악한 자들

Ballantine Books, 1995).
20) Fox, *Original Blessing*, 145.
21) Albert Nolan, *Jesus before Christianity* (Maryknoll, N.Y.: Orbis Books, 1978), 41.
22) Fox, *Original Blessing*, 277.

과 선한 자들 위로 해가 떠오르게 하시며, 의로운 자들과 불의한 자들에게 비를 내리게 하시기 때문이다. ― 마태오복음 5:43-45

나는 이념과 주의에 흥미가 없다. 가톨릭의 달과 침례교의 태양이 있는 것은 아니다. 우주적 하느님은 보편적이라는 것을 나는 안다. … 교황의 어머니와 아버지에게 미치는 하느님의 영향력은 지구상에 있는 가장 외로운 술꾼의 어머니와 아버지에게도 똑같이 전해진다고 나는 느낀다. ― 딕 그레고리(Dick Gregory)[23]

어느 날 예수는 하느님 나라가 언제 오고 있었냐는 바리새인들의 질문을 받고 대답하길, "하느님 나라는 관찰할 수 있는 물건처럼 오고 있는 것이 아니다. 혹은 '보라, 여기 있다' 또는 '저기 있다'고 말할 수도 없다. 왜냐하면 사실 하느님 나라는 이미 너희들 가운데 있기 때문이다" ― 루가복음 17:20-21

우리가 현재 순간에 깊게 관여하면서 주의를 기울일 때, 우리는 깊게 보고 들을 수 있게 되며, 그 결과 우리는 언제나 이해하고, 받아들이고, 사랑하며, 고통으로부터 구해내는 것과 기쁨 주는 것을 열망하게 된다. ― 틱낫한(Thich Nhat Hanh)[24]

---

23) Ibid., 67.
24) Thich Nhat Hanh, *Living Buddha, Living Christ* (New York: Riverhead Books, 1995).

자료 E

서약 성명

서약 성명은 우리의 교리적 용어로써가 아니라 개인이면서 공동체인 우리 생활양식의 용어로써 우리의 일치를 표현하는 데 도움이 된다. 가장 좋은 "서약 성명"은 "이 세상에서 우리의 신앙을 살아내기 위한 방법에서 우리에게 중요한 것은 무엇인가?"라는 질문에 답하는 가운데 당신의 집단이 충분히 이야기하며 함께 만들어내는 것일 것이다. 그것은 "하느님에 대해 우리는 무엇을 믿는가?"에 대립되는 토론 주제인 "우리는 살기 위해 어떻게 애쓰는가?"에 초점을 맞추도록 하는 데 도움이 될 수도 있다. 어떤 주제와 형태가 나타나기 시작할 때, 기록하고 모든 사람들이 볼 수 있게 카테고리 별로 분류한다: "새로 합의된 요점", "합의 안 된 요점", 그리고 "토론이 더 필요한 것" 등이다. 이 목록의 첫 번째 것을 사용하면서, 집단 성명으로 내놓을 수 있는 세 개나 네 개의 짧은 문장을 만들도록 노력한다. 아마도 다음과 같은 문장으로 시작할 수 있을 것이다. "우리는 우리의 믿음 가운데 하나가 되었다. 그 믿음은 우리의 신앙이 이 세상에서 올바르게 행동하도록 우리를 불러내며 그렇게 함으로써 풍성한 삶으로 초대하는 예수를 따르는 것이 어떤 의미가 있는지를 추구하는 공동체가 된다는 것이다. …" 집단의 계속되는 대화를 통해서 그 성명이 발전하고 변화되도록 하시오.

다음 제시되는 것은 모델이나 시발점으로 사용될 수 있는 약간의 성명들이다.

1. 평화를 위한 아시시의 십계명

2002년 1월 24일 바티칸이 주관한 평화를 위한 세계적 기도의 날에 참석한 많은 세계 종교의 참여자들이 내놓은 성명.[1)]

1. 우리는 폭력과 테러가 종교의 참된 정신과 양립할 수 없다는 우리의 굳은 확신을 선포하는 데 전념한다. 그리고 신이나 종교의 미명 하에 일어나는 폭력과 테러에 의존하려는 모든 것을 규탄하면서, 우리는 테러의 근본 원인을 제거하기 위해 모든 가능한 일을 행하는 데 전념한다.
2. 우리는 서로 존중하고 존경하도록 사람들을 교육하는 데 전념한다.
3. 우리는 대화의 문화를 육성하는 데 전념한다.
4. 우리는 훌륭한 삶을 살 수 있는 모든 사람들의 권리를 옹호하는 데 전념한다.
5. 우리는 우리 사이의 차이를 넘을 수 없는 장애물로 여기는 것을 거부하면서, 솔직하고 끈기있는 대화를 나누는 데 전념한다.
6. 우리는 서로가 과거와 현재의 잘못과 편견들을 용서하는 데 전념하며, 이기적인 것과 오만함, 증오와 폭력을 극복하고, 정의가 없는 평화는 진정한 평화가 아니라는 것을 과거로부터 배우기 위한 공동의 노력을 하도록 서로를 지원하는 데 전념한다.

---

1) 온라인으로 www.Vatican.va/special/Assisi_20020124_en.html

7. 우리는 가난하고 아무것도 할 수 없는 사람들 편에 서는 데 전념한다.
8. 우리는 폭력과 악을 따르는 것을 거부한 사람들의 울음을 받아들이는 데 전념한다.
9. 우리는 사람들 사이의 우호를 증진시키기 위한 모든 노력을 북돋아 주는 데 전념한다. 왜냐하면 사람들 사이의 연대와 이해가 결여된 채, 기술적 발달이 이 세상을 파괴와 죽음의 커져가는 위험에 노출시키고 있다고 우리는 확신하기 때문이다.
10. 우리는 국가의 지도자들이, 국내 수준과 국제 수준에서, 정의에 기반을 둔 연대와 평화의 세계를 만들어내고 공고히 하는 모든 노력을 기울여 줄 것을 촉구하는 데 전념한다.

2. 삶을 위한 가르침

불교 평화주의자 틱낫한으로부터[1]

1. 어떤 교리, 이론, 또는 이념에 얽매이거나 그것들을 맹목적으로 숭배하지 말라.
2. 당신이 현재 가지고 있는 지식이 바뀌지 않는 절대적인 진리라고 생각하지 말라.
3. 권위, 위협, 돈, 선전, 혹은 심지어 교육이든지간에, 어떤 수단을 동원해서, 어린이들을 포함하여, 다른 사람들이 당신의 견해를 받아들이도록 강요하지 말라.

---

1) Thich Nhat Hanh, *Being Peace* (Berkeley: Parallax Press, 1987), 89-100.

4. 고통과 마주치는 것을 피하거나 고통을 모르는 체하지 말라.
5. 수많은 사람이 굶주리고 있는 한 부를 축적하지 말라. … 다른 사람들에게 속해 있어야만 하는 것을 소유하지 말라.
6. 분노나 증오를 계속 품고 있지 말라.
7. 심란한 것과 당신을 둘러싼 것들에 몰두하지 말라. 마음의 넉넉함을 연습하기를 배우라.
8. 불화를 일으키고 공동체를 파괴시키는 원인을 제공할 수 있는 말을 하지 말라.
9. 개인적 이해를 얻기 위해서나 사람들에게 깊은 인상을 주기 위해서 참되지 않은 것을 이야기하지 말라.
10. 인간과 자연에 해를 끼치는 일을 하며 살지 말라.
11. 죽이지 말라. 다른 사람이 죽이는 일을 하지 못하도록 하라.
12. 당신의 몸을 학대하지 말라.

3. 예수의 길을 배우는 것에 대한 서약

브레트 헤슬라 작성

우리의 신앙이 이 세상에서 올바르게 행동하도록 우리를 불러내며 그렇게 함으로써 배우는 것에 전념하는 공동체가 된다는 것을 우리는 믿으며 하나가 되었다: 풍성한 삶으로 초대한 예수를 따르는 것이 어떤 의미가 있는지를 배우는 것.

- 우리는 결핍과 공포라는 시끄러운 낙서를 무시하는 것을 배우고 있다.

- 우리는 시작이 아닌 결과로서의 충분함을 아는 것을 배우고 있다.
- 우리는 우리가 가진 모든 것에 대해 감사하고 그것을 필요로 하는 누구와도 나누기를 배우고 있다.
- 우리는 이 세상에서의 우리의 위치를 깨닫고 각자가 할 수 있는 것을 기부하기를 배우고 있다.
- 우리는 지구상의 균형이 맞지 않는 풍요로부터 배제된 수많은 사람들을 향상시키는 것을 배우고 있다.
- 우리는 그릇된 권력과 특권으로 축적한 것을 원상태로 돌리기를 배우고 있다.
- 우리는 군국주의와 그로 인한 국민 문화의 부패에 저항하기를 배우고 있다.
- 우리는 먹는 것보다는 맛을 내는 것에서 기쁨을 찾기를 배우고 있다.
- 우리가 개인적이며 집단적으로 이 길들을 배우려고 힘쓸 때 우리는 상호 간의 기도와 대화를 통하여 서로를 지지할 것이다.

4. 다른 자료들: 유엔의 비폭력 십년

유엔은, 광범위한 세계 종교가들과 노벨 수상자들과 함께, 2000년부터 2010년까지를 비폭력의 십년으로 선언하였다. 이 선언에 대한 많은 문서와 응답, 자료와 행동 지침들이 있는데, 그것들을 가지고 회중들이 약간의 서약 성명을 만들어 낼 수 있을 것이다. 여기 시작할 수 있는 곳이 몇 군데 있다. www.forusa.org/programs/decade.html
www.elca.org/co/decade.html, www3.unesco.org

유엔의 원래 문서에 담겨 있는 문장의 많은 부분들이 국가와 기구들로 하여금 "평화의 문화"를 세우기 위해 일하도록 촉구하고 있다.

자료 F

낭독

낭독 1: 마더 테레사의 "어쨌든"[1]

사람들은 비이성적이고, 비논리적이며, 자기중심적입니다. 어쨌든 그들을 사랑하십시오.

당신이 선한 일을 하면, 이기적인 동기에서 그런다고 사람들이 비난할지 모릅니다. 어쨌든 선한 일을 하십시오.

당신이 성공하면, 거짓된 친구들과 참된 적들을 얻게 될지도 모릅니다. 어쨌든 성공하십시오.

당신이 오늘 행한 선한 일이 내일이면 잊혀질지 모릅니다. 어쨌든 선한 일을 하십시오.

정직과 투명성이 당신을 상처입기 쉽게 만듭니다. 어쨌든 정직하고 투명하십시오.

당신이 몇 년 동안 지은 것이 하룻밤 사이에 무너질지도 모릅니다. 어쨌든 지으십시오.

도움을 진정으로 원하는 사람들이 당신을 공격할지도 모릅니다, 당신이 그들을 도와줄 때. 어쨌든 그들을 도와주십시오.

---

[1] Mother Teresa, *Meditations from a Simple Path*, cited in Colman McCarthy, ed., *Strength through Peace: The Idea and People of Nonviolence* (Washington, D.C.: Center for Teaching Peace), 77.

당신이 가진 최상의 것을 세상에 주면 당신은 아마 상처를 받을지도 모릅니다. 어쨌든 당신의 가장 좋은 것을 세상에 주십시오.

낭독 2: 발바라 킹솔버로부터[1]

할릴은 그녀의 자매 코디에게 글을 쓰고 있다. 그녀는 미국이 주도한 공격 하에 있는 니카라과에서 쓰고 있다. 할릴은 희망에 대해 이렇게 쓰고 있다:

너는 혁명을 하나의 거대하고 절대적인 것으로 생각하고 있다. 나는 그것을 후덥지근한 목화밭에서의 또 한 번의 아침이라고 생각한다. 무엇이 있었는지 보기 위해 나뭇잎들 밑을 검사하면서, 통로를 깨끗이 치우지 않으면 다음 주 더 악화될 문제들을 위해 무엇을 해야 하는지 파악하면서 말이야. 그것이 바로 지금 내가 하고 있는 일이야. 너는 왜 내가 사랑하는 것과 실패하는 것을 두려워하지 않느냐고 묻는데, 이것이 내 대답이야. 전쟁과 선거는 모두 너무 크고 또 너무 작아서 결국은 중요하지 않게 된다. 계속되는 날마다의 일이 이치에 맞아. 그것은 땅 속으로 들어가서 곡물 속으로 들어가고 어린아이들의 배와 빛나는 눈 속으로 들어간다. 좋은 일들은 실패하지 않아.

코디, 내가 결심한 것은 바로 이거야: 너의 삶 가운데 네가 할 수 있는 아주 최소한의 일은 네가 무엇을 희망하는지 아는 것이야. 그리고 가장 최대한 할 수 있는 일은 그 희망 속에서 사는 것이야. 멀리서

---

[1] Barbara Kingsolver, *Animal Dreams* (New York: HarperCollins, 1990), 299 에서 인용.

희망에 감탄하고 있는 것이 아니라, 바로 그 희망 속에서, 그리고 그 지붕 밑에서 사는 것이야. 내가 원하는 것은 아주 단순하여서 그것을 거의 말할 수 없을 정도야: 그것은 기본적인 친절이야. 충분히 먹고 마음대로 주위를 돌아다니는 것이야. 아이들이 어느 날 파괴자도 아니고 파괴되는 자도 아닌 사람들로 자라날 수 있는 가능성을 바래. 대체로 그런 것이야. 바로 지금 나는 희망의 복도를 뛰어다니고 그 양쪽의 벽들을 만지면서 살아가고 있어. 그것이 얼마나 좋은지 너에게 말할 수 없구나. 네가 그것을 알았으면 좋았을 텐데.

낭독 3: 마들렌 델브렐로부터2)

    길거리의 평범한 사람들인 우리는 온 힘을 다해, 하느님께서 우리를 배치해 주신 이 거리, 이 세상이 거룩한 우리의 장소라고 믿는다.
    우리는 기도가 행동이라는 것을 알고 행동이 기도라는 것을 안다. 참으로 행동을 사랑하는 것은 빛으로 가득 차 있는 것과 같이 여겨진다. … 우리의 발이 거리를 따라 행진하지만, 그러나 우리 심장의 고동은 전 세계에 널리 울려퍼진다. 그래서 우리의 작은 행위들, 행동인지 혹은 명상인지 우리가 결정할 수 없는 행위들이 하느님의 사랑과 이웃의 사랑을 함께 완전하게 결합시키는 것이다. … 각각의 손쉬운 행위들이 정신의 위대한 자유 속에서 우리로 하여금 하느님을 전적으로 받아

---

2) Madeleine Delbrel, *We the Ordinary People of the Streets*, English trans. (Grand Rapids, Mich.: Wm. B. Eerdmans, 2000), 54, 57-58. 1904년에 태어나 1964년에 죽은 델브렐은 전문 여성들로 구성된 핵심 집단을 설립했으며, 그 집단은 프랑스 공산주의자들, 노동자들, 이민자들, 그리고 가난한 사람들 속에서 30년 동안 활동했다. 그녀는 실천적인 영성을 일상생활에 대한 명상적 접근과 결합시켜 더 발전시켰다.

들이고, 또 전적으로 하느님을 주도록 한다. 따라서 삶은 축하 잔치가 된다. 각각의 조그마한 행위가 비상한 사건이며, 그 사건 속에서 천국이 우리에게 주어지고 또 우리가 천국을 다른 사람에게 줄 수 있게 된다. 우리가 행하는 것, 그것이 손으로 빗자루를 잡든 펜을 잡든지 차이가 없다. 말을 하든, 침묵을 지키든지 차이가 없다. 바느질을 하거나 모임을 가지든지, 아픈 사람을 돌보거나 타자기를 치든지 차이가 없다. 그것이 무엇이든지간어, 그것은 단지 놀라운 내적 실재의 바깥 껍질일 뿐이다. 내적 실재는 매 순간 갱신되어지는 영혼의 만남이며, 그 속에서 매 순간 영혼은 은총으로 성장하고 하느님을 위해 언제나 더욱 아름다워진다. 현관의 벨이 울리고 있는가? 빨리 그 문을 열어라! 우리를 사랑하기 위해 오시는 하느님이시다. 누군가 우리에게 무엇인가 해야 하는지 묻고 있나? 여기 있다! 우리를 사랑하기 위해 오시는 하느님이시다.

낭독 4: 틱낫한으로부터

우리들 속에 전쟁들이 있을 때, 얼마 지나지 않아 다른 사람들과 전쟁을 벌이게 되고 심지어는 우리가 사랑하는 사람들과도 싸우게 된다. 사회 속에 깃들인 폭력, 증오, 차별과 공포는 우리들 안에 있는 폭력, 증오, 차별, 그리고 공포의 씨앗들에게 물을 준다. 만약 우리가 우리 자신에게로 돌아가 우리의 느낌들을 다룬다면, 우리는 우리 안에서 진행되는 전쟁들을 위해 기름을 붓고 있는 방법들을 보게 될 것이다. 무엇보다도 명상이 우리 자신의 영역을 관찰할 수 있는 도구이며 그로 인해 무엇이 진행되고 있는지 우리는 알 수 있다. 마음을 다스리는 에

너지를 가지고, 우리는 문제들을 진정시킬 수 있으며, 그것들을 이해하고 우리 내부에 있는 갈등 요소들과 조화를 이룰 수 있게 된다. 만약 우리가 이미 우리 내부에 존재하고 있는 평화, 기쁨과 행복을 접할 수 있는 길들을 배울 수 있다면, 우리는 건강하고 강하게 될 것이며, 또한 다른 사람들을 위한 재원이 될 수 있다.3)

불교에서, 우리의 노력은 각각의 순간 속에서 마음을 다스리는 훈련을 하는 것이 된다. 우리 내부와 우리의 주변 모든 곳에서 무슨 일이 진행되고 있는지를 아는 것이 된다. … 대부분의 시간, 우리는 과거 속에서 길을 잃거나 혹은 미래의 프로젝트나 관심들에 넋을 잃게 된다. 우리가 현재 순간과 깊게 관계를 맺으면서 마음을 다스릴 때, 우리는 깊게 보고 들을 수 있으며, 그 열매들이 언제나 이해, 받아들임, 사랑, 그리고 고통을 줄이고 기쁨을 가져오기를 열망하는 것이다. … 나에게는 마음을 다스리는 것이 성령과 매우 흡사하다. 둘 다 치유하는 매개다. 당신이 마음을 다스렸을 때, 당신은 사랑과 이해를 간직하며, 더욱 깊게 보고, 당신 자신의 마음속에 있는 상처들을 치유할 수 있다.4)

우리는 종종 전쟁이 없는 것이 평화라고 생각한다. 마치 강대국들이 그들의 비축한 무기들을 줄인다면 우리가 평화를 얻을 수 있을 거라고 생각하는 것처럼. 그러나 우리가 무기들을 깊게 살펴보려면, 우리 자신의 마음을 봐야 한다. 즉 우리의 편견들, 공포, 그리고 무지를 봐야 한다. 심지어 모든 폭탄을 달에다 옮겨놓는다 해도, 전쟁의 근원

---

3) Thich Nhat Hanh, *Living Buddha, Living Christ* (New York: Riverhead Books, 1995), 19.
4) Ibid., 14

들과 폭탄의 뿌리들은 여전히 이곳, 우리의 가슴과 마음속에 있으며, 머지않아 우리는 새로운 폭탄들을 만들어 낼 것이다. 평화를 위해 일한다는 것은 우리 자신으로부터, 그리고 남자들과 여자들의 가슴으로부터 전쟁을 몰아내는 일이다. 전쟁을 준비하는 것, 수많은 남자들과 여자들에게 밤낮으로 그들의 가슴 속에서 죽이는 연습을 하는 기회를 주는 것은, 다가올 세대에 계속 전해질 폭력, 화, 좌절과 공포의 수많은 씨앗들을 심는 일이다. … 죽이는 일 없이 우리의 갈등을 풀어낼 방법들이 있어야만 한다. 우리는 이것을 살펴봐야만 한다. 우리는 사람들이 죽여야만 하는 일 없이 어려운 상황과 갈등의 상황을 벗어나도록 돕는 방법들을 찾아야만 한다. 우리의 집단적인 지혜와 경험이 **우리의 길**을 밝혀서 **무엇을 해야 할지** 우리에게 보여주는 횃불이 될 수 있다. **함께 깊게 살펴보는 것**이 공동체나 교회의 주요 임무이다. (강조는 원문에 있는 것임)5)

낭독 5: 쉐이커타운 서약6)

지구와 그 풍부함이 우리 자비로우신 하느님의 선물임을 인식하면서, 우리가 지구 자원을 위한 충성스러운 청지기 직분을 소중히 하고, 키워나가며, 제공하도록 부르심을 받았다는 것을 인식하면서, 그리고 삶 자체가 선물이란 것과, 삶이 책임, 기쁨과 찬양으로 부르심 받은 것을 인식하면서, 나는 다음과 같이 선언한다:

---

5) Ibid., 76-77.

6) From *Taking Charge* by the Simple Living Collective and American Friends Service Committee(1977), 자발적 단순 운동에 관한 선구자들 가운데 하나. http://underground.musenet.org:8080/orenda/shakertown.txt. 사용 가능.

1. 나는 나 자신이 세계 시민이 됨을 선언한다.
2. 나는 생태적으로 건전한 삶을 사는 일에 전념한다.
3. 나는 창조적 단순함의 삶을 살고 나의 개인적 부를 세상의 가난한 사람들에게 나누어 주는 일에 전념한다.
4. 나는 각 사람들이 자신들의 육체적, 감성적, 지적, 그리고 영적 성장을 위해서 필요로 하는 자원들에 전적으로 접근할 수 있는 더욱 정의로운 세계적 사회를 일으키기 위해서, 제도를 고쳐 만드는 일에 다른 사람들과 협력하는 것에 전념한다.
5. 나는 직업적 의무에 전념한다. 그렇게 함으로써, 나는 다른 사람에게 해를 끼치는 제품을 만드는 것을 피하는 길을 찾게 될 것이다.
6. 나는 내 몸이 선물로 받은 것임을 확언하며, 적절한 영양 공급과 육체적으로 잘 사는 일에 전념한다.
7. 나는 다른 사람들과의 관계를 지속적으로 검사하고, 내 주위에 있는 사람들과 솔직하며 도덕적으로 애정을 가지고 관계 맺기를 시도하는 일에 전념한다.
8. 나는 기도, 명상, 공부를 통하여 개인적으로 갱신하는 일에 전념한다.
9. 나는 믿음의 공동체에 책임적으로 참여하는 일에 전념한다.

자료 G

이 예배들 사용하기

새로운 것을 행함의 역학 관계

1. 당신의 회중에게 이 예배들을 소개하기

제2부에 들어있는 예배들은 새로운 요소들의 모든 종류를 포함하고 있다.— 노래들, 기도, 명상. 심지어 "성찬식"은 매우 다르다. 이 예배들이 오직 "기독교 좌파"의 작은 집단을 위한 것일까? 우리는 그렇지 않기를 바란다. 이렇게 많은 새 자료들을 갑자기 사용하는 일은 대부분의 회중과 예배하는 집단들에게 도전이 될 것은 분명하다. 우리는 당신이 그저 "최선을 다해"야만 한다고 생각한다. 그러나 당신이 약간 쉽게 하기를 원한다면, 당신이 단번에 물속으로 뛰어들기 전에 물에 익숙해질 수 있는 몇 가지 방법들이 여기에 있다.

- 계획을 세우고 인도하는 일에 관여하도록 사람들을 초대하라. 사전에 계획하기, 전략 세우기, 음악을 가르치기, 그리고 예배의 부분을 인도하는 일에 많은 사람을 포함시키라. 낭독자들을 위한 많은 기회가 있다. 어떤 예배에서는 다섯이나 여섯 명의 낭독자들을 활용할 수 있다.
- 도움을 요청하라. 사람들은 돕기를 원하고 일이 잘 되어지길 원한다. 당신이 도움을 요청하면, 사람들은 시작부터 참여할 것이다.

- 회중의 한 회원이 탄원기도를 쓰거나 개작하도록 초대하라 (또는 성인 포럼을 구성하여 쓰거나 개작하도록 하라).
- 당신이 새로운 예배들에서 사용되는 노래를 한 번에 하나씩 배우기 시작하라. 그렇게 하여 그것이 쌓이면, 친숙해질 것이다.
- 성가대에게 음악을 가르치라. 그렇게 하면 그들이 새로운 자료를 위해서 강력한 중심 목소리를 제공할 수 있다.
- 앞에 나와 서서 음악으로 사람들을 이끌 수 있는 자신감 넘치는 노래 인도자(숙련된 독창자가 아닌)를 찾으라.
- 미리 노래들을 살펴보기 위해서 각 예배 전에 10분간 노래하는 시간을 설정하라.
- 이곳저곳에, 특히 시작 부분에 익숙한 노래를 집어넣으라.
- 주일 아침보다는 타임 슬롯으로 시작하라. 여섯 주간 연속의 저녁 예배를 시도하라. 형편에 따라 사회 행동 위원회의 후원을 받을 수 있다.
- 음악과 예배에서 친숙함이 편안함을 낳는다는 것을 기억하라. 한 예배를 여러 번 드리도록 계획하라. 형편에 따라서는 익숙해지기 위해 시간적 여유를 주면서 여섯 주간 연속하는 것으로 소개하라. 그리고 그것을 다음 해에 같은 여섯 주간 동안 반복하라. 시간이 지나며 그것은 편안한 일상적 일이 되고 절기적 반복을 통하여 의미를 발전시키게 된다.

2. 새로운 예배를 소개한 후 토론으로의 초대

새로운 예배를 처음으로 소개한 후에 체계적으로 반응과 의견을 듣는 시간을 마련하라. 당신은 심지어 "새로운 예배와 뒤따르는 토론"과 같은 이벤트를 구성할 수도 있다. 사람들이 새로운 예배 착상에 대해 응답하기를 원하므로 집단으로 행하라. 이 과정이 회중에게 권한을 주고 "언제 그들이 다른 하나를 꺼내 우리에게 들이밀 것인가?" 하는 느낌을 피하게 한다. 다음과 같은 토론 질문들을 사용하면서, 예배에 대해 이야기하도록 사람들을 초대하라: 무엇이 작동하는가? 작동하지 않는 것은 무엇인가? 무엇이 좋다고 느껴지는가? 이상하다고 느껴지는 것은 무엇인가? 언제 우리는 그것을 다시 시도할 것인가? 다음 범주 각각에 있는 하나 또는 그 이상의 질문을 해보라.

객관적 질문
- 이 예배에서 당신에게 두드러지게 나타나는 것은 무엇인가?
- 당신은 어떤 부분을 기억하는가?

성찰적 질문
- 예배드리는 동안 당신은 어떻게 느꼈는가?
- 예배에서 당신이 진정으로 좋아하는 부분이 있었는가?
- 당신의 마음을 어지럽히는 예배의 부분이 있었는가? 혹은 단지 이상하다고 당신이 생각했던 것은?

해석적 질문
- 이 예배가 "우리가 보통 행하는 것"과 무엇이 다른가?
- 이 예배에는 우리의 일상적 예배가 놓치고 있는 그 어떤 "의미"가 들어 있는가?

- 우리의 다른 예배는 가지고 있지만 이 예배가 놓치고 있는 "의미"는 무엇인가?

마무리 질문
- 이와 같은 예배를 규칙적으로 드리는 것이 우리 회중에게 어떻게 영향을 주는가?
- 이것이 예배에서 우리가 행하는 것을 어떻게 확장할지에 대해서 어떤 아이디어를 우리에게 주고 있는가?
- 우리가 이 예배를 다시 드릴 때 어떻게 더 좋게 만들 수 있는가?
- 이제 우리는 무엇을 해야만 하는가?

자료 H

함께 부를 노래들

We Gather Longing/ 열망하여 모인 우리
Here in This Ordinary Place/ 여기 평범한 이곳에서
Flower of Compassion #1/ 자비의 꽃
Come Lend Your Beauty to This Place/ 그대 향기를 이곳에
Make Us Mindful/ 마음 다해
Heart of Mercy/ 자비의 주
The Open Invitation/ 열린 초대
Now, O Spirit/ 지금, 성령이시여
Little by Little/ 조금씩
Give Us Our Daily Bread/ 일용할 양식을 주소서
Give Us Today/ 오늘을 산다
Flower of Compassion #2/ 자비의 꽃
Let All Hearts Unite/ 한 마음이 되어
Let's Leave Our Fears and Comforts Now/ 두려움 떨쳐버리고
Listen/ 들어보라
Turn My Heart to Peace/ 마음 평화롭게
May We Awaken/ 깨달음에 이르기를
O Compassion/ 자비의 주님

O God, You Will Show Us the Path of Life/ 생명의 길 보여주실 하느님

Stream of Mercy Never Failing/ 끝없는 자비의 강

We Shall Be Peace/ 평화를 누리리

Web of Beauty/ 잘 짜여진 아름다움

Where There Is Hatred/ 증오가 있는 곳에

Yea, O God/ 오 하느님 그래요

A Dazzling Bouquet/ 눈부신 꽃다발

선한 능력으로

공동축도송

금관 예수

군중의 함성

Here In This Ordinary Place

* See CD-ROM for the call part, indicated here in text only

Words and music © 1999 Bret Hesla

Flower of Compassion (#1)

Words and music © 2004 Bret Hesla

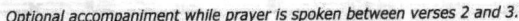

Come Lend Your Beauty to This Place

Words © 1995 Bret Hesla. Administered by Augsburg Fortress Publishing, 1-800-421-0239. Used with permission.
Music and adaptation of text © 2004 Bret Hesla.

자료 H

Make Us Mindful

Note: Choose one verse and use it throughout, as described in the service "Here In This Ordinary Place."

Words and music © 2003 Bret Hesla

Heart of Mercy

Words and music © 2004 Bret Hesla

The Open Invitation

Words and music ©1999 Bret Hesla

4. It's not a victory party.....
It's not for members only....
No matter what your creed is.....

5. It's time to tell our stories....
To listen to each other....
Be shoulder next to shoulder....

6. Without any condition....
Without any coercion...
Without any exception....*(to Bridge)*

7. The Spirit is among us....
The Spirit is within us.....
The Spirit is inviting....

Now, O Spirit

Words and music © 2003 Bret Hesla

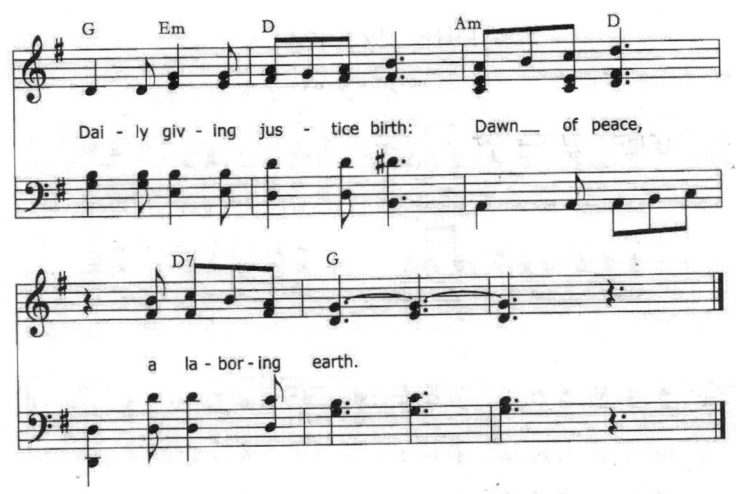

Little By Little

Verses (melody same as chorus):

1. Growing in cracks and crevices (3x), we are everywhere.
2. Habits of peace and justice (3x): tools to change the world. (Ch.)

3. Never resorting to violence (3x), we will find a way.
4. Working with all of each other (3x), we are not alone. (Ch.)

5. The Spirit is present among us (3x), we are filled with power.
6. Rooted in the Water of Mercy (3x), we will surely flower. (Ch.)

Words and music © 2003 Bret Hesla

Give Us Our Daily Bread

5. Five thou-sand will be fed.
Five thou-sand will be fed.
Five thou-sand will be fed.
Trust-ing there be e-nough.

Words and music © 2003 Bret Hesla

Flower of Compassion (#2)

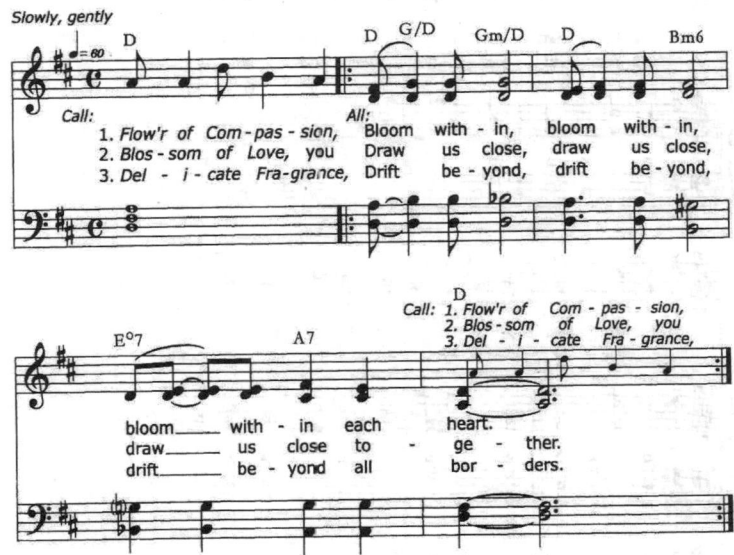

Listen

Other refrains:

Watch-ing, watch-ing for glo-ry yet un-seen.

Lis-ten, lis-ten. The in-vi-ta-tion comes.

Words and music © 2004 by Bret Hesla

Turn My Heart To Peace

(Tune: Silent Night)

1. Silent night, holy night,
All is calm, all is bright.
Now I lay me down to sleep.
I pray to God my soul to keep.
Turn my heart to peace.
Turn my heart to peace.

2. Silent night, holy night,
Wish I may, wish I might
Trust the words I claim to believe.
Learn to give as I have received.
Turn my heart to peace....

3. Silent night, holy night,
All is calm, all is bright.
Hear my prayer, God, hear my song.
As I wake with each new dawn,
Turn my heart to peace....

4. Silent night, holy night.
All is calm all is bright.
God who calls us to love our foes.
Help us heal this world of woes.
Turn my heart to peace....

5. Silent night, holy night.
God of love, all unite.
Change our fear to community.
Change our pride to equality.
Turn my heart to peace....

O Compassion

Words and music © 2004 Bret Hesla

O God, You Will Show Us the Path of Life

Words and music ©1987 Larry Dittberner, 651-330-8930. Used by permission.
Keyboard accpt. © Bret Hesla

For each new verse, substitute the following words in place of the words "path of life":

2. City of Hope   3. Day of Grace   4. Way of Peace

Stream of Mercy Never Failing

Note: These lyrics (8787D) also work well with the tune, "What A Friend We Have In Jesus."

Words and music ©2000 Bret Hesla
Keyboard accpt. Bret Hesla and Tom Witt

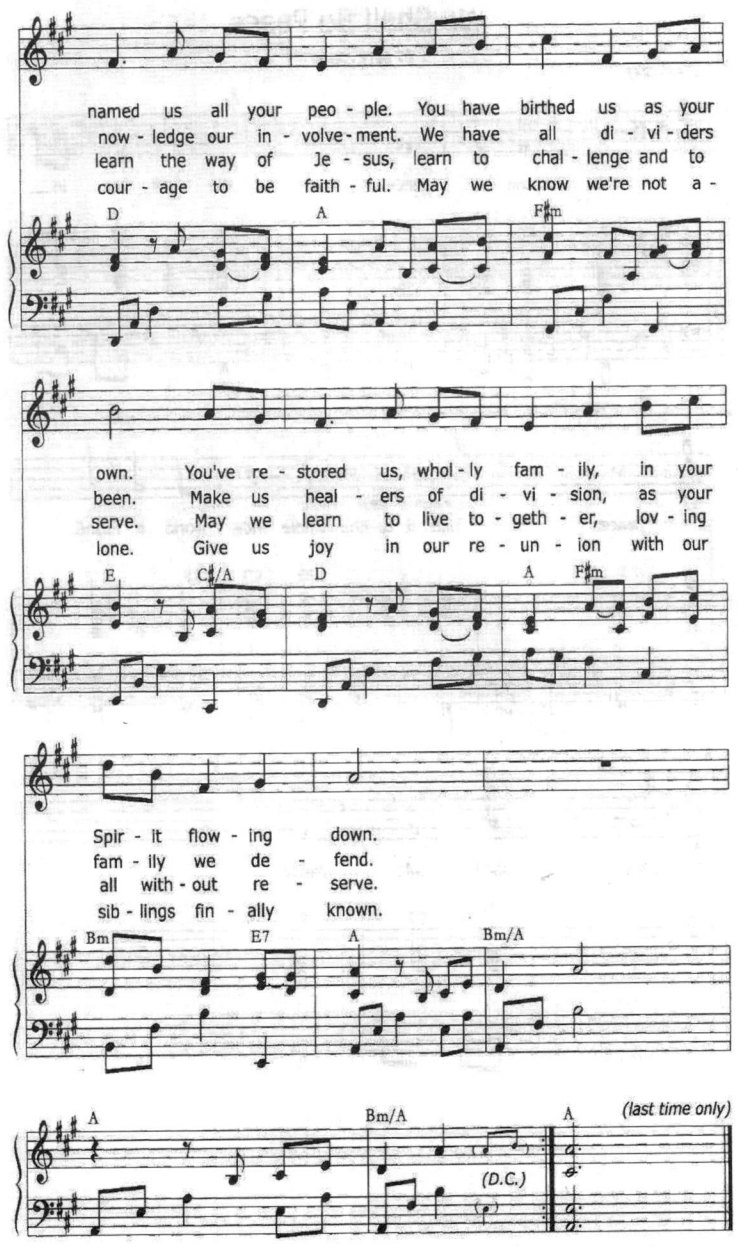

We Shall Be Peace
(4 part round)

Words and music ©1987 Larry Dittberner
Keyboard accpt. © Bret Hesla

Web of Beauty

Where There Is Hatred

Notes:
1. Use a songleader to support the singers on the melody.
2. This melody is loose: don't try to follow the notes too perfectly.
3. Try using fiddle, guitar and accordian, with Zydeco dance beat
4. Have fun.

공동의 축도

작사 홍장수 작곡 천현순

300. 군중의 함성

[공동체]

부록 1

『소설 예수』의 작가 윤석철 인터뷰

지난해 9월 15일에 청파교회(담임 김기석 목사)에서 윤석철 작가의 『소설 예수』 전 7권 완간 출판기념회가 열렸다. 윤 작가는 2005년부터 11년 동안 역사적 예수에 대한 자료를 조사하고, 2016년 5월에 정식으로 쓰기 시작해서 6년여 만에 대하장편 소설을 완간했다. 교회 장로이기도 한 윤 작가는 1950년에 태어나 대학에서 정치학을 공부하면서 사회과학적 접근에 눈을 떴다. 이후 사람이 더불어 살아가는 일에 대해 끊임없이 묻고 있다. 40년 넘게 사업을 운영하면서도 70살이 넘은 나이에 『소설 예수』(나남출판사)를 완간한 윤 작가를 만났다.

— 『소설 예수』 전 7권 완간을 축하드립니다. 처음 소설을 집필하게 된 모티브는 무엇인가요?

엄청나게 중요한 계기가 있었으면 멋있을 텐데, 사실 모든 기독교인이 살아오면서 겪었던 일들입니다. 다만, 어떤 작은 음성에 제 마음이 예민하게 반응했다고 말할 수 있습니다.

첫째로 저 나름대로 그분과 맺은 약속 때문에 글을 써야 했습니다. 교회에서 장로 직분을 맡아 교회와 교우님들을 섬길 때였습니다. 젊어서 미국 출장길에 사온 찰스 쉘던(Charles Sheldon)의 소설 『예수라면 어떻게 했을 것인가?』(*What Would Jesus Do?*)를 읽고 큰 감동을 받았고, 삶의 변화가 따르지 않은 믿음에 대해 수십 년간 회의감을 느끼고 있었습니다. 저의 기독교 신앙은 교회활동에 머물러 있었습니다. 그런데 2000년대 초부터 예수가 저에게 직접 말을 거는 것처럼 느꼈습니다. '한국기독교연구소'에서 번역해 출판한 『역사적 예수』 연구 서적들을 처음 접하고 난 후, 번역서든 원서든 정신없이 구해서 읽으며 그 책에 흠뻑 빠져 있을 때였습니다. '지금 무엇을 하느냐?' '네가 만난 나는 너에게 과연 무엇이냐?'는 울림이 있었죠. 역사적 예수는 삶으로 그분 '따름'을 몸으로 증언하라고 저를 몰아붙이는 것처럼 느끼며 마치 제가 운영하던 사업을 다 걷어치우고, 좋아하던 것 다 손 떼고, 그분의 가르침과 행적을 따르라는 말 같았습니다. 하지만 어떻게 갑자기 그럴 수 있겠습니까? 할 수 없이 타협안을 냈지요. '제가 말씀대로, 보여주신 대로 살지는 못하지만, 대신 글로 쓸게요. 그걸로 그냥 넘어가 주세요.' 이게 받아들여졌다고 마음 편하게 생각하고, 위험한 모험만은 피할 수 있게 됐다는 안도감에 글을 쓸 준비를 하기 시작했습니다.

둘째로, 저는 사업상 1년에 절반 이상을 해외, 특히 유럽에 머물렀는데, 어느 날 시골 조그만 성당에 들어가 묵상하면서 십자가를 바라보다가 문득 이상한 생각이 들었습니다. '왜 저분은 지난 2000년 동안 저렇게 십자가에 매달려 있을까?' 그러다가 깨달았습니다. '믿음으로 고백한 일이 눈앞에 사실로 다시 확인될 때까지 저분은 십자가에 매달려 있을 수밖에 없구나!' 그러자 예수의 삶이 십자가에 매달린 그의 몸에 말라붙어 있는 것처럼 느껴졌습니다. 저는 그 순간 그렇게 박제되어 매달려 있는 삶을 복원해내고 싶었습니다.

마지막으로, 15년 전에 돌아가신 故 박정오 목사님의 음성 때문입니다. 교회 강단에서 외치던 박 목사님의 쩌렁쩌렁한 음성은 지금도 제 마음을 늘 흔듭니다. '무엇을 보러 광야에 나왔느냐? 바람에 흔들리는 갈대냐?' 복음서에 기록된 이 말씀은 예수가 다른 일로 무리에게 던진 질문입니다만, 저에게는 제 삶의 의미를 묻는 질문으로 들렸습니다. '왜?'라고 묻는 그 질문에 귀를 막을 수 없었고, 제 온 힘을 다해서 대답할 수밖에 없는 날이 왔습니다. 결국 '예수의 죽음이 아니라 삶'과 관련된 일들을 얘기하고 싶었습니다. 제가 이 소설을 끝마치는 동안 저를 이끌어 온 줄기라고 할 수 있습니다.

— 작가 후기에서 "『소설 예수』는 기독교라는 종교에서 걸어 나올 수밖에 없었던 고백을 담은 책"이라고 하셨는데, 이러한 콘셉트를 잡게 되신 계기가 있으신가요?

사람들은 대부분 기독교 서적, 기독교 교회를 통해 예수를 처음 알게 됩니다. 기독교를 믿지 않는 사람들도 예수라는 말을 들으면 곧 기독교라고 받아들이고 교회와 성당을 떠올립니다. 예수라는 특정한 사람의 이름과 '그리스도'라는 칭호가 결합한 셈입니다. 저는 책에서 예수의 삶을 얘기하고 싶었습니다. 그리스도라는 호칭으로 불리기 이전의 예수, 그의 삶과 아픔과 고통 그리고 슬픔을 함께하고 싶었습니다. 신학자들에 따라서 복음서에 나타나는 예수는 부활사건을 경험한 사람들의 눈으로 기록한 예수 이야기라고 설명합니다. '역사적 예수' 연구는 '부활 이전의 예수' 실제 역사 속에 존재하고 살았던 예수를 연구합니다. 저도 그 역사적 예수의 삶을 소설에서 그렸습니다. 당연히 그리스도라는 칭호로 불리기 이전의 예수 얘기였기에 기독교라는 종교의 교리와 가르침과는 다를 수밖에 없었습니다.

한 가지 분명한 사실은 예수가 37년의 삶을 살다가 십자가 처형을 받아 죽었고, 그가 처형된 지 20여 년 후에 예수라는 존재의 의의에 대해 바울 사도가 첫 기록을 남겼고, 그가 처형된 지 40여 년 지난 후에 예수의 삶과 가르침과 죽음에 대한 첫 복음서가 마가복음서라는 이름으로 세상에 나왔다는 점입니다. 우리는 그의 사후 40여 년 후에 그를 따르던 사람들의 기록에 의지해서 예수를 이해합니다. 그리고 그 이해를 바탕으로 그를 그리스도라 고백하고 그 종교를 기독교라 부릅니다. 저는 기독교에서 벗어나 예수를 만나고 싶었습니다.

— 독자들에게 기대하는 바는 무엇인가요?

이 소설은 기독교, 기독교인, 그리고 기독교 교회라는 제도 안에 있는 분들에게는 불편할 수밖에 없는 소설입니다. 그런데 소설의 정의는 '허구의 얘기'라는 말을 포함합니다. 그러니 '일점일획도 틀림이 없다'고 믿는 기독교의 고백과 교회 가르침의 다른 부분은 '소설이니까…' 하는 마음으로 읽으시길 권합니다. 그래서 책 제목도 『소설 예수』라고 지었습니다. 복음서나 기독교 문서 어디에 그런 얘기가 있느냐고 물으신다면, 1세기 지중해 동쪽에서 살다가 처형된 예수에게는 그런 사연과 이유와 삶이 있었다고 생각합니다. 가장 그럴 법한 얘기를 그때의 환경 속에서, 그때 일어났던 사건들을 통해 그때를 살았던 사람들을 통해 그렸습니다. 한 가지 더 부탁드리고 싶은 것이 있습니다. 이 소설은 열린 마음으로 읽어 주셨으면 합니다. 신의 심판과 처벌을 받아 종국에는 인류가 멸망하게 된다는 암울하고 비관적인 미래 대신 아직 희망이 남아 있다는 얘기를 하고 싶었습니다. 예수의 고양된 삶을 통하여 예수 한 사람이 아니라 우리 인간이 이룰 수 있는 그리고 도달할 수 있는 한계를 살펴볼 수 있습니다. 그리고 이제까지 인류가 이뤄낸 문명의 고귀한 성취를 긍정하고 인류의 미래도 긍정의 눈으로 보고 싶었습니다. 인류가 동료 사람, 그리고 다른 생명과 어떻게 공존할 수 있을지 비전을 제시하고 싶었습니다. 지금 우리가 누리는 소중한 자유와 자율성을 얻기 위해 얼마나 오랫동안 사람들이 피를 흘리며 투쟁했는지 우리는 압니다. 그 투쟁의 대상은 모든 것을 움켜쥔 지배자, 권력자였을 뿐만 아니라 사람의 삶을 얽어매고 강제하는 신, 그리고 제도 종교이기도 했습니다. 소설 속에서 '하느님은 사람에게 세상을 맡겨 놓고 그분은 창조주로서 차지했던 자리를 비우고 사람 속에 스며들어 사람이 되었다'고 얘기합니다. '사람이 된 신, 신이 된 사람'이 이루는 세상은 처음 창조되었던 상태로 회귀하는 것이 아니라 미지의 세상, 앞을 향한 걸음을 얘기합니다. 그 앞길에 무엇이 있을지 알지 못하지만, 인류의 이성을 등불 삼아 걸어간다면 깜깜한 절망이 아니라 아직 가능성이 남아 있다고 말씀드리고 싶습니다. 그래서 열린 마음으로 이 소설을 읽으시기를 권합니다. 문학 작품으로 읽으시고, 재미있으면 또 읽으십시오. 기독교의 경전 속에 갇혀 있는 예수가 아니라 독자들 곁에 와서 말 걸고 함께 길을 걷는 예수를 만나실 겁니다.

— 후속 작품 집필 계획도 있으신가요?

제가 1권부터 4권을 냈을 때가 만 70세, 전 7권을 완간하고 나니 만 72세가 됐습니다. 시작부터 완간까지 17년의 세월이 흘렀습니다.

'소설가'로 문단에 등단하고 싶어 쓰기 시작한 것이 아니고 쓸 수밖에 없어서 썼습니다. 오랜 세월에 걸쳐 이 작품을 세상에 내놓았는데, 또 작품을 써야겠다고 생각한다면, 심하게 말해 '욕심'이라는 말을 들을 것입니다. 어느 목사님이 저에게 간곡하게 권하셨듯 '이제 그만 쓰라'는 말이 참 절실하게 마음에 와닿습니다. 그런데 할 수 있으면 예수 이후의 얘기를 쓰고 싶습니다. 예수의 가르침과 그가 이루려던 세상에 대한 비전이 왜 지금처럼 될 수밖에 없었는지, 왜 그분은 기독교라는 제도 종교 속에 갇히게 되었는지 쓰고 싶습니다.『소설 예수』속에서 예수가 얘기합니다. "사람이 세상의 주인이 되는 때, 그런 세상" 지금이 그때라고 생각합니다. 2000년 전 예수는 우리가 지금 여기에서 무엇을 이루며 어떻게 이 세상을 운영해야 하는지 이미 얘기했다고 저는 생각합니다. 새로운 얘기를 쓰기 시작했으나 갈 길은 아직 멉니다. 어쩌면 모퉁이 하나 돌면 거기 그런 세상이 기다리고 있을지도 모릅니다. 그런 세상이 기다리는 것이 아니라, 모퉁이 하나 돌 동안에 우리가 그렇게 만들어야 할 것 같습니다.

김태훈 기자 cnews1970@naver.com
출처: 주간기독교(http://www.cnews.or.kr)
윤석철 블로그 www.sukchulyoun.com

부록 II

『소설 예수』, 2천 년을 넘나드는 평행이론

장혜숙(청파교회, 권사)

전체 줄거리

예수가 예루살렘에서 십자가 처형을 받는 마지막 한 주일 유대교 절기의 유월절을 시간의 흐름에 따라 엮었다.

예수를 중심으로 그 시대(BC 150~AD 33)의 정치 경제 사회 역사 지리적 상황을 반영했다. 기독교인이든 아니든 누구나 알고 있는 '예수'의 이야기이다. 그러나 성경을 바탕으로 한 것은 아니다. 『소설 예수』의 예수는 성경 속 예수와 달라도 한참 다르다. 그렇다면 『소설 예수』는 픽션일까, 논픽션일까? 유대 갈릴리 지방의 역사적 인물과 작가가 창조한 허구적 인물이 얽혀있다. 역사는 팩트이다. 창작은 허구이다. 팩트와 허구가 혼재한 글을 읽으며 기독교인은 이미 알고 있는 성경의 내용을 연상하고 고개를 갸우뚱할 것이고, 성경을 접하지 않은 독자에겐 아무 문제될 것이 없다. 예수라는 주인공이 등장하는 소설로 읽으면 될 것이다.

『소설 예수』는 우리의 모든 문제를 팔 걷어 부치고 개입하여 해결해 주는 만사형통 해결사 신(神), 그의 아들 예수의 이야기가 아니다. 일점일획도 변할 수 없는 경전에 그려진 예수가 아닌, 기독교 도그마

(Dogma 교의) 이전의 예수에 대한 이야기다.

1권. 예수가 예루살렘 입성하기 전날(안식일, 안식일이 끝난 밤).
2권. 예수의 예루살렘 입성(안식일 다음날). 총독 빌라도의 예루살렘 입성.
3권. 예루살렘 성전과 예수의 갈등.
4권. 예수의 내면적 갈등. 예수와 제자들 사이의 갈등.
5권. 예수가 성전에서 가르침. 로마 총독궁, 성전, 분봉왕, 햐얀리본 이야기.
6권. 예수가 체포됨.
7권. 예수의 재판과 십자가 처형.

예수가 보내는 다른 신호

여러 언론매체에 소개된 작가의 이야기와 마지막 7권에 기록된 '작가후기'를 읽으며 그는 왜 이 책을 썼는가 알아본다.

신이 없는 세상은 텅 빈 허무이며 창조주의 손을 떠나면 사람은 아무것도 아니라고 생각했습니다. … 신의 뜻을 살피고 따르는 일이 신앙생활의 목표라고 주저없이 고백했습니다. 그런데 기독교에서 그리스도(메시아)로 섬김을 받는 예수, 신의 아들로 삼위일체 하느님의 한 분이 된 예수가 보내는 다른 신호를 보았습니다. (7권, 작가 후기).

작가가 본 "예수가 보내는 다른 신호"를 『소설 예수』에 풀어놓았다.

작가가 안테나를 세우고 살았다는 증거이다. 그 신호를 포착할 수 있는.

기독교적 내레이션이 아니라 로마제국 점령지 팔레스타인 갈릴리 지방에서 태어나고 자란 한 사람이 겪는 고민과 갈등, 그리고 그가 가진 비전을 그린다. 소설은 예수라는 존재(Being)를 해석하는 일로부터 시작된 기독교라는 종교가 아니라, 그의 가르침과 행동(Doing)에 주목하면서 그가 꿈꾼 '하느님 나라'를 보여준다. 작가는 2000년 전 예수가 저항하며 살아낸 시대가 21세기 오늘도 계속되고 있음에 주목하며 예수 운동의 시대 초월성을 이야기한다. '예수 믿음이 구원'이 아니고 '예수의 길'을 걷고 행하고 따르면서 공동체를 살려 낸다는 가르침을 만나도록 이 책을 썼다. 『소설 예수』는 예수를 메시아(그리스도)로 고백하는 기독교가 어떻게 예수의 가르침과 삶으로부터 멀어졌는지, 바울이 이해한 예수, 복음서 기자들이 그를 메시아로 고백하기 이전의 갈릴리 사람 예수의 모습을 그려내고자 한 책이다.

2005년부터 자료를 모으고 2016년 5월에 『소설 예수』를 쓰기 시작해서 5년 8개월 만에 7권의 책으로 완성했습니다. 그가 살았던 세상을 소설에 복원해 내려고 노력했습니다. (7권, 작가 후기).

작가의 출발

『소설 예수』는 작가의 첫 작품이다. 생전 처음 써본 소설을 일곱 권 대하장편으로 출간했다. 1권부터 7권까지 완독하면 작가의 글이 일취월장했다는 것을 느낄 수 있다. '일취월장'이 꼭 찬사를 의미하지는 않는다. 첫 책 1권을 읽어내기가 참 어렵다는 뜻이다. 첫 책이니만큼 작가가 욕심을 덜어내지 못하고 하고 싶은 말을 다 쏟아놓아 독자로서는 난감하게 가독성이 떨어진다. 대하장편으로 기획된 것이니 작가는 1권을 전체의 인트로덕션으로 여기고 썼을 것이다. 낯선 등장인물들이 성전회의를 하는 장면은 어찌나 길고 긴지 처음부터 독자를 힘들게 한다. 다행히 가슴속에 쏘옥 파고드는 문장들이 수시로 나타나 책을 놓지 않고 끝까지 읽을 수 있다. 섬세하고 감성적인 촉촉함과, 묵직한 힘과 속도감을 잘 안배한 문장들에 사로잡히면 이 두꺼운 책은 빠르게 읽힌다. 이 책의 시작은 스토리가 이끌어가기보다는 문장이 이끈다고 할 수 있다. 곳곳에 문장의 보석이 빛난다.

일곱 권 연작을 쓴다는 것은 그만큼 하고 싶은 이야기가 많다는 것이다. 그러나 어찌 하고 싶은 이야기를 다 풀어놓을 수 있나. 우리들 일상의 대화도 그렇다. 내가 말하고 상대방의 말을 듣기도 해야 한다. 책이라고 다를까. 작가가 혼자만 말을 하면 어떡하나, 독자에게도 빈칸을 채울 기회를 줘야지. 이렇게 말하고 싶다. "친절한 작가 씨, 행간은 독자에게 양보하세요." 행간은 독자의 몫이다.

대하소설의 특성상 한 질 전권을 이어가야 하기도 하고, 낱권마다 시작과 마침의 매듭도 있어야 할 것이다. 이런 특성이 이야기의 반복, 중복을 부른다. 전체를 한 곤 씩 훑으며 찰랑거리는 물결이 어느 책에서는 집채 만한 파도로 독자를 후려치는 책이 있지만, 낱권마다 한 권 한 권 속에 하이라이트도 있어야 할 것이다. 이것이 얼마나 어려운 작업인가. 형광펜으로 밑줄을 긋는 대목이 낱권마다 반복된다. 예수를 알기 위해, 하느님을 알기 위해 천착한 작가가 얻은 답을 독자들에게 반복학습 시킨다.

작가는 독자에게 자세히 잘 설명하고 싶어한다. 설명조의 문장이 자주 눈에 띈다. 독자가 '설명'이라고 느끼는 것은 아마도 많은 접속사들 때문일 것이다. 초보 작가는 불안하다. 그러자, 그리고, 그런데, 그렇지만, 그래서, 그러더니, 이런 접속사를 빼면 왠지 문장이 불완전해 보여서 접속사를 제거하지 못했고, 독자는 이런 문장을 만나면 '설명한다'고 느낄 것이다.

사람의 아들 예수

신의 아들, 하느님의 독생자 예수로 알려진 예수를 작가는 사람의 아들로 그린다.

책을 접하며 가장 먼저 든 궁금증은 작가가 '하느님'이 있다고 믿는지였다. 내용을 읽다보면 하느님의 존재를 바탕으로 쓰여진 것을 알 수 있다. 주인공 예수의 삶이 '하느님 나라'를 이루어가는 삶이었기 때문이다. 예수의 가르침은 항상 '하느님'에 대한 것이었다. 하느님이 대문자 'God'이든 소문자 'god'이든 이 책 전체를 떠받치고 있는 것은 '하느님 나라'이다. '하느님'이 어떤 이에게는 전혀 낯설지 않고, 어떤 이에게는 왜 '하나님'이라고 쓰지 않았을까 하는 의구심을 불러일으킬 것이다. 이미 읽고 넘겨놓은 페이지가 점점 더 두터워지면서 이 의구심은 자연히 해소된다. 작가는 하느님을 이스라엘이 믿는 하나님, 오직 하나인 이스라엘의 하나님으로 단정 짓는 것을 피한다. 작가가 독자에게 전하고 싶은 '하느님'은 '하나님'보다 더 큰 의미이다. 세상 전체를 다 덮는, 이스라엘 땅 넘어 온 세상을 다 덮는, 유대교 그 이전에도, 기독교 그 이전에도 존재했던 '하느님'을 의미한다. 모든 추상성과 구체성을 다 함유하고 있는 '하느님'으로 읽힌다. 이 책에서 작가는 유대인의 하나님과 예수의 하느님을 다른 단어로 구분하여 썼다. 하나님의 이름을 함부로 부를 수 없는 유대인은 "지극히 높으신 분"으로, 하늘 아버지로 생각하는 예수는 "하느님"으로 부른다. 독자도 이 부분을 캐치할 수 있을 것이다.

예수가 사람의 아들이라는 해석은 곳곳에 드러난다. 요셉과 마리아와 예수가 가슴을 열고 보여주는 사랑이, 아픔이, 사람인 우리들의 마음 그대로임이 책 곳곳에 쓰여 있다. 아침이면 따뜻한 국물 한 그릇 마시고 일터에 나가 돌을 쪼고 나무를 깎고 다듬던 한 아버지의 아들 예수에 대한 이야기이다.

목수, 석수 요셉이 예수에게 던지는 일상의 말들은 큰 가르침이 되었고 예수는 큰 깨달음을 얻었다. 유대교의 율법 '토라'에 대한 해석도 아버지를 통해서 터득했다. 사람이 사람과 더불어 어떻게 하느님을 모시고 잘 살아가느냐 하는 것이 토라라는 요셉의 가르침으로 아들 예수는 토라의 의미를 제대로 깨닫게 되었다. 그것은 율법으로 사람을 옭매자는 것이 아니고 서로 돕고 아끼고 귀하게 여기며, 사랑하며 살라는 의미라고.

예수가 십자가의 가로 기둥을 짊어지고 채찍을 맞으며 걷는 길에서 그에게 들리는 음성은 아버지 요셉의 음성이다. 세포리스에서 일을 마치고 함께 집으로 향하는 길에서 듣던 아버지 요셉의 음성. "얘야, 예수야, 좀 쉬었다 가자."는 노동과 허기에 지친 요셉의 목소리. 아버지 요셉의 음성은 가끔 가슴을 울리는 하느님의 음성으로 들린다. 작가는 인간 요셉의 말은 목소리로, 하느님의 소리는 가슴에 가득한 울림으로 표현한다. 공사장에 오가며 늘 아버지와 대화를 나누던 어린 예수는 아버지를 통해 하늘 아버지의 말씀을, 땅 아버지의 말씀을 들고 삭이고 그 말씀이 체화된 사람이다.

어머니 마리아는 세상 어미들의 모습을 그대로 보여준다.

아들에게 불길한 일이 닥칠 것을 예감하고 떨리는 가슴으로 보통이를 싸안고 작은 아들 야고보를 채근하여 예수를 찾아 황망한 발걸음을 재촉하는 마리아. 여러 날을 걷고 또 걸어 십자가의 길에서야 예수를 만나게 된다. "애야, 애야, 내 아들 예수야!" 긴 가로 기둥을 메고 비틀비틀 걷는 예수에게 다가가 어미는 찢어지는 가슴을 진정시키며 아들의 얼굴을 두 손으로 쓰다듬는다. 보따리에서 빵 조각을 꺼내어 아들의 입에 조금씩 넣어준다. 예수는 빵을 입에 받아 우물거린다. 그 빵은 아기 예수가 꿀꺽꿀꺽 삼키던 어머니의 젖이고, 물질화할 수 없는 어미의 본능적인 사랑이다.

예수의 인간적인 모습은 그의 행적에서도 잘 나타난다. 누구든지 배고픈 사람에게는 먹이려고 애썼고, 졸린 사람에게는 자라고 했다. 참고 이겨내야 한다는 강요를 하지 않았다.

폭력으로부터 해방, 전통으로부터 해방, 희년(禧年)

지배층에서는 예수를 선동가라고 하는데 그렇다면 예수는 자신이 바라는 하느님 나라를 만들기 위해 어떤 선동을 했는가? 혁명대군을 이끌고 성전으로 쳐들어갔는가? 그는 사람들을 가르치는 일에 열심이었다. 사람들이 눈을 뜨고 스스로 하느님을 만나도록 인도했다. 율법에 꽁꽁 묶인 사람들이 스스로 그 올가미를 풀어낼 수 있도록 가르쳤다. 작가는 '왜?'라는 질문이 억압에 항거하는 해방의 시작이라고 기록한다. 이유를 물어야 한다. 왜 그러는지 궁금하면 성전에도 묻고, 제사장에게도 묻고, 로마군에게도 물을 수 있어야 한다고 가르쳤다. 묻지도 말고, 의심하지도 말고, 오직 율법을 따르기만 하라는 것은 억압이고 폭력이다.

묻는 것으로 해방이 되는가? 예수는 비폭력 인권운동가로 그려진다. 폭력에 폭력적으로 대항하지 말라고 가르친다. 사람의 존엄성을 보여 폭력을 행한 자가 부끄러움을 느끼도록 하라는 것이다. 가장 잔혹한 십자가 처형을 받으며 예수는 폭력으로 이길 수 없는 힘을 보여준다. 순순히 십자가 처형을 받아들인 것은 굴종이 아닌 가장 큰 저항이라는 것이다. 작가는 예수가 성전의 폭력, 로마의 폭력에 저항한 십자가를 그린다. 독자들에게 '제국의 폭력'에 대해 생각할 기회를 주겠다는 의도인가.

오늘날 기독교인들은 예수가 우리의 죄를 대속(代贖)하기 위해 십자가를 졌다고 한다. 작가의 해석은 다르다. 『소설 예수』에서는 속죄제사에 대해 이렇게 기록하고 있다.

> 속죄제사의 가장 중요한 의미는 죄인을 대신하여 다른 사람이나 짐승이 희생제물이 되어 생명을 잃는다는 점이다. … 염소를 대속물로 바치면서 정작 죄인들은 경건한 구경꾼으로 물러날 수 있는 교묘한 장치였다. (7권, 401쪽).

> 하느님은 흥정하시는 분이 아니라고 예수는 생각했다. 제사를 받고 마음 돌리는 분이 아니고, 자기들이 저지른 잘못을 용서받기 위해 다른 생명을 희생제물로 바치는 이스라엘의 노력에 한 번도 고개를 끄덕인 적이 없는 분이다. (7권, 412쪽).

예수가 주창하는 해방, 폭력으로부터의 해방은 희년(禧年)을 뜻한다. 이스라엘에서 희년은 50년마다 노예에게 자유를 주고, 가난 때문에 조상의 소유를 팔았던 자들에게 되돌려주고, 사람뿐 아니라 땅도 쉬게 하는 제도이다.

예수는 희년의 실행이 하느님 나라의 문을 여는 첫 걸음이라고 한다. 성전에서는 메시아를 기다리며 하루하루 고통을 견디고 살아가는 사람들에게 세상을 뒤엎어 오히려 혼란이 오고 고통이 가중될 수 있는 위험한 혁명이라고 여긴다. 희년 선언은 지금 세상에 '자본주의 사회에 대한 경고'로 읽힌다. 작가는 희년 실행이 세상의 어떤 가치보다 생명이 우선이라는 선언이라고 한다. 보편적 복지다, 도덕적 해이다, 사회적 담론이 들끓는 이 시대에 시사하는 바가 크다. 기독교 신자가 천만 명이라는 이 사회에 '희년'을 언급하는 것은 작가의 비폭력 혁명 선언인가 …

이스라엘은 대대로 내려오는 전통을 붙들고 토라(율법)에 따라 전통에 갇혀 살고 있었다. 그것에 대한 질문이나 비판은 죽어 마땅한 죄악이었다. 성전이 가르치는 토라가 생활의 중심이었다. 살아온 지난날은 지극히 높으신 분의 역사였고, 미래는 그분의 계획이라고 믿었다. 예수는 토라의 굴레에서 벗어나라, 전통에서 해방되라고 가르쳤다. 예수의 눈에는 율법을 지키는 이스라엘의 전통이 지배자들의 기득권 보호 수단으로 보였다.

예수의 눈에는 이스라엘을 조각조각 갈라놓은 전통들이 보였다. 특히 유대 지방 예루살렘 지배자들이 그들의 기득권을 보호하는 토라 전통에 매달려 있다는 사실에 주목했다. 성전을 중심으로 한 지배 세력, 성전에 협력하는 바리새파, 그리고 옛 하스몬 왕가와 헤롯 왕가의 귀족들이 그러했다. (6권, 41쪽).

우리가 알기로는 전통이란 이미 있어왔던 것, 이어져 내려왔던 것인데 20세기 영국의 사학자 에릭 홉스봄(Eric Hobsbawm)은 전통이 만들어졌다고 우리를 일깨운다. 홉스봄은 <만들어진 전통, *The Invention of Tradition*>에서 전통은 기관, 지위, 권위의 관계를 확립하거나 합법화하는 것, 그리고 신념, 가치 체계 및 행동 관습의 주입을 사회화하는 것이 주된 목적으로 만들어진다고 지적한다. 이 이론에 의하면, 유대에서도 지배자들에 의해 만들어진 전통으로 피지배자들을 지배했던 것이다. 피지배자들은 오래된 관행과 만들어진 것이 다르다는 의식 없이 지배자들을 따랐다. 예수는 지배자의 전통에 갇힌 사람들을 해방시키고자 했다.

하느님 나라

청년 예수가 사람들에게 그토록 가르쳐주려고 애쓰던 하느님은 어떤 분이신가? 하느님 나라는 어떠한가? 소설은 예수의 입을 통해 하느님에 대해, 하느님 나라에 대해 차근차근 설명한다. 예수가 전하는 하느님 나라는 하늘에서 빵이 뚝딱 떨어지는 나라가 아니라, 배고픔을 알고 빵을 나누는 사람들이 이루는 나라이다. 책에서 몇 군데 인용한다.

"사람이 살아가는 일과 하느님 말씀은 따로따로 떨어진 일이 아닙니다. … 하느님은 따로 어디 멀리 높은 곳에 계신 분이 아닙니다. 하느님은 여러분 속에 계십니다." (3권, 92쪽)

"무서운 심판자, 벌을 주고 호령하고 꾸짖는 아버지가 아닙니다. … 여러분이 집 앞에 이르기도 전에 내다보고 또 내다보다가 맨발로 쫓아 나오시는 분입니다." (3권, 150쪽)

"하느님의 형상은 생김새가 아니고 하느님의 본성, 사랑입니다. … 하느님의 본성을 따라 지음받았으니 여러분이나 나나 바로 우리 안에 하느님을 모시고 사는 사람입니다." (3권, 153쪽)

"하느님이 보내주신 메시아가 번뜩 나타나 이 땅위에 세우리라고 생각했던 그런 하느님 나라 아닙니다. … 하느님의 나라는 세상입니다. 여러분이 사는 세상입니다." (4권, 112-115쪽)

"모든 사람이 그 나라에 들지 않으면 완성된 것이 아니라고? 그렇소! 한 사람이라도 문밖에서 눈물 흘리는 사람이 있다면 이뤄진 것이 아니오." (6권, 31쪽)

"이 사람은 이래서 빼고, 저 사람은 저래서 빼놓고 남은 사람들끼리 모여 이루는 나라가 아니고, 그가 누구였든 함께 손잡고 이루어야 합니다." (6권, 32쪽)

"다른 사람의 아픔이 내 아픔이 되면, 그 나라는 벌써 시작된 겁니다." (6권, 87쪽)

"모두 하느님의 품성을 지닌 귀한 생명입니다." (7권, 79쪽)

소설 속에서 예수가 역설하는 하느님 나라를 작가는 독자들에게 역설하고 있다. 이스라엘과 이방인을 가르는 '거룩'의 담을 허물고자 가르침을 설파한 예수, 작가가 예수는 아니지만, 자신이 세상에 외치고 싶은 말을 소설 주인공의 입에 실어서 띄우는 것 아니겠는가. 편 가르기와 증오가 난무하는 이 시대에 우리는 하느님의 품성을 닮은 사람이라는 것을 일깨워주고 싶은 간절함이 읽힌다. 우리가 하느님의 품성을 닮았다는 것은 내가 하느님의 품성대로 살아야 한다는 얘기이고, 다른 사람을 하느님 대하듯 해야 한다는 뜻이다.

예수의 관점은 늘 억압하는 지배자 세력과 억압당하는 사람에 있었다. 하느님은 세상을 심판하여 파멸시키시는 분이 아니라고 믿었다. 억압받는 자들을 해방시키시는 하느님이라고 믿었다. 하느님에 대한 예수의 설명은 항상 지금 여기 우리들 안에 있다는 것이다. 이미 우리들 안에 들어와 있다는 것이다.

예수가 말하는 "지금"은 카이로스(Kairos)의 시간을 뜻한다. 모든 사람에게 똑같이 적용되는 크로노스(Chronos)의 시간, 시계가 가리키는 시간이 아니라 내게 의미 있는 일이 발생한 순간, 카이로스를 말한다. 그 순간이 바로 예수가 말하는 '지금'이다.

"지금"은 언제란 말인가? 지금이란 나와 함께하는 시간, 내가 있는 시간이다. 과거로부터 현재까지, 내가 있었던, 내가 있는 시간을 지금이라 할 수 있다. 쌍둥이처럼 함께 사용하는 구절 '지금'과 '여기'에서 굳이 '여기'는 쓰지 않아도 당연히 내가 있는 곳은 '여기'가 된다. 예수가 말하는 하느님은 카이로스 시간의 의미 속에 이미 들어와 있다.

예수가 말하는 "때" 역시 카이로스의 시간이다. 씨를 뿌릴 때, 씨앗이 싹을 틔울 때, 추수할 때, 시계의 시침이 가리키는 때와 상관없이 어떠한 일이 이루어지는 때를 말한다. 총독 빌라도가 두려워하는 것도 바로 이 '때'였다. 예수가 뿌리는 씨앗이 얼마나 무서운 일인지 알고 무서워했다.

씨 뿌리는 사람을 없앤다고, 이미 뿌려진 씨가 싹을 내지 못할까? 씨는 때가 되면 싹이 트기 마련인 것을 … 그건 세상 권력으로 막아지는 일이 아니다. 황제의 명령으로도 막을 수 없다. (6권, 256쪽).

혁명을 꿈꾸는 히스기야, 바라바, 예수

예수와 아래윗집 이웃해 살던 히스기야는 의적 하얀리본 결사체를 이끌며 부자들의 재물을 빼앗아 가난한 자들에게 나눠준다. 히스기야는 성전 창고를 털어 곡식을 굶주린 사람들에게 나눠주고 빚 문서를 불태울 꿈을 꾸었다.

히스기야는 소설 초기부터 감옥에 갇힌 사람이 되어 실제 행동이 많이 드러나지 않는다. 가난한 집의 딸 막달라 마리아가 먹는 입 하나 줄이기 위해 분봉왕 알렉산더의 여종으로 들어가면서 히스기야와의 만남은 없다. 그러나 간간히 히스기야와 막달라 마리아의 연정은 소설 전체를 조용히 흘러간다. 마지막 십자가에 달린 예수와 히스기야의 주검을 마리아가 향유로 닦아준다.

바라바는 토라를 지킨 바리새파 아버지의 아들이다. 그는 완전한 토라의 나라를 꿈꿨다. 그것은 토라가 그려내는 과거 어느 때로 회귀를 꿈꾸는 것이다. 바라바와 히스기야는 서로 다른 목적으로 유월절

거사를 모의했다.

성전을 뒤엎을 거사를 기획하던 하얀리본은 우두머리 히스기야가 옥에 갇힌 후, 바라바는 끓는 피로 하얀리본을 이끈다. 바라바의 가슴 속엔 오직 '토라의 나라' 밖에 없다. 그는 이스라엘의 고통이 하느님 뜻을 어긴 죗값이라고 생각했다. 토라를 지키기 위하여 순교를 각오했다. 바라바는 철저히 바리새파 속에 머물러 있었다.

히스기야의 꿈은 예수가 생각하는 하느님 나라와 비슷했다. 그러나 예수는 평화를 강조하고 히스기야는 힘으로 이루자는 생각이었다. 예수는 부드럽고 고른 숨소리로 제자들을 가르쳤다. 그 가르침을 씨앗을 뿌리는 일이라고 했다. 예수는 열심히 하느님 나라의 씨앗을 뿌렸다. 예수가 걷는 길은 그의 가장 큰 스승 세례자 요한과도 달랐다.

요한은 하느님의 개입에 따른 세상의 종말과 심판, 그 이후에 하느님이 열어줄 새 세상이 시작된다고 생각했고, 예수는 사람이 사람 손으로 이루는 새 세상을 믿기 때문이다. (5권, 336쪽)

예수를 따르던 제자들의 꿈도 예수와는 달랐다.

예수가 영광을 받는 날, 자기들이야말로 이스라엘 열두 지파를 맡아 다스릴 사람이라고 스스로 높이며 우쭐대는 제자까지 있었다. (5권, 125쪽)

히스기야와 예수, 이 두 인물의 말과 행동을 통해 작가가 하고 싶은 말을 쏟아낸다. 성전으로부터, 제국으로부터의 해방을 꿈꾸는 갈릴리 나사렛의 동무 두 사람은 한 인간의 다중인격을 묘사한 것 같다.

같은 꿈을 꾸는 사람을 하나로, 다른 방법을 생각하는 사람을 둘로 표현했다. '예수'라는 뻔한 주제로 글을 쓰면서 소설의 재미있는 장치인 복선을 깔기도 어렵고, 반전을 시도하기도 어려운 상황에서 작가는 예수를 예수와 히스기야로 나눠서 그리지 않았을까? 예수가 아버지 요셉의 모습에서 하느님을 느끼고, 아버지 요셉의 목소리에서 하느님의 음성을 듣는 것과 같은 설정이다. 폭력을 억제하고 평화로 다스리는 예수의 억제된 힘을 히스기야가 분출하고, 여제자 마리아와 함께 어울리는 남성 예수를 히스기야와 마리아의 연정으로 해결하는 작가의 작은 트릭(?)이 엿보인다. 책에서 인용한다.

마리아는 히스기야를 올려다보고 있는 동안 놀라운 경험을 했다. 히스기야의 모습이 조금씩 예수의 모습으로 바뀌어갔기 때문이다. … 히스기야는 예수의 십자가와 하나로 포개졌다. 예수와 히스기야가 두 사람이었지만 결국 한 사람이었다는 것을 마리아는 깨달았다. (7권, 422쪽)

노회한 성전 제사장들, 교활한 로마의 총독

성전은 예배드리고 제사드리는 신전이다. 유대의 하나님을 경배하는 곳이다. 이방인을 철저히 배제하는 곳이다. 대제사장, 제사장, 대산헤드린 의회가 성전에 속해 있다. 그렇다고 그곳이 이스라엘의 해방구는 아니다. 오히려 착취의 장소이다. 로마가 유대를 통치하는 공식 기구에 속한다. 제국, 힘이 지배하는 곳에는 지키고 살아남아야 하는 발버둥이 있다. 결국 성전은 정치와 종교가 손을 잡은 기구가 된다. 작가는 성전 관계자들과 로마 정치가들과의 관계를 현 사회의 축소판처럼 그려놓았다. 필요에 따라 야합하고 배신하고 결탁하고 음해하는 인간의 부끄러운 모습이 숨김없이 노출된다.

예수가 뒤엎으려고 한 것은 제도로서의 성전체제이다. 제국의 압제에 대한 평화적 항거다. 기득권자들에게 위험이 될 수밖에 없다. 권력의 사회 관계망은 촘촘히 짜여 있어서 예수는 처형의 길에 이른다.

예수의 처형에 관계되는 사람들은 모두들 자신에게 돌아올 책임의 무게를 저울질했다. 그 결과, 성전 대산헤드린에서는 유대법으로, 총독궁에서는 로마법으로 처리하기로 하였다. 예수를 볼모로 대제사장 가야바, 분봉왕 안티파스, 총독 빌라도의 수싸움이 벌어진 것이다. 알렉산더와 아레니우스의 지략이 빚은 결과이다. 위수대장도 한몫 거들었다.

예수를 처형하는 것은 이스라엘 사람들에게 주는 경고이다. 공개처형으로 사람들에게 구경시키고 지배자의 힘을 과시한다. 특히 가장 끔찍한 십자가형, 살 한 점 뼈 한 조각도 남지 않는 십자가형을 집행함으로써 사람들에게 공포감을 심어주고, 그 두려움을 항상 잊지 않도록 하는 처벌이다. 프랑스의 철학자 미셸 푸코(Michel Foucault)는 <감시와 처벌—감옥의 역사>에서 신체형의 공개처형에 대해 언급했다. "신체형"은 법률적, 정치적 기능을 갖는다고 한다. 군중들이 입회하여 직접 눈으로 확인하고 두려움을 품도록 한다는 것이다. 예수가 받은 십자가형이 그렇다. 예수의 십자가 책형은 예수에게 주는 고통보다는 군중들에게 끔찍한 공포를 주는 것이 더 큰 목적이다.

십자가 처형은 육체의 고통 그 이상으로 큰 수치심을 느끼게 한다. 남자든 여자든 발가벗겨서 매단다. 죽음보다 더한 수치를 주는 것이다. 죽음으로 끝나는 것이 아니다. 죽은 후에도 형벌이 계속되는 것이 바로 십자가 처형이다.

제자들은 예수가 십자가 처형받는 상황에서 예수가 남긴 말을 회상하기도 하고, 이것은 심판일 것이라고 추측하기도 한다.

가르침, 씨를 뿌리는 사람 예수

그동안 예언자들은 죄에서 돌이켜 야훼에게 돌아오라고 외쳤다. 예수는 정죄하고 심판하고 벌을 주는 하느님이 아니라고 외친다. 가혹한 벌은 힘을 가진 세상 왕국에서나 하는 일이라고 한다. 예수는 모든 억압과 압제를 거부하라고 가르친다. 더구나 그 억압이 유대의 삶의 기준인 토라라고 한다. 토라는 유대사람과 이방인을 철저히 구별한다. 예수는 나와 생각이 다른 사람도 더불어 함께 사는 하느님 나라를 전파한다. 갈릴리와 유대와 이스라엘 사람만이 하느님의 백성이라는 생각을 버려야 한다고, 선민(하느님의 백성)이라는 경계를 허무는 일을 이야기한다. 토라가 쌓아놓은 구별의 담을 허물라고 한다.

> 유대사람 갈릴리 사람, 베다니 사람 예루살렘 사람, 건강한 사람 아픈 사람, 구분하지 않고 빵을 넘겨주고 넘겨받고, 포도주를 마시도록 대접을 들고 기울여 주니 토라에서 그렇게 애써 구분하고 지키려고 했던 거룩의 경계가 순식간에 무너져 내릴 수밖에 없었다. (5권, 389쪽)

평화를 이루라고 요구한다. 폭도들의 유월절 반란을 제압한 지배자들은 자신들이 평화를 지켰다고 할 것이다. 현 상태가 그대로 유지되기를 바라는 기득권층 사람들은 현재의 평화가 흔들리거나 깨지지 않기를 바란다. 그러나 예수는 성전의 율법에서, 로마의 압제에서 벗어나는 일이 평화라고 가르친다. 힘 있는 자들이 지키려고 하는 평화를 깨고 바꾸어 진정한 평화를 이루어야 한다고 외친다.

심판의 하느님으로 믿고 있는 사람들은 죄 사함을 받기 위해 속죄 제사를 드린다. 그러나 예수는 하느님은 제사를 받아야 죄를 사해주는 분이 아니라고 가르친다. 자신의 죄를 없애기 위해서 다른 생명을 희생제물로 바치는 것을 받아들이지 않는다는 말이다. 예수는 땅의 삶을 더 중요하게 여기는 사람이다. 땅에서 하느님 나라를 이루고자 하는 사람이다. 성전에 제사받을 하느님이 머무르시지 않는다는 말, 제사가 아무런 소용도 없다는 말, 토라에 따라 사는 사람들에게 예수의 이런 가르침은 몸이 부들부들 떨릴 일이다. 『소설 예수』를 읽는 기독교인 독자들도 심장이 두근두근해질 내용이다.

또한 예수가 전하는 하느님의 형상, 우리가 그 형상대로 지음받았다는 형상은 하느님의 품성을 뜻한다. 인간이 하느님의 의식을 가진 존재라는 뜻이다. 하느님이 떠난 빈 공간을 섬기고 경배하는 이스라엘 사람들에게 하느님이 여기 사람들 속에 스며들어와 계시다는 가르침이다.

새 하늘, 새 땅

하늘에 계신 하느님을 바라보는 이 세상의 모든 사람들에게 하느님은 하늘에 계시지 않고, 이 땅에, 사람들 속으로 내려오셨다고 작가는 역설한다. 소설 속에서 예수가 하느님은 지금 여기에 계시다고 하는 말이다.

작가에게 묻는다. 하늘에 소망을 두고 산 사람들에게 이렇게 상처를 주어도 되느냐고. 죽음으로 이별한 사람을 내가 죽은 후에 하늘나라에 가서 만날 수 있다는 소망으로 버티고 사는 사람들, 아무런 희망조차 없이 매서운 현실의 고통 속에서도 견디고 살아내면 나중에 하늘에 가서 보상받을 거라고 희망을 가지고 사는 사람들, 죽은 후의 삶에 대한 어떠한 소망이 삶의 버팀목이 되어주는 수많은 신자들에게 지금 살고 있는 이 세상이 세상의 끝이라고 말하는 것은 너무 잔인하지 않나? 다음 세상이 없다는 것은 다음 세상을 믿고 사는 사람들에게 청천벽력 같은 소리다.

사람들이 기다리고 희망하는 새 하늘 새 땅을 예수는 어떻게 설명하는지 들어본다. 물론 예수의 입을 빌린 작가의 메시지다.

> 사람이 처음으로 하느님의 품을 떠나 사람으로 서는 일이다. 그것은 하느님의 품안으로 걸어 들어가는 일이 아니고 그분의 품에서 걸어 나오는 일이다. 땅에 사람이 살기 시작한 이후, 처음으로 겪는 일이다. (5권, 270쪽)

> 이스라엘의 하느님 야훼가 모든 사람의 하느님이 되고, 그 하느님은 모든 사람에게 스며든다는 뜻이구나! (5권, 270쪽)

> 예수가 이루려는 하느님 나라는 "하느님 품으로 돌아가는 세상이 아니고, 하느님에게서 출발한 사람들이 사는 나라다." (5권, 278쪽)

> "그 나라는 '하느님이 다스리는 나라'라기보다 '하느님이 사람에게 맡긴 사람의 나라'라는 말이 맞을 것 같네요." (6권, 104쪽)

"모든 사람이 그 나라에 들지 않으면 완성된 것이 아니라고? 그렇소! 한 사람이라도 문밖에서 눈물 흘리는 사람이 있다면 이뤄진 것이 아니오." (6권, 31쪽)

"하느님 나라는 다른 사람을 빼놓고 나와 우리만 들어갈 수 있는 나라가 아닙니다." (6권, 35쪽)

"다른 사람의 아픔이 내 아픔이 되면, 그 나라는 벌써 시작된 겁니다." (6권, 87쪽)

"하느님은 인간이 타락하기를 기다렸다가 벌을 주시고, 그런 혹독한 벌을 받고 벌벌 떨며 회개할 때 구원의 손을 내미시는 분이 아닙니다. 처벌하기 위해 벌을 내려주고, 법을 지키는지 어기는지 지켜보다가 정죄하고 심판하시는 분이 아닙니다. 그건 바로 세상 왕국이나 제국이 하는 일입니다." (7권, 80쪽)

하느님은 어디 계신가? 지금 여기에 계시다고 한다. 그렇다면 지금 여기가 새 하늘 새 땅, 하느님 나라이다. 하느님이 안 보인다. 하느님은 사람들 속으로 스며드셨다. 하늘에서 사라진 하느님, 사람들 속으로 스며든 하느님, 하느님은 세상을 사람에게 맡기셨다. 탯줄을 끊은 아기처럼, 이유기를 지난 아기처럼, 두 발로 세상에 서서 스스로 걸으며 살아가야 한다. 장성하여 부모 곁을 떠나 세상을 살아가듯, 하느님은 사람을 하느님으로부터 분리시켰다. 그리고 사람에게 세상을 맡기셨다.

예수를 일컫는 '그리스도'라는 말은 '기름부음을 받은 자'라는 뜻이다. 예수를 하느님으로 여기는 말이기도 하다. 『소설 예수』에는 예수를 하느님과 동일시하는 내용이 없다. 하느님의 본성을 담아 창조된 모든 사람들이 더불어 나라를 이루면 그것이 하느님 나라라고 해석할 뿐이다. '예수'는 2000년 전 이스라엘에 흔한 이름이었다. 기독교인들이 믿는 '예수'는 흔한 이름 '예수'가 아니다. '예수 그리스도'를 믿는 것이다. 우리를 죄에서 구원해주는, 세상 죄를 지고 가는 희생양, 하나님의 아들 예수 그리스도를 믿는 사람이 기독교인이다. 그러나 『소설 예수』는 철저히 인간 예수를 이야기한다. 이 점이 바로 독자들에게 세상 살아갈 용기를 불어넣어준다. "나도 한 번 예수처럼 살아볼까" 하는 생각을 일궈준다. 신(神)의 아들이니까 할 수 있는 일이 아니고, 사람, 나와 똑같은 사람인데도 그렇게 살았다고? 그럼 나도 할 수 있는 거야? 나도 예수처럼 살 수 있다는 말이야? 작가는 독자들에게 무엇을 요구하는 것인가? 작가와 독자들이 『소설 예수』 이후 걸어갈 새 길을 제시하는 것인가. 예수가 하느님 나라를 전파하는 징검다리였듯이, 하느님 나라를 가리키는 이정표였듯이, 『소설 예수』가 새 하늘 새 땅의 징검다리요 이정표이다.

기름부음은 또 다른 의미가 있는데 바로 장례의 절차를 뜻하기도 한다. 예수는 처형받기 전날 밤에 베다니 여인숙에서 마리아에게 기름부음을 받았다. 죽음을 예시한 의례였다.

가장 중요한 것은 생명을 돌보는 일

작가는 예수를 혁명가로 묘사하고 "하느님 나라의 실현"이라는 묵직한 내용을 다루고 있지만, 소설의 문장들이 무겁고 굳어있지만은 않다. 굶주림에서 벗어날 길 없는 사람들과, 부모자식 형제자매의 관계를 묘사하는 부분을 읽으면, 마치 한국전쟁 전후의 우리나라 정서를 그대로 옮겨온 듯한 착각이 일어날 정도로 촉촉한 감상을 불러일으킨다. 예수가 거닐었던 마을들을 그림처럼 펼쳐 보여줌으로써 독자들은 그 시대 그 장소로 끌려 들어가 예수와 함께 나란히 길을 가게 된다. 그리고 예수의 생각이 곧 독자의 생각이 된다. 초보 작가라는 풋풋함과, 폭포수처럼 쏟아내는 열정은 작가의 정체를 가늠하기 어렵지만 위에 언급한 풍경의 묘사는 작가의 나이가 젊지 않다는 것을 느끼게 한다. 성전과 총독부 사람들이 이권을 위해 부리는 더럽고 비열한 술수는 험한 세상을 뚫고 걸어온 작가의 연륜이 보인다.

작가는 말을 거침없이 쏟아내지만 이미 제도적인 종교의 교리가 가슴에 꽉 차 있는 독자들에게는 예수가 던지는 말은 스며들지 못하고 그대로 넘쳐 흘러나갈지도 모른다. 만약 어떤 이의 가슴에 조금의 틈이라도 있다면 아마도 예수의 외침은 물처럼 스며들 수도 있을 것이다. 이것은 독자의 가슴에 빈자리가 있느냐 없느냐의 문제다. 어쨌든 작가는 일방적으로 자신의 생각을 이 소설 속에 무진장 많이 쏟아부으니까. 독자가 거듭거듭 밑줄을 긋고 또 그은 후에 같은 밑줄을 세어보면 그 수가 열 손가락을 다 꼽을 지경이다.

『소설 예수』에서 작가가 독자에게 전하는 핵심 메시지를 짚어본다.
곳곳에 언급했듯이 갈릴리 사람, 요셉과 마리아의 아들 예수는 구원의 메시아가 아니다. 당시 성전과 로마가 결탁한, 종교와 정치가 결탁한 세상에서 고통받는 사람들 편에 선 혁명가다. 예수가 전하는 하느님은 죽어서 가는 천당에 있는 것이 아니고 땅으로 내려와 사람들 속에 스며들었다는 것이다. 하느님이, 예수가 가장 중요하게 생각하는 것은 생명이다. 생명을 존귀하게 여기고 더불어 살아가는 나라를 이루라는 것이다.

책을 읽고, 법륜 스님이 지은 <인간 붓다 — 그 위대한 삶과 사상>이라는 책의 메시지도 예수의 사상과 다르지 않다는 것을 느꼈다. 인용한다.

석가모니 부처님은 미리 예정된 부처의 조건 속에서 세상에 태어난 것이 아니라, 단지 역사 속에서 가장 먼저 부처의 성품을 깨우쳐 부처가 되신 분입니다. 또한 우리의 본래 성품도 부처라는 것을 깨우쳐주어 우리가 부처가 되도록 인도해 주신 분입니다. … 어떠한 견해로써 부처님을 설명하든, 가장 중요한 문제는 역사 속에 나타난 부처님의 삶과 가르침에서 우리가 고통에서 벗어날 구체적인 방법을 찾을 수 있다는 데 있습니다. (<인간 붓다>, 49쪽)

인간 해방의 역사는 신에 의해서 이루어지거나 완성되는 것이 아닙니다. 인간 해방의 역사는 오로지 인간에 의해, 그것도 고통받는 인간을 구제하겠다는 인간의 발원으로부터 시작됩니다. … 인간 해방의 역사는 자신의 모든 것을 역사 속에 던진 수많은 삶의 발자취입니다. (<인간 붓다>, 63쪽)

예수하고 부처하고 언제 만나 서로 상의를 한 걸까? 똑 같은 이야기를 한다.

책을 읽다보면 작가가 신학서를 쓴 것인지, 소설을 쓴 것인지 헷갈릴 때가 많다. 작가가 본 "다른 모습의 예수"를 말하고자, 여러 사람들에게 예수는 이런 사람이라고 외치고 싶어서 소설이라는 형식을 빌어 쓴 책으로 여겨진다. 성전에 대해, 로마에 대해, 하느님에 대해 설명이 시작되면 그 한 부분 부분이 에세이 한 편이 된다. 흥미를 느끼는 독자는 하고 싶은 말을 다 쏟아내는 작가와 함께 신바람이 날 것이고 책장이 훌훌 넘어가겠지만, 푹 빠져들지 못하는 독자는 책을 덮을까 말까 망설일 것이다. 정말 할 말이 많은 작가다. 자신이 하고 싶은 말에 엄청난 집중력을 보여준다.

작가는 일점일획도 변할 수 없는 경전에 그려진 예수가 아닌, 아버지 요셉과 함께 일터를 오가며 아버지에게서 '사랑'을 배우고, '사랑'의 참뜻을 깨닫고 그것이 체화되어 제자들에게 '사랑'을 가르치는 예수를 이야기한다. 사랑은 추상적인 언어이다. 그러나 예수는 사랑을 구체적인 언어로 바꾸는 일에 힘을 쓴다. 작가가 독자에게 요구하는 것이 이것 아닌가? 사랑의 구체화.

작가는 『소설 예수』 전체를 통하여 사랑은 흐르는 물과 같다는 생각을 내비친다. '물'은 생명의 근원이다. 위에서 아래로, 그리고 낮은 곳을 따라 흐른다는 진리, 소금호수가 그러하듯 어느 이상 흐르지 못하고 멈춘 물에는 생명이 살 수 없다는 얘기, 여러 줄기가 모여 강으로 바다로 흐르는 물의 경계를 가를 수 없는 것이 물의 특징이다. 사랑이 바로 이런 것 아닐까. 고여 있지 않고 꾸준히 흐르는 것, 갈래로 나뉘지 않고 하나로 섞이는 것. 우리가 이루어가야 할 사람이 사는 세상. 그것이 바로 하느님 나라인 것을! 그리고 "물에 몸을 담근다"는 표현을 중의적으로 여러 번 사용한다. 카이로스의 시간이기도 하고 하느님의 사랑이기도 하고. 손가락 반 마디의 높이 차이로 물줄기가 바뀐다고 짚어내기도 하고.

"므두셀라"라는 별명을 가진 대추야자가 있다. 1963년 마사다 발굴 때 발견된 씨앗이 발아한 것이다. 마사다는 AD 73년, 로마군에 잡히기 전에 집단 자살한 유대인 무리가 묻힌 사막지역이다. 이 씨앗은 연구실에 방치되어 있었는데 2005년에 싹을 틔웠다. 실증된 물리적 현상이다. 씨앗의 생명력은 이렇게 강하고 끈질기다.

『소설 예수』 6권에서는 예수의 가르침을 씨앗을 뿌리는 것에 비유한다. 예수는 씨앗 그 자체이기도 하다. 예수가 유대 땅에 뿌린 씨앗은 어찌 되었을까? 강한 생명력을 가진 대추야자 므두셀라처럼 지금 여기에서 싹을 틔우고 있다. 2000년 세월을 기다려온 대추야자는 원래의 대추야자로 발아했다. 그러나 같은 세월을 걸어온 예수는 원래의 모습을 알아 볼 수 없을 정도로 많이 변형된 모습이다. 예수라는 씨앗 그 자체도 다른 모습이고, 그가 뿌린 씨앗들은 인간의 손을 탄 유전자 변형으로 완전히 다른 나무로 자랐다. 예수는 지금 어느 나무 위에 올라앉아 한숨을 쉬고 있을 것이다. "내가 뿌린 씨앗은 이런 모습이 아닌데 …"

『소설 예수』를 읽고.

책을 읽으며 신비로움을 느꼈다. 이것은 2천 년 전의 이야기가 아니야! 이러한 느낌이 현실 소설을 읽는 재미가 되어 책장을 덮을 때까지 긴장감이 늦춰지지 않았다. 『소설 예수』는 작가의 첫 문학작품이다. 놀랍지 아니한가? 감정을 간지럽히는 서정적인 문장, 꾸며낸 이야기와 실제 역사가 탄탄하게 짜여진 벨트 위에 독자를 올려놓고 성큼성큼 걷게 하는 이야기 구성의 노련함이 있다. 시작은 미숙했지만.

　이야기의 컨베이어 벨트는 독자를 2천 년 전으로, 현재로 자유자재로 끌고 다닌다. 책장을 덮으며 내가 2천 년 전으로 돌아가 예수를 직접 본 듯한 여운이 남는다. 그러나 나는 현재의 시간 안에서 있다. 책 속에 기록된 이러저러한 몇 명의 이름이 그 이름을 바꾼 현대의 실제 인물로 존재한다. 2천 년을 넘나드는 평행이론이다.

　지리적으로 중국 러시아 일본 사이에, 지정학적으로 미국 중국 러시아 일본의 패권 다툼의 한 가운데 있는 우리의 현실이 눈에 보인다. 제국의 그늘이다. 로마제국의 폭력적인 억압과 수탈, 그에 앞장선 간악한 군림자 예루살렘 성전의 행태를 읽으며 식민지 시대를 겪은 우리들의 아픈 기억이 떠오른다. 그 뿐인가, 예수 시대로부터 2천 년이나 지난 지금에도 우리에겐 2천 년 전의 로마제국과 같은 제국의 힘이 우리를 억누르고 있지 않은가. 그때의 예루살렘 성전은 2023년에도 우리 곁에 모습을 바꾸어 존재하고 있다. 2천 년을 넘나드는 평행이론을 다시 생각하게 한다.

　『소설 예수』는 참 잘 썼네, 별 것도 아니네, 이런 단순한 평가와는 거리가 있는 책이다. 예수가 뿌린 씨앗이 내 안에도 심겨져 있고, 그것이 발아되고 자라는 구체적인 과정이 나에게도 일어날 수 있음을 깨닫도록 작가는 강력히 요구한다. 독자가 『소설 예수』를 집어 들기엔 물리적으로 무겁고 심적으로 버거운 책이다. 그러나 마치 서정시처럼 아름다운 문장은 끈을 놓치 않고 따라붙으며 무거운 마음을 어루만져준다. 감성을 건드릴 때는 가슴을 촉촉이 적셔주고, 잔인함을 묘사할 때는 소름 돋는 무서움으로 떨게 만들고, 지배계층들의 노회한 정략은 놀랄 만큼 사실적으로 그렸다. 종교서적, 기독교 책이라는 선입견을 내려놓으면 점점 짧아지는 현대소설의 경향을 벗어난 대하소설의 맛을 달게 느낄 수 있을 것이다. 설명이 장황하고 지루해지는 고개만 잘 넘기면 그동안 흘린 땀이 고갯마루에서 시원하게 닦일 것이다.

독자들이 가장 궁금해 하는 것은 무엇일까? 아마도 십자가에 달린 예수의 '부활'에 관한 내용이 전혀 언급되지 않았음에 의아해 할 것이다. 이 책은 예수를 현학적으로 그리지 않았다. 예수의 초월성을 말하지 않았다. 사람의 아들 예수, 갈릴리 사람 예수를 그렸다. 나와 같은 사람.

예수는 책 속에서 사람들에게 질문을 하라고 가르쳤다. 무조건 따르지 말고 "왜?", "왜 그러느냐?"고 물으라고 했다. 작가는 독자에게 많은 물음표를 던졌다. 독자는 책의 곳곳에서 작가가 제시한 삶에 "왜요?"라는 질문을 가졌을 것이다. 그 답을 얻는 것도, 답을 얻은 다음에 '어떻게' 사는 것도 독자의 몫이다. 행간을 음미할 여유도 없이 빽빽하게 써나가던 작가는 마지막에 커다란 여백을 남긴다. 이 책을 읽었으니 앞으로 어떻게 살 것인지 빈칸에 그려보라고. 독자에게도 읽은 사람으로서 의무가 있다. 독자는 이미 『소설 예수』와 관계를 맺었으니 삶의 "어떻게"를 써야 한다.

"내가 언뜻 생각하기에, 하느님은 예수 선생님을 통해서 세상과 관계를 맺으려고 하시는 것 같아요. 말하자면 아담과 사람, 아브라함과 민족, 이제 예수 선생님과 세상! 저는 그런 생각이 들어요." (7

권, 234쪽)

제자 요한의 말이다. "하느님은 존재가 아니라 관계"라는 작가의 속삭임이 헛되지 않기를!